ENSINO FUNDAMENTAL

CIÊNCIAS
8º ano

1ª EDIÇÃO
SÃO PAULO
2012

Coleção Eu Gosto Mais
Ciências 8º ano
© IBEP, 2012

Diretor superintendente	Jorge Yunes
Gerente editorial	Célia de Assis
Reformulação e adaptação de texto	Felipe A. P. L. Costa
Texto original	Antonio Carlos Pezzi
Assistente editorial	Érika Nascimento
Revisão	Berenice Baeder
	Maria Inez de Souza
Coordenadora de arte	Karina Monteiro
Assistentes de arte	Marilia Vilela
	Tomás Troppmair
Coordenadora de iconografia	Maria do Céu Pires Passuello
Assistentes de iconografia	Adriana Correia
	Wilson de Castilho
Produção editorial	Paula Calviello
Produção gráfica	José Antonio Ferraz
Assistente de produção gráfica	Eliane M. M. Ferreira
Capa e projeto gráfico	Departamento de arte IBEP
Editoração eletrônica	Figurativa Editorial

CIP-BRASIL. CATALOGAÇÃO-NA-FONTE
SINDICATO NACIONAL DOS EDITORES DE LIVROS, RJ

S713c

Pezzi, Antônio Carlos
  Ciências, 8º ano / Antônio Carlos Pezzi. - 1.ed - São Paulo : IBEP, 2012.
    28 cm   (Eu gosto mais)

  ISBN 978-85-342-3422-1 (aluno) - 978-85-342-3426-9 (mestre)

  1. Ciências (Ensino fundamental) - Estudo e ensino. I. Pezzi, Antônio Carlos
II. Título. III. Série.

12-5675   CDD: 372.35
                                                             CDU: 373.3.016:5

10.08.12   17.08.12   038024

1ª edição – São Paulo – 2012
Todos os direitos reservados

Av. Alexandre Mackenzie, 619 - Jaguaré
São Paulo – SP – 05322-000 – Brasil – Tel.: (11) 2799-7799
www.editoraibep.com.br   editoras@ibep-nacional.com.br

Apresentação

Nosso organismo precisa estar preparado para executar todas as atividades que realizamos no nosso dia a dia: dormir, acordar, comer, assistir às aulas, jogar *videogame*, bater papo com os amigos, assistir à televisão etc. Tudo que fazemos está ligado ao desempenho de uma parte do nosso corpo. São os sistemas, os órgãos, os tecidos e as células que trabalham de forma sincronizada para a realização das atividades que praticamos, e, mesmo quando estamos em repouso, os sistemas não param de trabalhar.

Neste livro, você vai conhecer exatamente como acontecem os processos que comandam nossas atividades e entender um pouco mais sobre o seu corpo. Terá contato também com aspectos importantes para a manutenção da saúde e do bem-estar.

Bom estudo!

Sumário

Capítulo 1 – A célula 7
Níveis de organização interna dos organismos 7
As unidades de medida em citologia 8
A estrutura de uma célula 9
Organoides e suas funções 11
Componentes do núcleo 12
Divisão celular 12

Capítulo 2 – Tecidos animais 18
Tecido epitelial 19
Tecido conjuntivo 20
Tecido muscular 23
Tecido nervoso 24

Capítulo 3 – Alimentos 28
Carboidratos ou glicídios 29
Lipídios ou gorduras 30
Proteínas 30
Funções dos alimentos 32
Enzimas e vitaminas 33
Água 34
Dietas alimentares 35
Desnutrição 36

Capítulo 4 – Conservação dos alimentos 43
Técnicas de conservação 44
Métodos indiretos de conservação 45
Métodos diretos de conservação 46
Infecções alimentares 47

Capítulo 5 – Reações químicas 53
Componentes de uma reação química 54
Equações químicas 55
Lei da Conservação das Massas 55
Fatores que influenciam a velocidade de uma reação química .. 57
Ação dos catalisadores 58

Capítulo 6 – Compostos orgânicos ... 61
Hidrocarbonetos ... 62
Álcoois ... 64
Aminas ... 65

Capítulo 7 – Sistema digestório ... 68
O sistema digestório ... 69
A digestão mecânica ... 69
A digestão química ... 71
O papel do intestino grosso ... 75
Funções do fígado ... 76

Capítulo 8 – Sistema respiratório ... 82
A pressão atmosférica e a respiração ... 83
Órgãos ligados à respiração ... 83
O processo das trocas gasosas ... 85
Controle nervoso da respiração ... 86
Intoxicação pelo monóxido de carbono ... 86

Capítulo 9 – Sistema cardiovascular ... 91
Vasos e capilares ... 92
O coração ... 93
Pequena e grande circulação ... 95
O sangue ... 96
Sistema linfático ... 97

Capítulo 10 – Sistema imunológico ... 105
Pele, uma porta de entrada ... 106
"Memória" imunológica ... 106
Imunidade ... 106
Vacinas e soros ... 107

Capítulo 11 – Sistema excretório ... 115
O aparelho excretório ... 116
O controle hormonal ... 118
A água em nosso organismo ... 119
Outros tipos de catabólitos ... 119

Capítulo 12 – Sistema locomotor **124**
Os ossos 125
Sistema articular 127
O cálcio e os ossos 128
Os músculos 130
Propriedades dos músculos 130
Energia para a contração 131
Alguns músculos do corpo 132

Capítulo 13 – Sistema nervoso **138**
Encéfalo 139
Medula nervosa 140
Nervos encefálicos e nervos raquidianos 141
Sistema nervoso autônomo 142
Condução nervosa 142

Capítulo 14 – Sistema sensorial **148**
Audição 148
Gustação e olfação 150
Tato 151
Visão 152
Drogas – um barato bem caro 159
Como uma droga age na sinapse 160
Classificação das drogas 160

Capítulo 15 – Sistema endócrino **169**
Sistema integrado 170
As glândulas 170
Hipofunção e hiperfunção 173
Regulação hormonal 173

Capítulo 16 – Reprodução humana **177**
Sistema reprodutor masculino 178
Os ovários 180
O ciclo sexual 180
O que ocorre com a mulher durante a relação sexual 181
Gravidez 182
Gêmeos 184
Métodos contraceptivos 185

Capítulo 1
A CÉLULA

Níveis de organização interna dos organismos

Do mesmo modo que a base de construção de uma casa são os tijolos, um animal ou uma planta são organizados com partes menores que denominamos células.

A célula é a unidade que dá forma e funcionalidade para os seres vivos. Apenas os vírus não são formados por células.

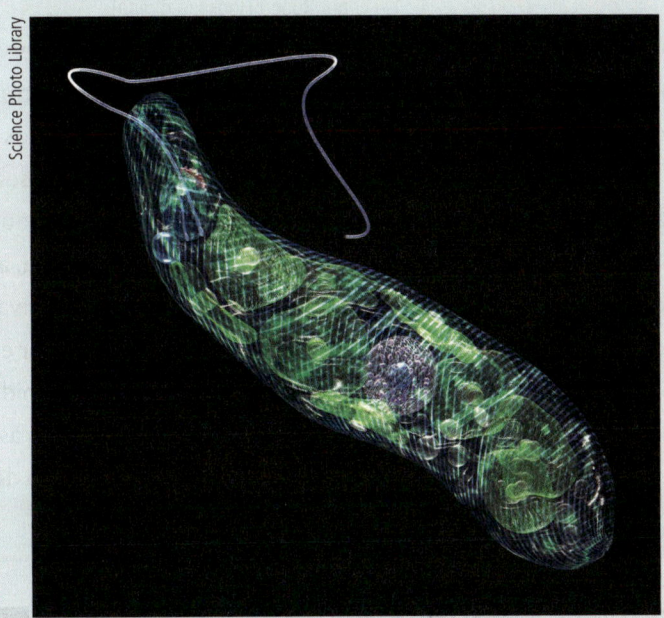

Fotografia microscópica de protozoário, ser unicelular capaz de realizar todas as funções que caracterizam os seres vivos.

Nos seres vivos com mais de uma célula, as células se especializam para realizar uma determinada função, constituindo, assim, o que chamamos de tecidos. Os tecidos de mesma função formam os órgãos.

CÉLULAS ⟶ TECIDOS ⟶ ÓRGÃOS

Costumamos dizer que os órgãos ligados a uma mesma função formam ou compõem um sistema. Por exemplo: boca, faringe, esôfago, estômago e intestinos delgado e grosso são órgãos ligados à digestão. Cada um desses órgãos é formado por tecidos e os tecidos, por sua vez, de células.

Somente depois da invenção do microscópio foi possível conhecer as células e seus componentes, uma vez que o tamanho das células só permite sua visualização com o uso de lentes de aumento.

> **Você sabia?**

Descoberta da célula

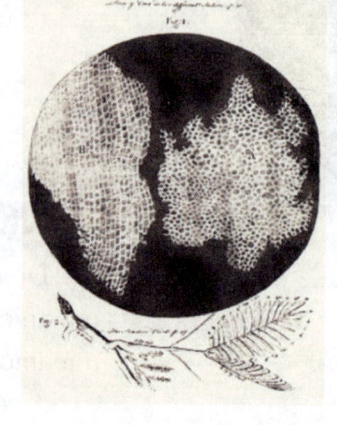

Robert Hooke.

Microscópio ainda rudimentar (à esquerda) e imagem das células observadas por Robert Hooke (à direita).

A célula foi descoberta em 1667 pelo inglês Robert Hooke, que observou um pedaço de cortiça (tecido vegetal morto) usando um conjunto de lentes de aumento do microscópio. Hooke observou na ampliação do material que o mesmo era formado por pequenos compartimentos vazios que mais se pareciam com os quartos que os monges da época utilizavam para dormir. Como esses compartimentos utilizados pelos monges eram denominados célula, batizou os espaços observados naquele pedaço de cortiça de células. Com o avanço das técnicas de observação e também da microscopia, aos poucos foi sendo possível descobrir em células vivas a grande complexidade da menor estrutura viva conhecida até então. Com o uso de corantes, por exemplo, foi possível a identificação do núcleo celular e dos cromossomos, estrutura com milhares de informações, que hoje em dia são denominados genes (unidade genética que determina as características de um indivíduo). Pouco depois, comprova-se que todas as células de um mesmo organismo têm o mesmo número de cromossomos. Este número é característico de cada espécie animal ou vegetal e responsável pela transmissão dos caracteres hereditários.

As unidades de medida em citologia

Denominamos Citologia o estudo e a compreensão das células e, como tudo é reduzido, não é possível usar o metro ou centímetro ou milímetro como unidade de medida, mas sim uma medida específica que equivale a mil milímetros: o micrômetro. Veja como fica esta escala:

Milímetro (mm) = 0,001 metro

Micrômetro (μm) = 0,000001 metro ou 0,001 milímetro

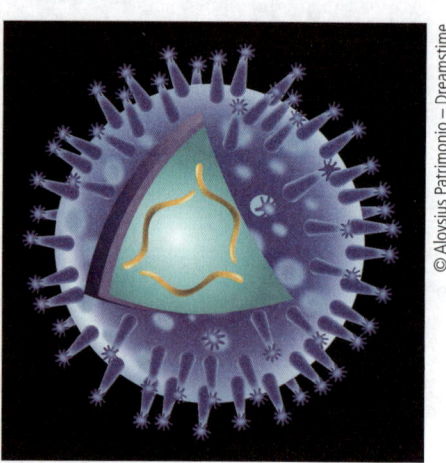

O vírus da gripe.

Há ainda medidas menores que essas, que são o nanômetro e o ângstron. Eles equivalem:

Nanômetro (nm) = 0,000000001 m ou 0,000001 milímetro

Ângstron (A) = 0,0000000001 metro ou 0,000000 milímetro

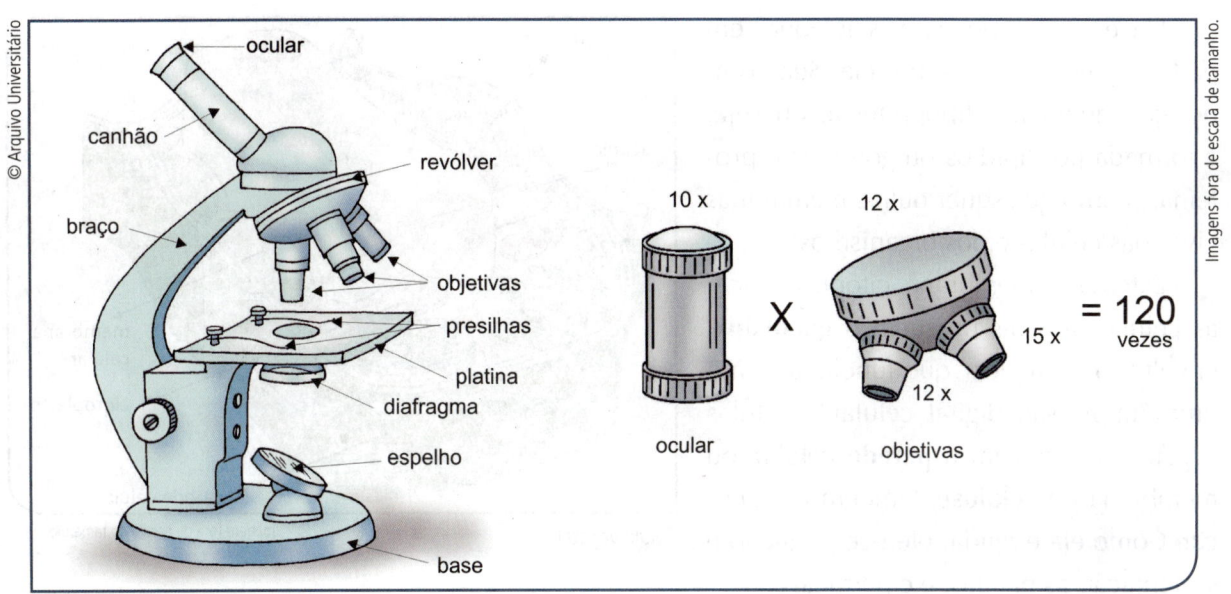

O microscópio óptico composto.

O microscópio óptico composto permite observar os materiais por meio de duas lentes, a ocular e a objetiva, sendo que o aumento é dado pela multiplicação da capacidade de aumento de cada uma das lentes.

Normalmente os microscópios possuem uma objetiva e três oculares com possibilidades de aumento diferentes.

Alguns vírus são medidos em ângstrons, por isso são visíveis apenas ao microscópio eletrônico, um tipo especial de microscópio, no qual não é possível observar estruturas vivas, pois as fotos daquilo que se quer ver são obtidas no vácuo.

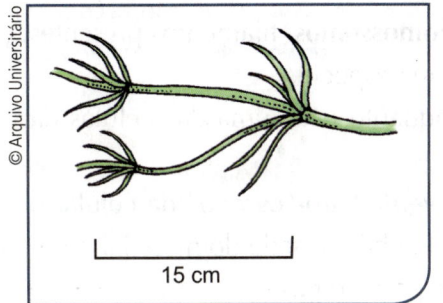

Célula gigante da alga verde *Nitella* sp.

As estruturas celulares, ou mesmo as células ou organismos unicelulares, são medidas, geralmente, em micrômetros, mas algumas células são macroscópicas, isto é, podem ser vistas ao microscópio óptico composto, o microscópio comum.

Um exemplo é a fibra muscular lisa ou involuntária, com 0,5 mm. Outro exemplo são os alvéolos ou "garrafinhas" dos gomos da laranja. A alga *Nitella* sp. apresenta células com até 15 centímetros de comprimento cada uma.

A estrutura de uma célula

Ao microscópio comum, as células apresentam um envoltório que protege e contém o material celular, a **membrana plasmática**.

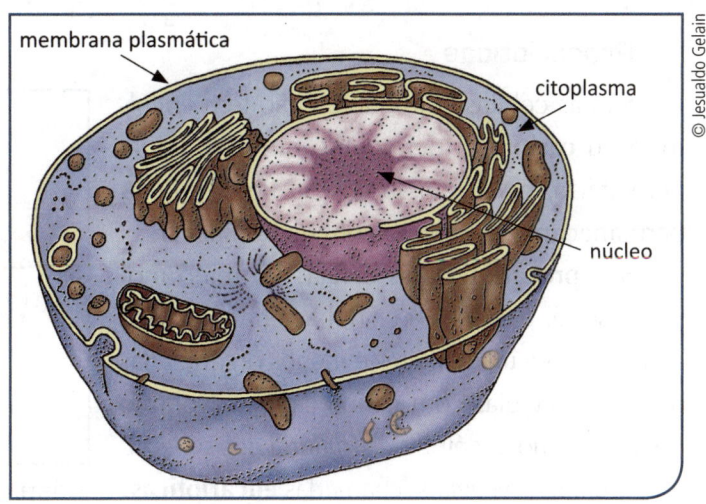

Estrutura da célula.

Ela é viva e, por isso, seleciona, em parte, aquilo que passa por ela. Sua composição química é lipoproteica, ou seja, é formada por lipídios ou gorduras e proteínas, como quaisquer outras membranas vivas das células e dos organismos.

Externa à membrana citoplasmática, as células animais possuem o **glicocálix**, envoltório de açúcar que funciona como uma "impressão digital celular". Células vegetais apresentam a **parede celular** ou membrana de **celulose**, também um açúcar. Como ela é rígida, oferece proteção e sustentação às plantas, e é permeável.

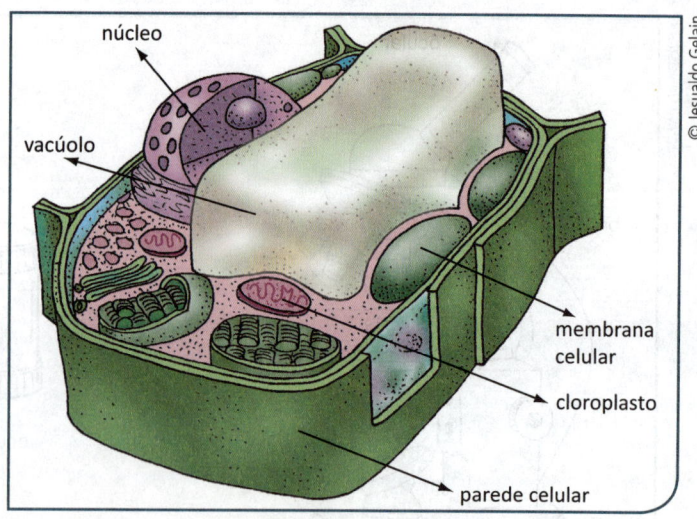

Célula vegetal. Imagem fora de escala de tamanho.

O material ou suco celular contido pela membrana é o **citoplasma**, uma solução de água e proteínas, além de outras moléculas, como açúcar, gorduras, sais minerais etc.

É no citoplasma que ocorrem as principais reações químicas, que mantêm viva cada célula de um ser vivo. Tais reações – digestão celular, respiração, produção de proteínas etc. – ocorrem no citoplasma ou dentro de órgãos celulares microscópicos ou ainda menores, chamados **organoides** ou **organelas** citoplasmáticas.

Todo o funcionamento da célula, isto é, o conjunto das reações, é chamado **metabolismo celular**, o qual é controlado por um conjunto de informações. Essas informações são os **genes**, um código compreendido por todas as células vivas, pois é "escrito" ou "impresso" sempre na mesma substância, o **DNA** ou **ácido desoxirribonucleico**, material dos **cromossomos**, filamentos presentes sempre em mesmo número em todas as células vivas de uma mesma espécie.

As células humanas, por exemplo, têm 46 cromossomos, enquanto cada uma das células da drosófila, a mosquinha da banana, tem 8 cromossomos.

Cromossomos e seus genes ficam colocados no **núcleo**, um verdadeiro "caroço" da célula, o centro coordenador de todas as moléculas que a célula produz e também a sede do material hereditário, isto é, todas as características que passam de uma geração para outra.

Quase todas as células apresentam membrana, citoplasma e núcleo.

Procarióticas

São as células cujo núcleo não tem envoltório ou **carioteca**, permitindo que o material hereditário, os cromossomos ou fios de DNA permaneçam em contato com o citoplasma.

São **procarióticas** as células do reino monera, isto é, bactérias e cianobactérias ou algas azuis, sempre unicelulares e menos organizadas do que as células com **carioteca** ou envoltório nuclear, como as células da maioria dos seres vivos, animais e vegetais, chamadas **eucarióticas**.

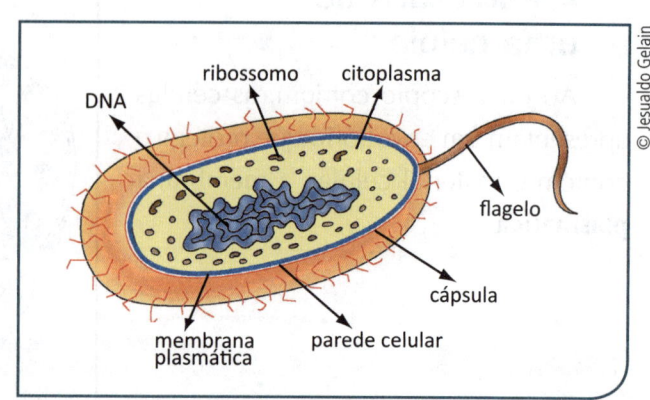

Bactéria, célula procarionte.

Organoides e suas funções

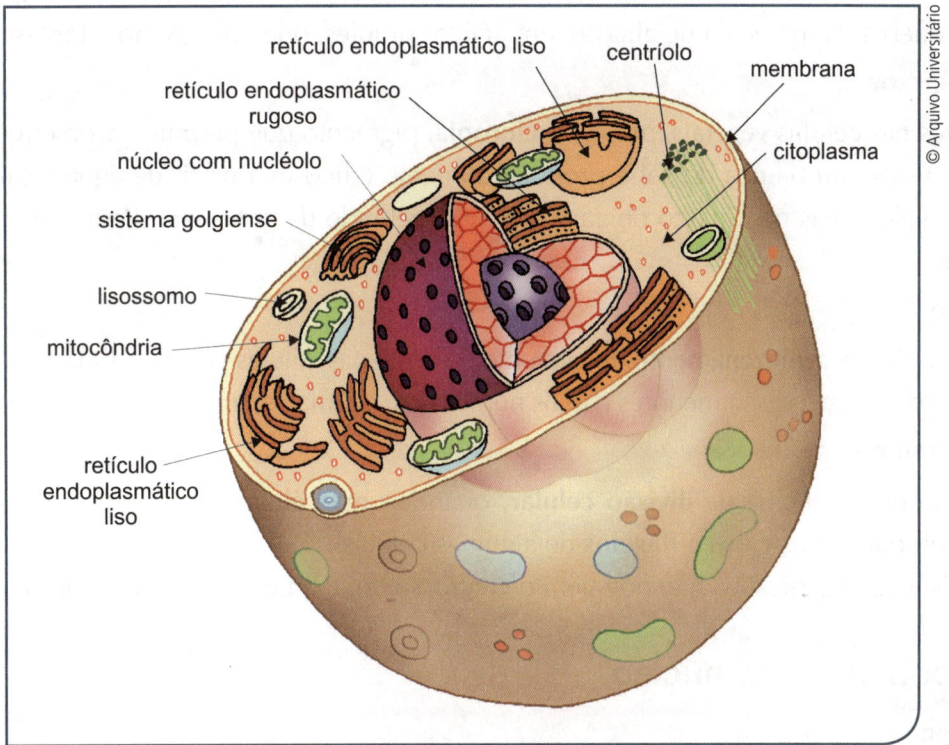

A célula animal e seus organoides.

Citoesqueleto

Rede de **hastes de proteína**, como se fosse a estrutura de ferro do concreto armado, que oferece sustentação à célula.

Retículo endoplasmático

Canalículos que facilitam a **circulação** de moléculas. Pode ser liso ou rugoso.

a) Retículo liso: síntese ou **produção de lipídios**.
b) Retículo rugoso(*): síntese ou **produção de proteínas**. Chama-se também ergastoplasma.

(*) Tem esse nome pois, no lado externo da membrana que forma os tubos, encontramos os ribossomos, onde são montadas as moléculas de proteínas.

Alguns ribossomos ficam soltos no citoplasma.

Sistema golgiense

Bolsas achatadas e empilhadas, que **armazenam as proteínas** fabricadas. Nas células que produzem hormônios (células das glândulas), essas bolsas são mais numerosas e maiores.

Lisossomos

Pequenas bolsas esféricas que contêm **enzimas digestivas**, moléculas de proteínas que facilitam as reações químicas, desmontando ou montando moléculas. As enzimas dos lisossomos participam da digestão intracelular, quando, por exemplo, proteínas são "quebradas" em aminoácidos.

As enzimas agem do mesmo modo no sistema digestório (boca, estômago e intestino), quando moléculas maiores são desmontadas em moléculas menores para o organismo poder absorvê-las, aproveitando-as em seu metabolismo.

Mitocôndrias

Organelas responsáveis pela **respiração celular**, verdadeiras microusinas de energia, a qual é retirada da quebra da molécula de glicose, um açúcar simples, que começa no citoplasma.

Cloroplastos

Presentes nas células vegetais, possuem **clorofila**, pigmento que permite absorver certas radiações da luz visível ou branca do sol e produzir alimento (glicose) a partir de água e sais minerais retirados do solo, e gás ou dióxido de carbono (CO_2) retirado da atmosfera. Permitem, portanto, a **fotossíntese**.

Vacúolo

Grande bolsa de **armazenamento**, geralmente presente nas células vegetais. Quando único, acumula água; mas, às vezes, são menores e mais numerosos, e armazenam várias outras substâncias.

Centrossomo

Organela que participa da **divisão celular**, quando uma célula origina outras duas, além de auxiliar na produção dos **cílios** e **flagelos** de algumas células.

Vegetais mais organizados não possuem o centrossomo, também chamado centríolo.

Componentes do núcleo

Carioteca

É a **membrana nuclear**.

Falta nos procariontes, que não possuem sequer organelas em forma de vesículas ou bolsas.

Nucleoplasma

É o **suco nuclear**, assim como o citoplasma é o suco celular. Ambos têm a mesma composição: água, proteínas e inúmeras outras substâncias.

Cromatina

É o material do qual são feitos os **cromossomos**, isto é, o **DNA** ou **ácido desoxirribonucleico**. Trechos dos filamentos cromossômicos são os **genes**, onde estão codificadas todas as nossas características recebidas de gerações anteriores.

A espécie humana tem de 30 a 40 mil genes em cada célula, os quais determinam aquilo que somos, isto é, todas as moléculas de proteína que nossas células fabricam.

Nucléolos

Formados por **RNA** ou **ácido ribonucleico**, produzem os **ribossomos**, que saem do núcleo e migram para o citoplasma.

As orientações do núcleo sobre o tipo de substância (proteína) que a célula deve sintetizar são enviadas ao citoplasma na forma de mensagens "copiadas" do DNA, só que na linguagem do RNA ou ácido ribonucleico.

Divisão celular

Durante o processo de formação de novas células ocorre a divisão celular.

Existem dois tipos de divisão celular: a mitose e a meiose.

A mitose

Mitose é a divisão celular em que uma célula origina duas células idênticas a ela. Esse processo ocorre no aumento de células do corpo para o crescimento ou substituição de células mortas ou danificadas.

Para que a divisão ocorre, a cromatina do núcleo se condensa e forma os chamados cromossomos, que então se duplicam para cada nova célula possa ter o mesmo número de cromossomos que são idênticos. Por exemplo, as células do corpo humano, com exceção dos gametas, possuem 46 cromossomos organizados em 23 pares. Ao final do processo de mitose, a célula-filha terá também 46 cromossomos.

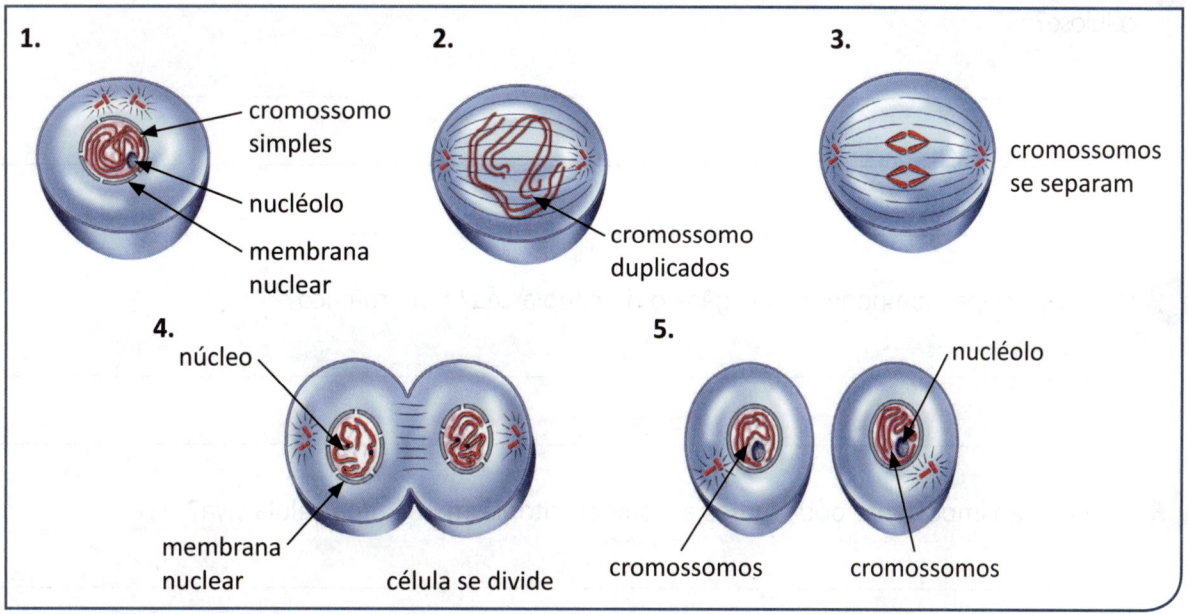

A meiose

De modo diferente da mitose, a meiose é o processo de divisão celular para a formação dos gametas, espermatozoides e ovócitos. Na meiose ocorre uma primeira etapa da divisão com a duplicação dos cromossomos e a formação de duas células com 46 cromossomos cada, organizados aos pares. Na segunda etapa da divisão, os pares de cromossomos se separam e formam células com 23 cromossomos cada.

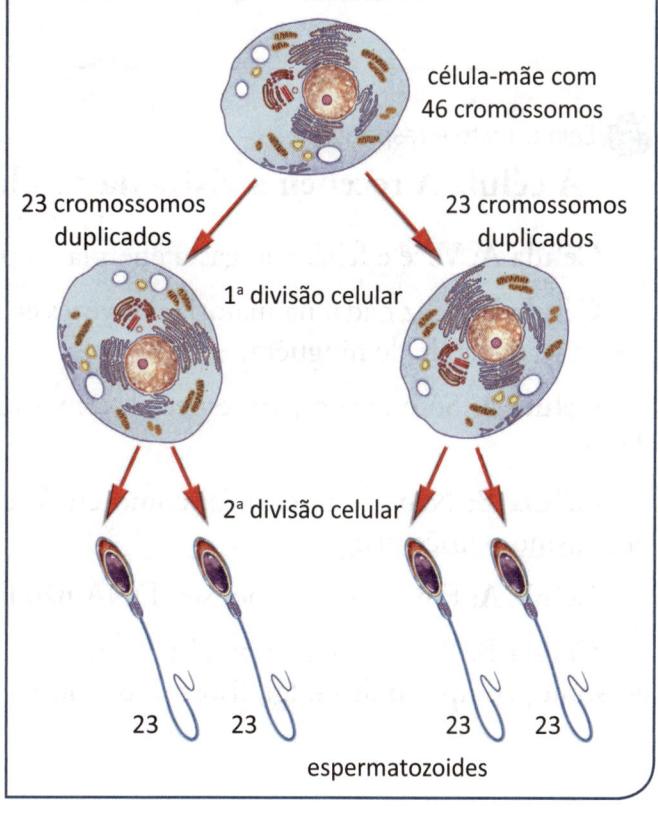

ATIVIDADES

1 Coloque na ordem *correta*: tecidos – sistemas – células – órgãos.

2 Qual a principal diferença entre a membrana citoplasmática lipoproteica e a parede celular de celulose?

3 Qual o principal componente inorgânico do citoplasma? E o orgânico?

4 Que função importante poderíamos atribuir ao citoplasma de uma célula viva?

5 Leia o texto e responda:

A célula A recebeu a visita da célula B e começaram a conversar.

Célula A: Você é feliz, não gasta energia na produção de seu alimento.

Célula B: Feliz nada, na maioria das vezes eu dependo de outros organismos; enquanto você não depende de ninguém.

Célula A: Só que você, em especial, tem a vantagem de viver na presença ou ausência de O_2.

Célula B: Não reclame, pois, como eu, você pode ser unicelular ou pertencer a um organismo pluricelular.

Célula A: Em compensação, seu DNA não fica escondido atrás da carioteca.

Célula B: Por outro lado, você tem mitocôndrias, retículo endoplasmático rugoso, ribossomo, complexo de Golgi, lisossomo e outras organelas.

a) O que representam, respectivamente, as células A e B em relação à organização celular? Justifique.

___

___

b) Dê um exemplo de cada célula.

___

___

6 Como podemos diferenciar uma célula vegetal de uma célula animal?

___

___

___

7 Esquematize uma célula vegetal observada ao microscópio óptico.

8 Escreva o nome de cada uma das estruturas apontadas pelos números e suas respectivas funções.

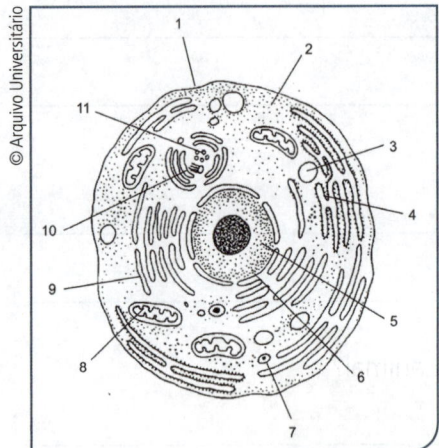

_____
_____
_____
_____
_____
_____
_____

9 Observe, na figura a seguir, a ilustração de uma célula e algumas imagens em micrografia eletrônica.

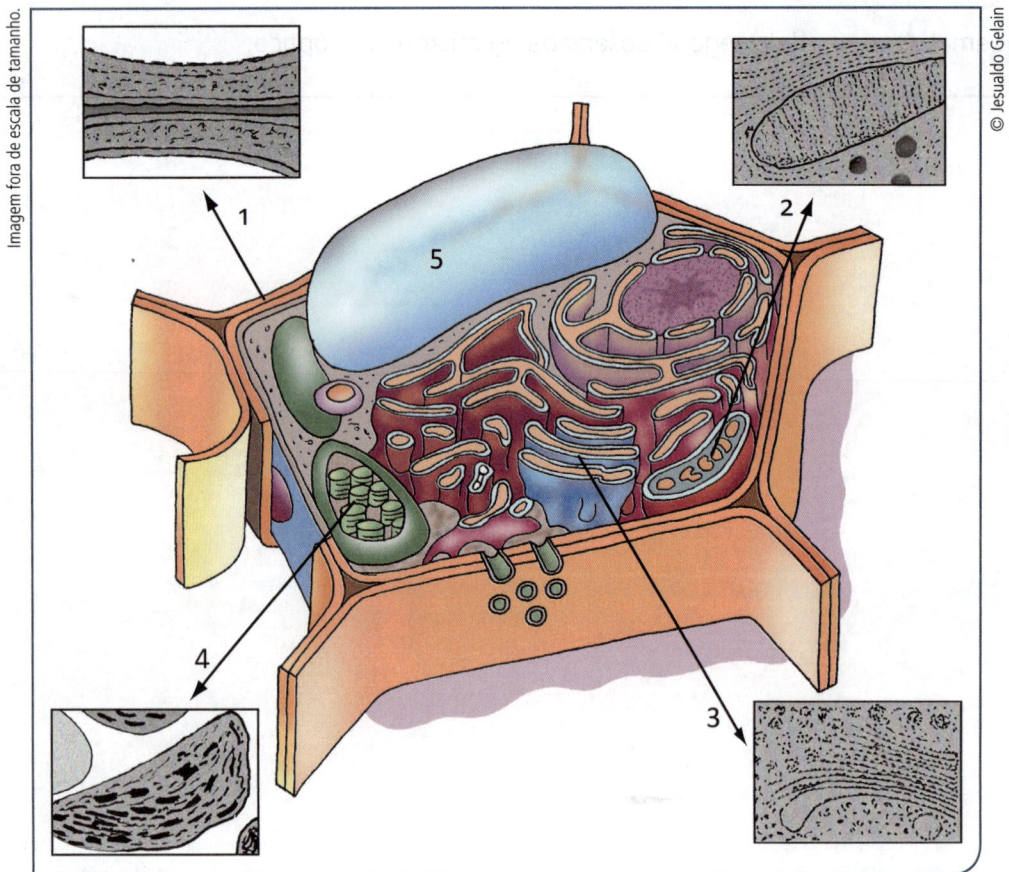

a) A célula representada é animal ou vegetal? Justifique.

_____
_____

16

b) Dê o nome e a função das organelas 2, 3, 4 e 5.

10) Analise a tirinha a seguir:

A clorofila usada como fortificante no elixir do Calvin é um pigmento.

a) Em qual organela citoplasmática esse pigmento é armazenado?

b) Qual é a função desse pigmento?

11) Diferencie mitose de meiose.

Capítulo 2
TECIDOS ANIMAIS

Se considerarmos as células como "tijolos", claro que as "paredes", conjuntos de células, serão os **tecidos**, estudados por uma ciência chamada **Histologia**.

Tecido é um conjunto de células que desempenham as mesmas funções ou têm funções semelhantes.

Para formar um tecido, as células permanecem unidas por uma substância que funciona como um cimento. No caso do sangue, por exemplo, a substância intercelular é líquida e chama-se plasma.

Detalhe de tecido muscular.

Após a fecundação do ovócito pelo espermatozoide surge o que chamamos de zigoto, que dá início à formação de um novo ser vivo a partir de sucessivas divisões celulares, originando o embrião. Nessa fase tem início o processo de diferenciação celular para a formação dos tecidos e órgãos que comporão o novo indivíduo. Assim, os tecidos são o resultado da diferenciação celular e da especialização das células tanto na forma quanto na função que vão desempenhar no organismo.

No ser humano encontramos vários tipos de tecidos:
- Epitelial: revestimento, proteção.
- Conjuntivo: união, preenchimento, sustentação.
- Muscular: movimento.
- Nervoso: condução de estímulos.

Tecido epitelial

Pode ser de revestimento e de secreção.

Epitelial de revestimento

Com uma ou mais de uma camada de células, portanto simples ou estratificado, reveste externa ou internamente nosso corpo.

A epiderme da nossa pele é tecido epitelial. Nesse caso, tem várias camadas e é denominado **estratificado** (com estratos ou camadas). Sofre espessamento de **queratina**, uma proteína, nas regiões de maior atrito de nossa pele: palmas das mãos, cotovelos, plantas dos pés. Às vezes, não é queratinizado.

Em outros locais, o epitélio é **simples**, isto é, possui uma só camada de células como no revestimento dos vasos sanguíneos, parede dos capilares e **serosas**.

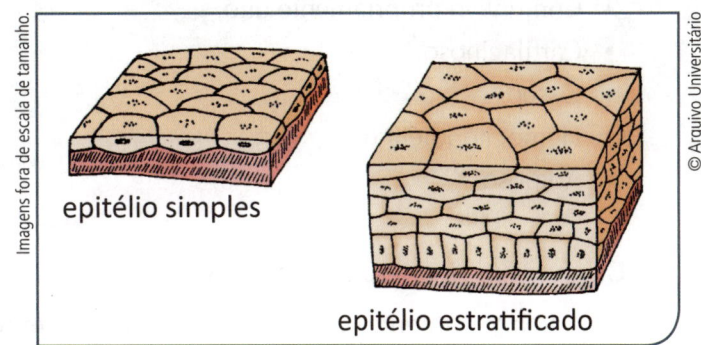
Tecido epitelial.

As **serosas** são membranas que revestem o coração (**pericárdio**), pulmões (**pleura**) e vísceras (peritônio). **Mucosas** revestem cavidades.

Epitelial de secreção

Forma as **glândulas**, órgãos que fabricam produtos úteis ou de secreção.

As glândulas são classificadas assim:

- **Exócrinas**

  Seus produtos não caem na corrente circulatória. Ex.: glândulas sudoríparas, lacrimais, mamárias, sebáceas, digestivas etc.

- **Endócrinas**

  Fabricam hormônios, "mensageiros" químicos lançados na corrente sanguínea. Ex.: hipófise, suprarrenais etc.

- **Anfícrinas**

  São mistas, ou seja, parte é exócrina e parte é endócrina. Na sua porção exócrina, o pâncreas produz enzimas digestivas lançadas no intestino; na parte endócrina, sintetiza dois hormônios ligados ao metabolismo de açúcares, a insulina e o glucagon.

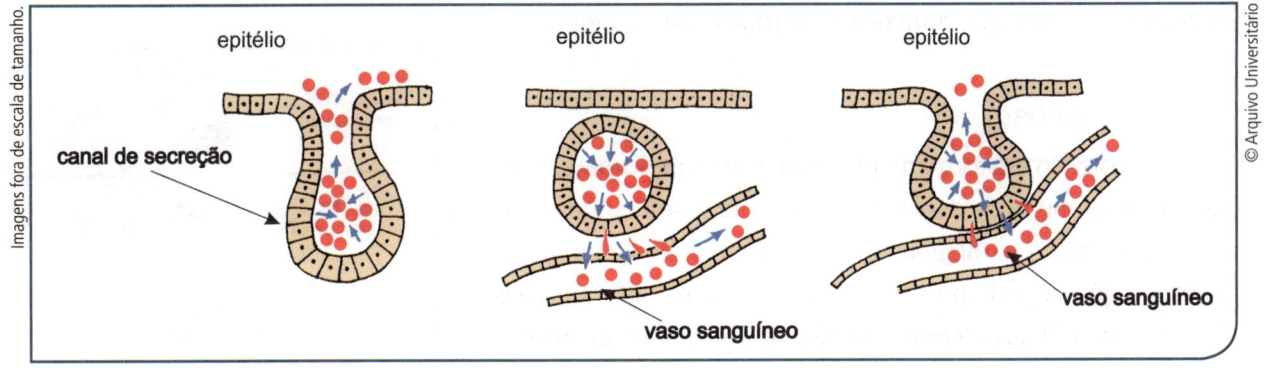
Os três tipos de glândulas.

Tecido conjuntivo

Ao contrário do tecido epitelial, apresenta muita substância intercelular ou cimentante. Se a epiderme (tecido epitelial) não tem vascularização, a derme (tecido conjuntivo) mostra capilares sanguíneos.

São tipos de tecido conjuntivo:
- Conjuntivo propriamente dito.
- Cartilaginoso.
- Ósseo.
- Hemocitopoiético.
- Adiposo.

Conjuntivo propriamente dito

Reveste internamente órgãos ocos, formando as **mucosas** (bucal, gástrica etc.); dá apoio a vários órgãos, inclusive glândulas, forma a **derme** e os **tendões**, as fibras densas que prendem os músculos nos ossos.

Encontramos **fibras**, umas delgadas e outras mais espessas, além de **células**:
- Fibroblastos: formam as fibras.
- Mastócitos: produzem **heparina** (anticoagulante) e **histamina** (antialérgico).
- Histiócitos: fagocitam microrganismos invasores.
- Plasmócitos: fabricam anticorpos.

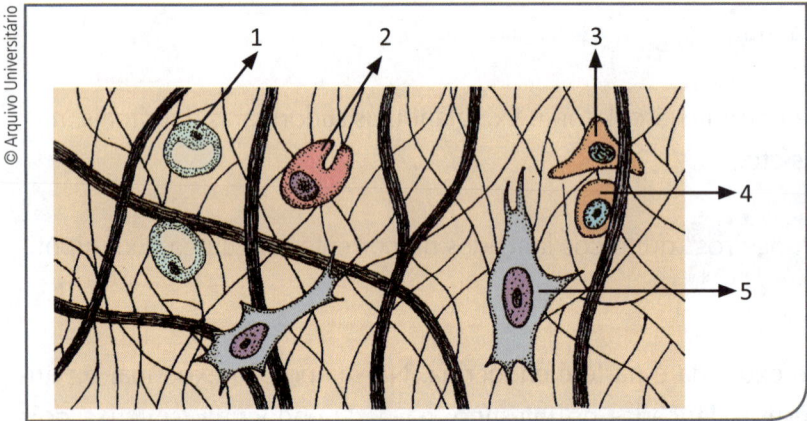

Tecido conjuntivo propriamente dito:
1 – célula adiposa ou adipócito; 2 – histiócito; 3 – mastócito; 4 – plasmócito; 5 – fibroblasto. Existem três tipos de fibras.

Para combater células invasoras, como bactérias, o organismo tem células de defesa, como os **glóbulos brancos** (tecido conjuntivo e plasma sanguíneo). Porém, o combate às moléculas invasoras, como os vírus, é realizado por **anticorpos**, as moléculas de defesa.

Cartilaginoso

Dá proteção e é formado por células e muitas fibras. É resistente, mas muito flexível e não apresenta vasos sanguíneos.

Encontramos cartilagens no nariz, nos anéis ao longo da traqueia, que impedem esse tubo de fechar, nas articulações ósseas, nas orelhas externas, nos discos intervertebrais da coluna etc.

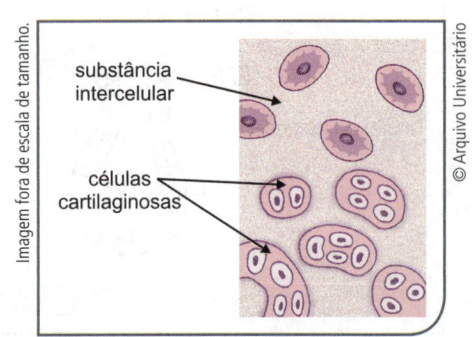

Tecido cartilaginoso.

Ósseo

As células, ao contrário das cartilagens, estão mergulhadas numa substância (intercelular) mais resistente, pois aí ocorre a presença de sais minerais, principalmente o **cálcio**.

Entretanto, se os ossos oferecem **proteção aos órgãos delicados** e também sustentam os músculos (portanto, são resistentes), por outro lado possuem certa **flexibilidade** pela presença, em sua constituição, de material orgânico, como proteínas.

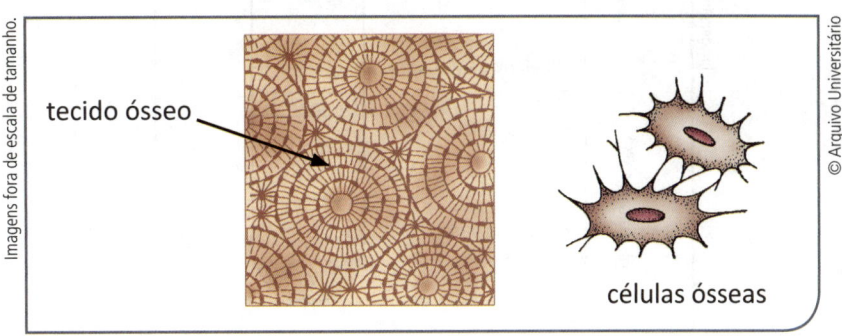

Tecido ósseo.

Sem a presença de proteínas (osseína), os ossos seriam muito mais quebradiços.

Esse tecido é percorrido por capilares sanguíneos e os ossos podem se regenerar quando rompidos.

Hemocitopoiético

Forma o sangue e a linfa.

A medula vermelha do osso produz as células do sangue: eritrócitos, leucócitos e trombócitos.

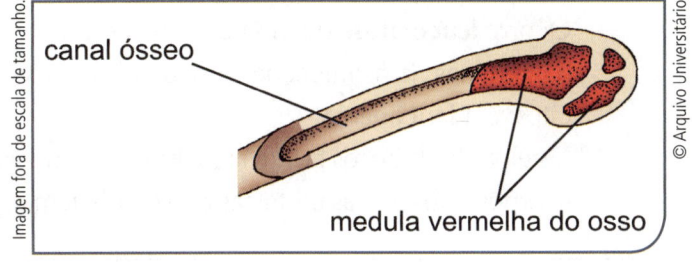

Corte de um osso longo.

- **Eritrócitos**

  Os glóbulos vermelhos ou hemácias são células que não têm núcleo. A cor é dada pela presença de hemoglobina, uma proteína que possui átomos de ferro e serve ao transporte de O_2 dos pulmões para os tecidos e CO_2 dos tecidos para o pulmão e eliminação do corpo pela respiração.

  São 4 a 5 milhões dessas células por mm^3 de sangue. A vida média de uma hemácia é 120 dias, sendo, portanto, periodicamente destruídas e repostas para a corrente sanguínea.

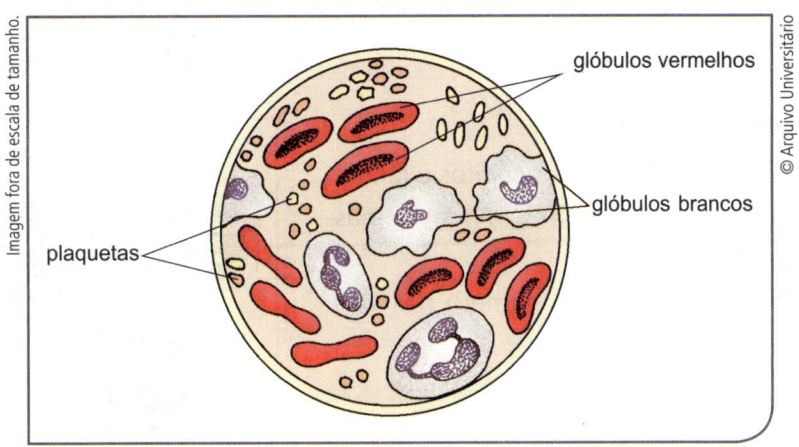

Células do sangue no plasma.

Chamamos **anemia** a redução do número de hemácias ou de hemoglobina, provocando fraqueza, pois o oxigênio deixa de ser transportado em quantidade suficiente.

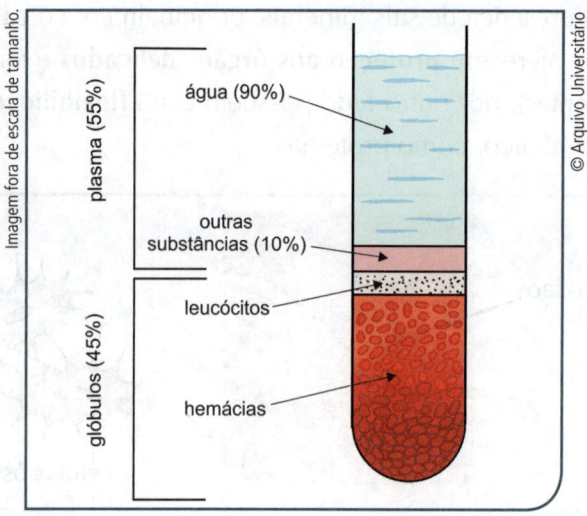

Sangue após centrifugação.

- **Leucócitos**

São os glóbulos brancos, responsáveis pela defesa do organismo e encontrados em número de 5 a 9 mil por mm^3 de sangue.

Ocorre **leucocitose** quando é observado um aumento dessas células por causa de infecções bacterianas. Já as infecções provocadas por vírus promovem redução do número de leucócitos: é a **leucopenia**.

Os glóbulos brancos fazem fagocitose quando as invasões são bacterianas ou produzem os anticorpos, substâncias proteicas que combatem organismos invasores, como vírus ou moléculas.

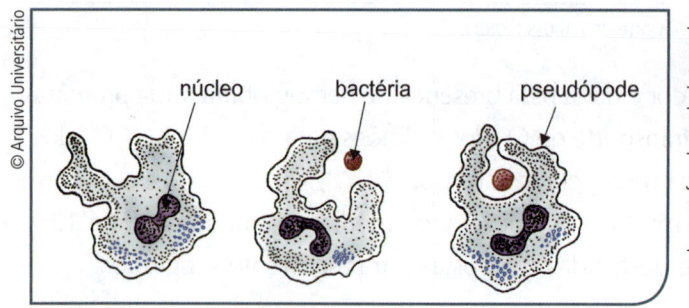

Leucócito fagocitando bactéria.

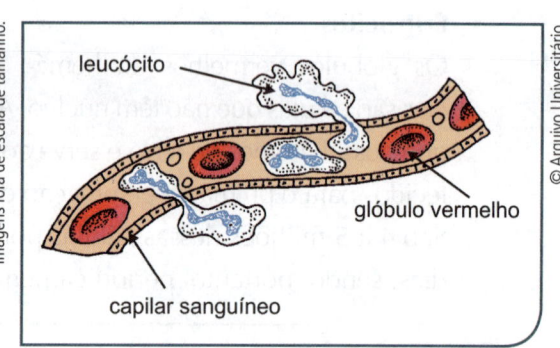

Diapedese, quando o glóbulo branco sai do capilar sanguíneo.

- Tipos de glóbulos brancos:
    - **Neutrófilos**: são 65% dos leucócitos e fazem fagocitose. Aumentam muito em número nas infecções agudas.
    - **Eosinófilos**: aumentam em número nas verminoses e alergias.

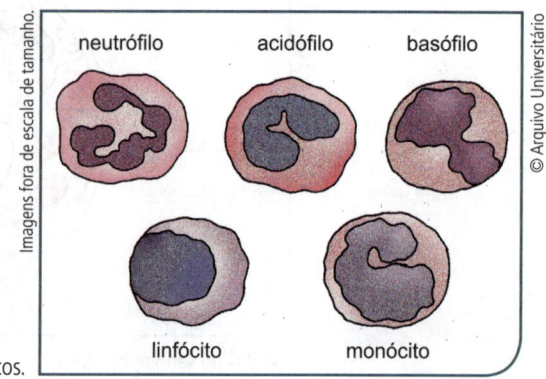

Representação dos glóbulos brancos.

- **Acidófilos**: não fagocitam. Produzem histamina (vasodilatador que auxilia a saída de neutrófilos dos capilares, a diapedese) e heparina (anticoagulante). Atuam nas alergias, inflamações e leucemias.
- **Monócitos**: fagocitam ativamente. São numerosos na tuberculose e malária.
- **Linfócitos**: produzem anticorpos.

Trombócitos

Chamados plaquetas, são em número de 200 a 400 mil fragmentos de células por mm³ de sangue. Derivam de células inteiras da medula óssea que se fragmentam.

Adiposo

Formado pelos **adipócitos** ou células adiposas, cujo citoplasma circunda um grande vacúolo que armazena gordura.

Tais células formam uma camada de gordura denominada **tela subcutânea** (antes hipoderme). Baleias, morsas, focas, pinguins etc. têm uma espessa tela subcutânea como isolante térmico, uma vez que vivem em regiões muito frias.

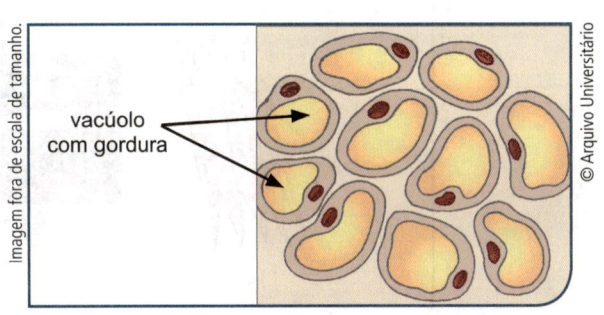

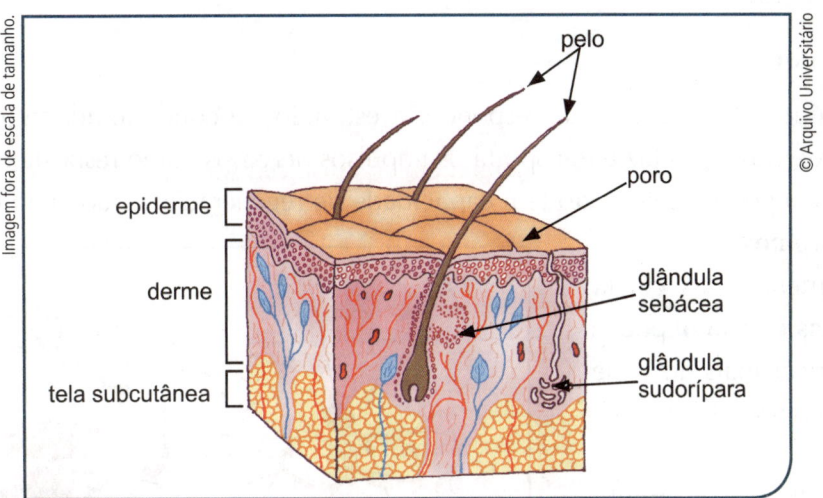

Corte da pele. A epiderme não possui vasos sanguíneos.

Tecido muscular

Tem a propriedade de realizar movimentos graças à sua capacidade de contração. Possui abundante irrigação sanguínea (necessidade de alimento e O₂).

Esse tecido é caracterizado por:
- Contratilidade: possibilidade de reduzir o comprimento.
- Extensibilidade: possibilidade de aumentar de comprimento.
- Elasticidade: possibilidade de voltar ao comprimento original.

Apresenta três tipos fundamentais:
- Liso ou visceral.
- Estriado ou esquelético.
- Cardíaco.

Músculo liso ou visceral

Células uninucleadas, pouco potentes e de contração involuntária, encontradas nas paredes das vísceras, dos vasos sanguíneos e do tubo digestivo.

Músculo estriado ou esquelético

Células plurinucleadas, mais possantes que as células dos músculos lisos. São de contração voluntária e compõem os músculos presos ao esqueleto.

Músculo cardíaco

Células multinucleadas, com estrias, mas de contração involuntária, que constituem a musculatura do coração (**miocárdio**).

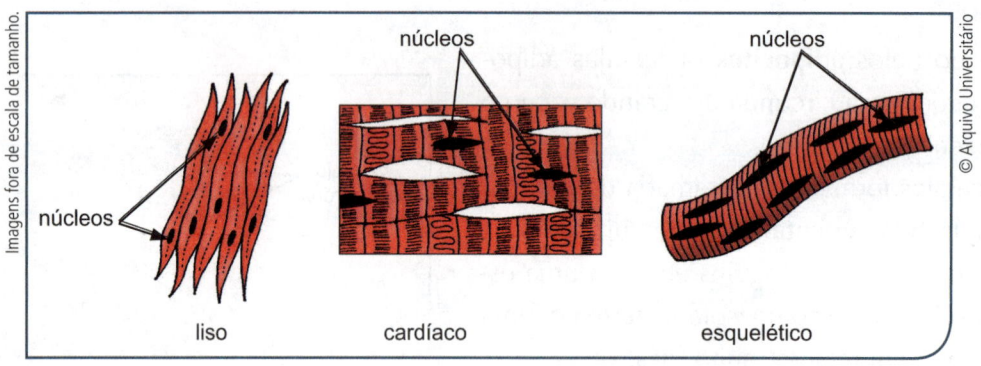

Tipos de músculos.

Tecido nervoso

Tem excitabilidade (capacidade de responder a estímulos) e condutibilidade (recebe e interpreta estímulos externos e produz e transporta os impulsos nervosos como resposta aos estímulos).

Suas células são permanentes, não têm capacidade de regeneração e são altamente especializadas: são os **neurônios**.

Os prolongamentos das células nervosas (**dendritos** e **axônio**) podem ser longos e alcançar mais de 1 metro. São eles que conduzem o impulso nervoso.

Os dendritos trazem o impulso para o corpo celular e o axônio leva o impulso para fora da célula.

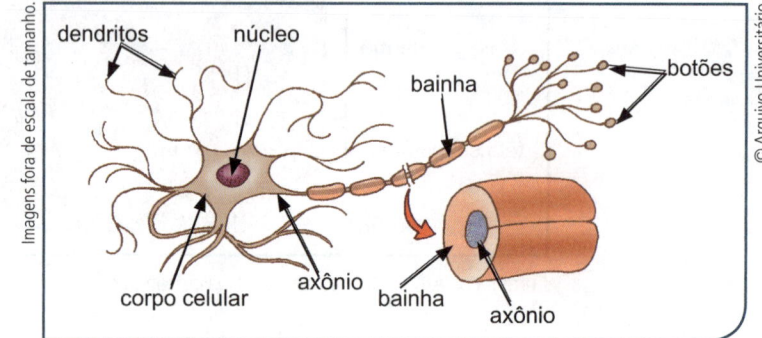

Neurônio, a célula nervosa.

Você sabia?

As células-tronco têm a capacidade de se multiplicarem, reparando e formando diversos tecidos do corpo. São usadas no tratamento de doenças até hoje incuráveis, como câncer (a leucemia inclusive), lesões na coluna (problemas de paralisia), danos cerebrais (traumas e doenças como os males de Alzheimer e de Parkinson), danos no coração entre outras.

Porém, os métodos de coleta das células-tronco geram polêmicas ético-religiosas. A polêmica surge quando se trata da retirada de células-tronco de embriões, já a coleta das células-tronco pelo cordão umbilical ou pela medula óssea do próprio paciente não causa polêmica.

ATIVIDADES

1 Quais as funções básicas dos tecidos epitelial e conjuntivo?

2 Qual a diferença entre glândulas exócrina e endócrina? Dê um exemplo de cada.

3 Defina mucosa e serosa.

4 Ao ferirmos a pele, ela pode ou não sangrar. Por quê?

5 Observe a figura e dê os nomes das células A e B e a função de cada uma delas:

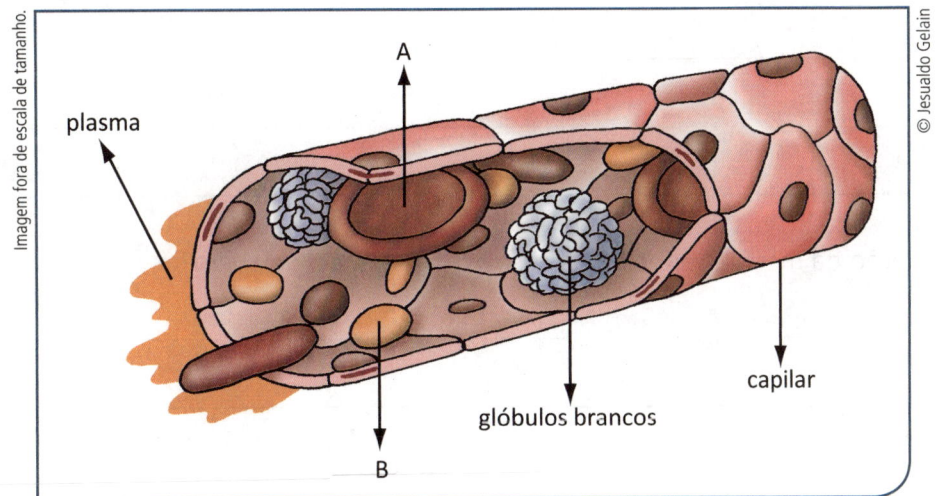

A _____
B _____

6 Associe corretamente:

I – Plasmócitos   a) Produzem heparina e histamina.

II – Mastócitos   b) Fazem a fagocitose.

III – Histiócitos   c) Fabricam anticorpos.

7 O que são anticorpos?

_____

_____

_____

8 O tecido conjuntivo adiposo apresenta várias funções.

a) Onde ele é encontrado?

_____

_____

b) Se observarmos o animal ao lado, notaremos que ele apresenta grande quantidade de tecido adiposo. Dê duas funções desse tecido que constituem uma vantagem para esse animal.

_____

_____

_____

_____

9 Qual a função da medula vermelha do osso? Quais ossos a possuem?

_____

_____

10 Defina:

a) anemia _____

_____

b) leucocitose _____

_____

c) leucopenia _____

_____

11 Defina adipócitos e trombócitos.

_____

_____

_____

_____

_____

12 Observe a figura abaixo e responda:

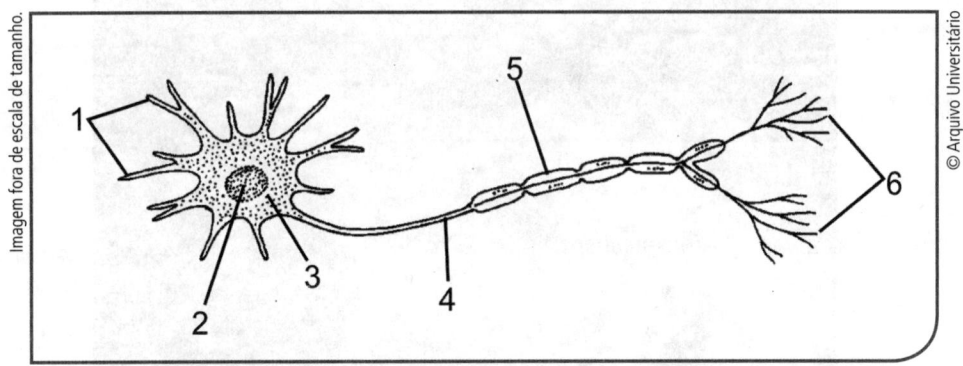

a) Qual é o nome das estruturas apontadas pelos números?

_____

_____

_____

b) Qual é o nome da célula esquematizada?

_____

_____

c) Na figura, coloque setas para mostrar o percurso dos impulsos nervosos.

27

Capítulo 3 — ALIMENTOS

Vertummus (1590), de Giuseppe Arcimboldo. Óleo sobre tela, 70,5 cm x 57,5 cm. Retrato do imperador romano Rodolfo II como Vertummus, deus romano da vegetação, das estações do ano e da transformação de flores e frutas.

Arcimboldo foi um pintor italiano que viveu grande parte de sua vida na Áustria; também foi arquiteto, engenheiro, cenógrafo de teatro e organizador de festas. Em sua obra, expõe elementos da natureza que se apresentam com formas humanas, figuras compostas por flores e plantas, frutas e legumes, folhas amarelas, frutas maduras e secas, cogumelos e avelãs, troncos e galhos secos, que representam as estações: verão, inverno, outono e primavera.

Nessa pintura, Arcimboldo reuniu uma grande variedade de flores, legumes, cereais, frutos e outros vegetais. Podemos dizer que na pintura do artista está representada grande parte dos tipos de alimentos que são necessários ao organismo para sobreviver.

Os alimentos que nós ingerimos são aproveitados pelo nosso organismo para obtenção dos nutrientes necessários ao funcionamento do corpo. Esses nutrientes são aproveitados pelas células. Para que possam entrar dentro da célula, os alimentos precisam ser "quebrados" ou digeridos em partes menores, as quais serão absorvidas e transportadas pelo sangue até as células.

Podemos classificar os alimentos quanto a sua composição química e suas funções em vários grupos: carboidratos, lipídios e proteínas.

Carboidratos ou glicídios

Alimentos de origem vegetal, são os açúcares.

Nosso intestino só absorve os carboidratos quando na forma de açúcares simples, de moléculas pequenas, como os **monossacarídeos**.

Dois monossacarídeos formam uma molécula um pouco maior, o **dissacarídeo**; muitos monossacarídeos dão origem a um **polissacarídeo**, molécula bem maior e mais complexa.

- Fontes de carboidratos

Pães. Massas. Açúcar.

	Carboidratos	Características
Monossacarídeos	Glicose	Principal fonte de energia das células.
	Galactose	Açúcar do leite.
	Frutose	Açúcar dos frutos, do néctar das flores e do mel.
Dissacarídeos	Maltose	Glicose + glicose.
	Lactose	Galactose + glicose.
	Sacarose	Frutose + glicose.
Polissacarídeos	Amido	Reserva de energia dos vegetais (batata, arroz, milho).
	Celulose	Material da parede celular dos vegetais.
	Glicogênio	Reserva de energia dos animais (armazenado no fígado).
	Quitina	Material do exoesqueleto dos artrópodes.
	Ágar	Meio de cultura gelatinoso, extraído de algas.

Lipídios ou gorduras

À temperatura ambiente, podem ser sólidos, como as **gorduras**, e líquidos, como os **óleos**.

Podem ser de origem animal, como a banha de muitas espécies, ou de origem vegetal, como o óleo de soja, o óleo de dendê, o azeite de oliva etc.

Toda molécula de gordura é constituída por **ácidos graxos** e **glicerol**.

Quase não se dissolvem em água, mas podem ser dissolvidos por clorofórmio e éter.

- Fontes de lipídios

Frituras.

Manteiga.

Doces com cremes e chantily.

Proteínas

São moléculas enormes, formadas por dezenas, centenas ou milhares de **aminoácidos**, as unidades proteicas.

Dois aminoácidos formam um **dipeptídeo**; mais de dois originam um **polipeptídeo** e, daí, temos uma proteína.

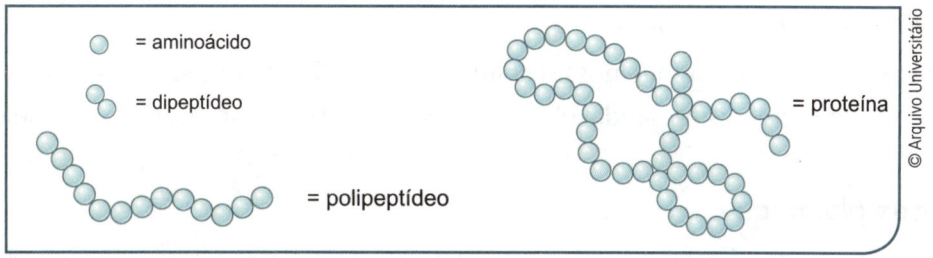

- Fontes de proteínas

Ovos.

Carne.

Peixe.

Leite.

Embutidos.

Calor em excesso provoca a **desnaturação** das proteínas, isto é, as ligações entre os aminoácidos se rompem, a molécula perde sua forma original e suas características ou propriedades. Um exemplo disso é a clara dos ovos que, uma vez sob cozimento, acaba se solidificando.

Funções dos alimentos

É da "quebra" dos alimentos que nossas células, tecidos, órgãos obtêm energia; com isso, podemos crescer, manter o organismo saudável e capaz de se adaptar às imposições do meio.

Alimentos plásticos

Com eles são construídas quase todas as partes ou peças do nosso corpo. São os tijolos que, empilhados, fazem erguer as paredes ou tecidos, os cômodos ou órgãos de nosso corpo.

São alimentos plásticos as **proteínas**, moléculas formadas pelas unidades chamadas aminoácidos.

Dos vinte aminoácidos encontrados na natureza, todos podem ser fabricados pelos vegetais. Animais só produzem alguns aminoácidos (aminoácidos **naturais**); os demais são obtidos pela alimentação (aminoácidos **essenciais**).

Alimentos energéticos

Aqueles que oferecem energia para todas as atividades do indivíduo.

Os principais são os carboidratos, como as massas em geral (pães, macarrão), batata, mandioca, milho, arroz. O excesso de carboidratos que ingerimos – e não usamos – é transformado em gordura, que se acumula sob a pele, formando a **tela subcutânea**, antes chamada hipoderme.

Quando falta o açúcar, nosso corpo passa a utilizar a gordura armazenada, outra fonte de energia. Só que as gorduras liberam pouco mais que o dobro de energia do que uma quantidade igual de açúcar.

É bom lembrar que o colesterol é um tipo de lipídio que serve para a produção de alguns hormônios.

O **colesterol "bom"** ou **HDL** auxilia na remoção do excesso de **"mau"** colesterol do sangue. Esse **"mau" colesterol** ou **LDL** pode formar placas (ateromas), que se aderem às paredes internas dos vasos, dificultando a passagem do sangue (**aterosclerose**) e levando ao infarto e ao acidente vascular cerebral.

Em animais de sangue quente que vivem nas regiões geladas (focas, leões-marinhos, morsas), a espessa camada de gordura não só fornece energia, como também é um excelente isolante térmico, além de proteger contra choques mecânicos.

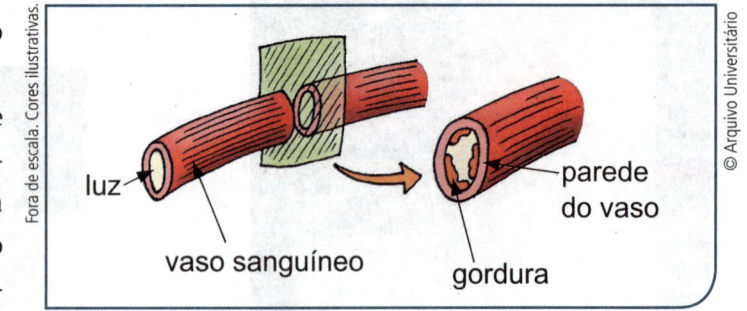

Depósito de gordura na luz do vaso.

Alimentos reguladores

Apesar de atuarem em mínimas quantidades, não podem faltar em nosso organismo. São os **sais minerais** e as **vitaminas**, que coordenam nosso metabolismo.

A carência ou falta de qualquer vitamina ou de alguns sais logo é notada, pois não demoram muito para surgirem os sintomas.

Sais minerais	Funções	Fontes
Sódio	Atua na condução do impulso nervoso.	Sal de cozinha.
Potássio	Atua na condução do impulso nervoso.	Frutos, carne, leite.
Cloro	Facilita a digestão.	Sal de cozinha.
Cálcio	Presente em grande quantidade nos ossos. Atua na coagulação do sangue e na contração muscular.	Leite e derivados, vegetais verdes.
Fósforo	Presente em todos os tecidos. Forma o fosfato de cálcio dos ossos. Age nos processos energéticos.	Cereais, leite e derivados, carne.
Ferro	Faz parte da hemoglobina das hemácias: transporte de oxigênio na respiração.	Legumes, vegetais verdes.
Magnésio	Compõe a molécula de clorofila.	Vegetais verdes, cereais integrais.
Iodo	Componente dos hormônios da glândula tireoide	Algas e animais marinhos.

Enzimas e vitaminas

Moléculas de proteína que **reduzem a energia** necessária para uma reação, atuando como **catalisadores**, isto é, participam das reações, sem alteração na quantidade ou na estrutura química.

As enzimas "quebram" um composto em duas moléculas menores ou unem duas substâncias para formar a molécula de um composto.

Todas as enzimas atuam sobre determinado substrato, isto é, são sempre específicas, do mesmo modo que, para cada fechadura, há sempre uma chave apropriada que "abre" (ou "fecha") seu segredo.

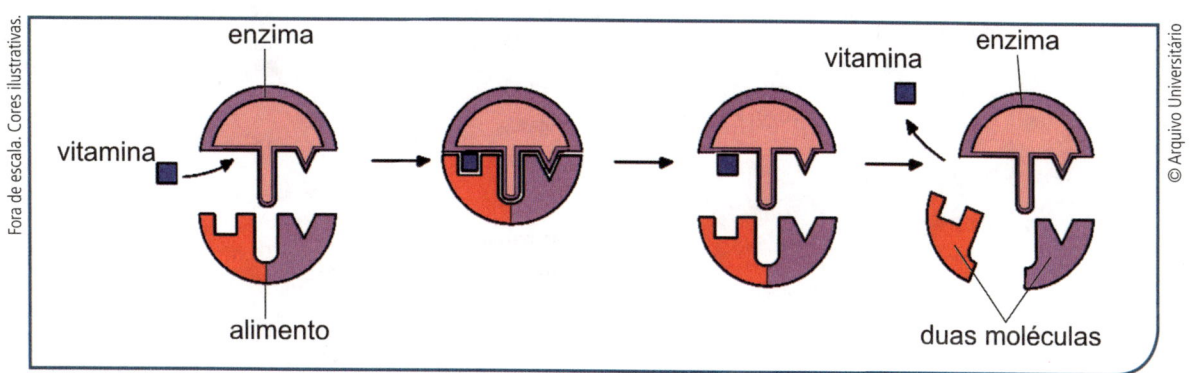

Esquema do trabalho enzimático.

As vitaminas são nutrientes reguladores muito importantes, pois participam de inúmeras reações do nosso metabolismo e, mesmo que em menores quantidades (**insuficiência** ou **hipovitaminose**) ou ausentes (**carência** ou **avitaminose**), os sintomas não tardam a surgir.

Frutos, legumes e raízes são fontes de vitaminas.

Algumas vitaminas agem como auxiliares de enzimas, participando da reação química que não ocorreria sem a vitamina.

As vitaminas A, D, E e K são **lipossolúveis**, isto é, dissolvem-se em gorduras; as demais são **hidrossolúveis**.

- Quadro de vitaminas:

Vitaminas	Funções	Sintomas de sua falta	Fontes
A Retinol	Antixeroftálmica. Acelera o crescimento. Evita infecções.	Ressecamento da pele. **Xeroftalmia** (córnea seca). **Hemeralopia** (cegueira noturna). Crescimento lento.	Cenoura, mamão, tomate, espinafre, óleo de fígado de peixe, ovos.
D Calciferol	Antirraquítica Absorção de cálcio e fósforo pelo intestino.	**Raquitismo** (ossos fracos, pernas tortas, dentição irregular.)	Óleo de fígado de peixe, leite e derivados, atum.
E Tocoferol	Antiesterilidade. Previne o aborto.	Fraqueza muscular. **Esterilidade** no homem. Aborto.	Brócolis, soja, trigo, ovos, leite.
K(*) Filoquinona	Anti-hemorrágica (coagulação do sangue).	**Hemorragias**. Coagulação deficiente.	Espinafre, brócolis, gema de ovos.
B1 Tiamina	Antiberibérica. Dá suporte aos músculos e nervs.	**Beribéri** (neurite, fraqueza muscular, paralisia, emagrecimento). Disfunção cardíaca.	Soja, feijão, ovos, fígado.
B2 Riboflavina	Coordenação motora. Proteção da pele. Atua na respiração.	**Quilose** (ulcerações na mucosa bucal, língua e lábios). Distúrbios neuromusculares.	Vegetais verdes, cereais, leite e derivados.
B3/PP Niacina	Atua na respiração. Mantém os sistemas neuromuscular e digestivo.	**Pelagra** (dermatite, distúrbios nervosos e diarreia).	Cereais, couve, carne, peixes, feijão.
B6 Piridoxina	Metabolismo dos aminoácidos e junções neuromusculares. Proteção da pele.	Dermatites. Distúrbios neuromusculares.	Grãos integrais, carnes.
B12(*) Cianoco balamina	Antianêmica. Acelera o crescimento. Produção de glóbulos vermelhos.	**Anemia perniciosa**. Crescimento lento.	Carnes e fígado.
C Ácido ascórbico	Antiescorbútica. Anti-infecciosa. Proteção do tecido conjuntivo e capilares.	**Escorbuto** (sangramento da mucosa bucal e gengiva, fraqueza e anemia).	Espinafre, brócolis, frutas cítricas, pimentão.

(*) Também sintetizadas por bactérias que vivem no intestino.

Importante lembrar que o teor de vitaminas diminui consideravelmente quando preparamos o alimento sob altas temperaturas. Dê preferência a alimentos frescos.

Água

Considerada **solvente universal**, é a substância que maior número de outras substâncias consegue dissolver. Grande parte de suas reações químicas intracelulares, inclusive as reações enzimáticas, ocorre em meio aquoso. O transporte de moléculas dentro de uma célula também depende da água.

O ser humano resiste muito mais sem comer do que sem beber água.

A quantidade de água varia conforme a **espécie** (medusa = 95% e ser humano = 66%), a **idade** (mais idade = menos água), o tipo de **tecido** (nervoso >>> ósseo) e o **metabolismo** que ele desempenha (músculo >>> tegumento).

Especialistas afirmam que devemos beber diariamente 1 a 2 litros de água, se bem que certos alimentos e outros líquidos que ingerimos também podem entrar no total, pois eles têm bastante água. A maçã, por exemplo, apresenta 84% de água; o pepino e a berinjela, 90%; e o leite tem 87%.

Dietas alimentares

Chamamos de **caloria** uma unidade de medida de energia. O cálculo da energia dos alimentos é feito de acordo com a quantidade de carboidratos, gorduras e proteínas e expresso em **quilocaloria** (kcal), que vale 1000 calorias. Uma banana, por exemplo, tem 100 kcal.

A quantidade de quilocalorias que uma pessoa necessita diariamente deve ser calculada de acordo com a idade, o peso, o tipo de atividade etc.

Imaginemos que a necessidade média da população brasileira seja de 2.200 a 2.500 quilocalorias diárias. Não adianta atingir tais valores calóricos se não mantivermos uma dieta balanceada, com variedade nutricional.

Um super-hambúrguer duplo tem, mais ou menos, 570 quilocalorias. Portanto, bastaria comer quatro desses sanduíches e chegaríamos à nossa necessidade? Claro que não! Faltariam nutrientes e, principalmente, sais minerais e vitaminas, além daquilo que poderia estar em excesso.

Qualquer tipo de dieta deve ser prescrita por um especialista, e não montada com base em programas de TV ou revistas e jornais.

Você sabia?

Diet e light

Chamamos o alimento de *diet* quando a quantidade de um dos nutrientes (açúcares, gorduras, proteínas e sódio) é muito pequena (no máximo 0,5 grama do nutriente por 100 gramas ou 100 mililitros do produto) ou ausente.

Um produto é *diet* quando isento de um nutriente específico.

Interessante lembrar que o chocolate *diet* não tem açúcar, mas engorda como o chocolate normal, porque tem mais gordura para dar consistência ao produto.

O alimento é *light* quando possui teor reduzido de alguns nutrientes (no mínimo 34% a menos), porém não é isento deles.

Para não existir confusão, devemos comparar os rótulos dos alimentos *diet* e *light* com o do alimento convencional.

Obesidade

Problema que afeta o Brasil e uma série de outros países, nos quais o estresse e a ansiedade, gerados pela vida moderna e pela competitividade, levam ao consumo exagerado de alimento, e daí ao aumento da massa corpórea, resultado principalmente perigoso para os adolescentes, por isso a recomendação da prática de atividades físicas.

Veja como é fácil controlar a massa corpórea:

Número de quilocalorias ingeridas	Igual ao	Número de quilocalorias consumidas	=	Massa corpórea estável
Número de quilocalorias ingeridas	Maior do que	Número de quilocalorias consumidas	=	Aumento da massa corpórea
Número de quilocalorias ingeridas	Menor do que	Número de quilocalorias consumidas	=	Redução da massa corpórea

Como calcular o Índice de Massa Corpórea

O IMC é calculado pela divisão da massa, em quilogramas, da pessoa pela sua altura ao quadrado.

$$\text{Ex.:} \quad \frac{70 \text{ kg}}{1{,}75 \text{ m} \cdot 1{,}75 \text{ m}} = 2{,}6$$

Esse Índice de Massa Corpórea é bom?

Veja a tabela ao lado.

EVITE... as gorduras saturadas, como as encontradas nas carnes, no *bacon*, na pele de frango e de outras aves, na gema dos ovos, nos derivados do leite etc. São aceitáveis até 20 g por dia.

NÃO EVITE... alimentos com fibras, como certos frutos, algumas verduras, cereais e pães integrais etc., pois diminuem o risco de muitas doenças, como câncer de intestino, hemorroidas. Deve-se ingerir pelo menos 30 g por dia.

Faixa etária	IMC
19 – 24	19 – 24
25 – 34	20 – 25
35 – 44	21 – 26
45 – 54	22 – 27
55 – 64	23 – 28
65	24 – 29

Desnutrição

Em muitos países em desenvolvimento, a falta de alimentos ou as dietas irregulares têm levado a uma desnutrição em alto grau, principalmente quando começa desde a fase infantil ou de recém-nascido. Muitas crianças não têm sequer o leite materno, alimento importante que deveriam receber até o sexto mês de vida.

Há um mínimo de calorias diárias que o nosso organismo deve receber; porém, mais da metade da população brasileira não consome isso, como resultado da pobreza, da miséria e da falta de informação.

A insuficiência alimentar pode levar a sérios distúrbios orgânicos, como:

Anemia ferropriva

Causada pela carência de ferro na alimentação (feijão, soja, lentilha, fígado bovino, gema de ovos, mariscos e ostras). Por isso, falta hemoglobina nas hemácias ou glóbulos vermelhos, dificultando o transporte de oxigênio dos pulmões para órgãos do corpo e dos músculos. A consequência é uma grande fraqueza e certa palidez.

"Kwashiorkor"

Atraso no crescimento, dificuldades na locomoção, atrofia muscular, inchaço nos pés e forte apatia, causada pela escassez de proteínas.

O nome é proveniente de um dialeto da África, continente onde ocorre a doença, e foi dado porque é frequente no primeiro filho, quando sua mãe tem o segundo filho e, por isso, deixa de amamentá-lo.

Relativamente comum no Nordeste brasileiro.

Bócio

O iodo é importante para a produção dos hormônios de uma glândula, a tireoide, localizada na região anterior do pescoço.

A falta desse elemento provoca o **papo** ou **papeira** (o bócio), que resulta no aumento do pescoço.

O sal de cozinha deve receber iodo antes de ser comercializado, garantindo, assim, a sua inclusão na alimentação. Alimentos como peixes, moluscos e algas vindos do mar têm uma boa concentração de iodo.

O sal de cozinha é refinado e iodado.

Bócio ou papeira revela a falta de iodo na alimentação.

Dezenas de milhões de pessoas no mundo têm bócio.

Troque os sanduíches, salgadinhos em pacote, embutidos como salsicha e linguiças, *pizzas*, frituras como pastéis, doces e refrigerantes por carnes brancas (aves e peixes), arroz integral, soja, couve, pimentão, alho, repolho, espinafre e suco de frutas.

Anorexia e bulimia

São dois transtornos alimentares de origem nervosa, com alta taxa de mortalidade e tratados, muitas vezes, pela psiquiatria.

A pessoa com anorexia nervosa, geralmente dos 13 aos 20 anos, recusa-se a comer, pois acredita, mesmo ao emagrecer a olhos vistos, que ainda está gorda. A apologia exagerada ao corpo perfeito também leva à limitação da ingestão de alimentos, regimes exagerados, sobrecarga nos exercícios físicos e uso excessivo de laxantes e diuréticos.

Claro que sem alimento o organismo consome a própria musculatura e, em pouco tempo, surge o cansaço e a fraqueza. Todavia, o risco não para por aí.

A perseguição doentia à boa aparência do corpo, e não à saúde, acaba provocando um número de mortes maior do que alguns tipos de câncer, como o de mama, por exemplo.

Ocorre parada cardíaca por eliminação abundante de potássio (mineral que participa da condução de estímulos nervosos), insuficiência renal em função da desidratação, queda da capacidade de defesa contra infecções pelo comprometimento do sistema imunológico (falta de nutrientes) e fraqueza óssea por falta de cálcio e vitaminas do complexo B.

Dos adolescentes que padecem do mal, a grande maioria é do sexo feminino.

Bulimia consiste na preocupação excessiva com o peso. Não há uma perda de massa corpórea tão rápida, pois o impulso ou vontade de comer é grande.

A pessoa come em demasia e, em seguida, provoca vômitos, usa laxantes ou passa um longo período de inanição ou jejum.

As duras consequências acabam se voltando para aquelas da anorexia nervosa. Também ocorre mais com as mulheres, geralmente dos 18 aos 40 anos de idade.

Quaisquer dietas ou regimes devem ser acompanhados por médicos especialistas.

> **Você sabia?**
>
> ### Doença da vaca louca
>
> Acreditava-se que a **encefalopatia espongiforme**, doença que provoca, no gado bovino, um comportamento estranho (daí o nome vaca louca), seria causada pela infecção do animal por um vírus, ou uma bactéria ou outro microrganismo.
>
> O encéfalo do animal degenera e assume a forma de uma esponja, quando o animal enlouquece e morre. Aquilo que causa a doença não é um organismo, e sim uma molécula de proteína, em algum momento fabricada com "erro" por alguma célula, uma mutação sem causa aparente.
>
> Essa molécula "defeituosa" é chamada de **príon** e faz surgir outras moléculas mutantes, além de agredir o encéfalo. Há uma versão da doença da vaca louca que agride a espécie humana da mesma forma, com os príons ou proteínas mutantes. Tal doença é adquirida quando ingerimos a carne bovina de um animal doente e não por transfusão sanguínea entre duas pessoas.

O que você precisa saber sobre a fome

Quantas pessoas passam fome no mundo e onde a maioria delas vive? Quais são os efeitos da desnutrição sobre a mente e o corpo e o que podemos fazer para ajudar essas pessoas? O Programa Mundial de Alimentos (PMA) preparou uma lista com dez fatos essenciais para entender por que a fome é o maior problema solucionável que o mundo enfrenta hoje.

1. Aproximadamente 925 milhões de pessoas no mundo não comem o suficiente para serem consideradas saudáveis. Isso significa que uma em cada sete pessoas no planeta vai para a cama com fome todas as noites. (Fonte: FAO, 2012.)

2. Embora o número de pessoas com fome tenha aumentado, na comparação com o percentual da população mundial, a fome na verdade caiu de 37% da população em 1969 para pouco mais de 16% da população em 2010. (Fonte: FAO, 2010.)

3. Bem mais que a metade dos famintos do mundo – cerca de 578 milhões de pessoas – vivem na Ásia e na região do Pacífico. A África responde por pouco mais de um quarto da população com fome do mundo. (Fonte: FAO, O estado da insegurança alimentar no mundo, 2010.)

4. A fome é o número um na lista dos 10 maiores riscos para a saúde. Ela mata mais pessoas anualmente do que Aids, malária e tuberculose juntas. (Fonte: Unaids, Relatório Global de 2010; OMS, Fome no mundo e Estatística da pobreza, 2011.)

5. Um terço das mortes entre crianças menores de cinco anos de idade nos países em desenvolvimento estão ligadas à desnutrição. (Fonte: Unicef, Relatório sobre nutrição infantil, 2006.)

6. Os primeiros 1.000 dias da vida de uma criança, desde a gravidez até os dois anos de idade, são a janela crítica para combater a desnutrição. Uma dieta adequada nesse período pode protegê-las contra o nanismo mental e físico, duas consequências da desnutrição. (Fonte: Comitê Permanente da ONU sobre Nutrição, 2009.)

7. Custa apenas 25 centavos de dólar por dia alimentar uma criança com todas as vitaminas e os nutrientes de que ela precisa para crescer saudável. (Fonte: PMA, 2011.)

8. Mães desnutridas muitas vezes dão à luz bebês abaixo do peso. Essas crianças tem 20% mais probabilidade de morrer antes dos cinco anos de idade. Cerca de 17 milhões de crianças nascem abaixo do peso a cada ano. (Fonte: Unicef, Um mundo para as Crianças, 2007.)

9. Em 2050, as alterações climáticas e os padrões climáticos irregulares levarão mais de 24 milhões de crianças à fome. Quase metade dessas crianças vivem na África Subsaariana. (Fonte: PMA, Mudanças climáticas e combate à fome: Respondendo ao desafio, 2009.)

10. A fome é o único grande problema solucionável que o mundo enfrenta hoje.

Fonte: Disponível em: <http://www.onu.org.br/o-que-voce-precisa-saber-sobre-a-fome-em-2012/>. Acesso em: jul. 2012.

Discuta com seus colegas a respeito do problema.
Na sua opinião, ele é solucionável como a ONU argumenta?

ATIVIDADES

1 Como podemos definir saúde e doença?

_____
_____

2 Quais são nossas funções de nutrição?

_____

3 Observe a tirinha e responda:

a) Qual tipo de nutriente está presente em grande quantidade nos alimentos pedidos?

_____

b) Por que eles são prejudiciais quando ingeridos em excesso?

_____

_____

4 Em relação às suas funções, como são classificados os alimentos?

_____

_____

5 Por que alguns sais minerais, água e certos tipos de gorduras são classificados como alimentos plásticos?

_____

_____

6 As proteínas são alimentos plásticos, isto é, com eles são construídas quase todas as partes ou peças do nosso corpo. Uma das principais fontes de proteínas é a carne de boi, porco, aves etc. As pessoas vegetarianas geralmente não utilizam carnes em sua alimentação. Como elas obtêm proteínas?

_____

_____

_____

_____

7 Esta tabela refere-se ao teor de minerais e vitaminas, expressos em mg por 100 g de parte comestível de alguns alimentos.

Alimentos	Minerais			Vitaminas		
	Ca	P	Fe	A	B1	C
abacate	13	47	0,7	20	0,07	12
couve	203	63	1,0	650	0,20	92
goiaba	22	26	0,7	26	0,04	218
grão-de-bico	68	353	7,0	0	0,46	5

Com base nos dados dessa tabela, responda:

a) Qual alimento apresenta em maior quantidade a vitamina que previne o escorbuto?

_____

b) Uma criança apresenta deficiência na formação de ossos e dentes, os quais mostravam-se bem fracos. Qual alimento pode ajudar no tratamento dessa criança? Justifique.

c) Uma pessoa, após exame de rotina, foi informada de que sua taxa de hemácias (células responsáveis pelo transporte de oxigênio na respiração) estava abaixo do normal. Qual alimento da tabela pode ser incluído na sua alimentação para corrigir o problema? Justifique.

8 Por que não incluir verduras e frutas nas refeições deve ser considerado um mau hábito alimentar?

9 Como é armazenado o açúcar em nosso organismo? E o excesso de açúcar?

10 Cite algumas funções desempenhadas pela água em nosso organismo.

11 O que são enzimas?

12 O excesso de vitaminas pode provocar complicações como mau funcionamento dos rins e do sistema nervoso e intoxicações. Vitamina A em excesso pode causar dor de cabeça e nas articulações, e espessamentos nos ossos.

a) Cite duas funções da vitamina A.
_____

b) Escreva o nome de dois alimentos ricos em vitamina A.
_____

c) O que a carência de vitamina A pode provocar?
_____

13 O que é pelagra? Quais os seus sintomas?
_____
_____

14 Como podemos evitar a anemia perniciosa? O que é anemia ferropriva?
_____
_____

15 Associe corretamente:

a) peixe

b) laranja

c) espinafre

d) leite

e) gema de ovo

16 Por que as pessoas ficam obesas?
_____
_____

17 O que você entende por flora intestinal?
_____
_____

Capítulo 4

CONSERVAÇÃO DOS ALIMENTOS

A laranja embolora. O leite azeda e talha. A carne apodrece. Quando tudo isso acontece, esses alimentos mudam de aspecto, cheiro e sabor. Essas transformações dos alimentos são causadas por bactérias e fungos, que acabam por se alimentar daquilo que não consumimos rapidamente ou conservamos.

Um dos processos responsáveis pela deterioração dos alimentos é a fermentação.

Nesse processo os microrganismos utilizam o alimento, o carboidrato, por exemplo, para obter energia, transformando o açúcar em álcool e ácido, com desprendimento de gás carbônico e energia.

Alguns tipos de fermentação são úteis para nós, como a fermentação láctica promovida por bactérias, que resulta em coalhadas, ou a fermentação de alguns fungos, utilizada na produção de bebidas alcoólicas, como cervejas e vinhos, e também na panificação.

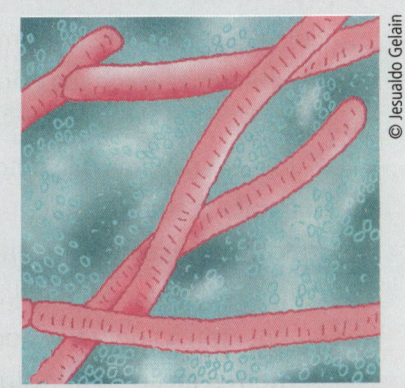

Lactobacilos (formas alongadas) aumentados quase 8 mil vezes. Cores ilustrativas.

Levedo, usado em panificação.

Penecillium, um fungo usado na fabricação de queijos.

Imagens fora de escala de tamanho. Cores ilustrativas.

Porém, outros tipos desses microrganismos deterioram o alimento.

Muitas vezes, os alimentos entram em **putrefação**, processo resultante da atividade de certas bactérias e alguns fungos que agem na natureza, principalmente se deixarmos os alimentos em contato com ar, umidade e calor.

43

Os seres humanos primitivos, quando abandonavam as cavernas que lhes serviam de moradia para procurar comida, acabaram "criando" vários processos de conservação dos alimentos não consumidos imediatamente.

Em certos pontos da Terra, o inverno rigoroso deve ter impedido a procura de alimento, e as pessoas obtinham sustento do alimento armazenado. Porém, há milhares e milhares de anos, como manter um estoque de alimento sem que estragasse?

O próprio clima do inverno, com a neve das montanhas e dos altos picos gelados, ajudou ainda mais a conservação dos alimentos naquelas moradias primitivas, além de, em outras latitudes, os humanos utilizarem outros processos para conservar os alimentos, como secagem, adição de sal, evaporação de salmoura (água salgada), defumação etc.

Não há documentos ou registros que possam determinar quando e como foi descoberto ou desenvolvido cada um dos processos de conservação dos alimentos; todavia, velhas ou novas, hoje são empregadas diversas técnicas de conservação dos alimentos que fornecem energia para os seres humanos.

Técnicas de conservação

Redução de temperatura

Conservar os alimentos em geladeira ou *freezer* significa mantê-los em temperaturas tão baixas que bactérias e fungos não conseguem ativar seu metabolismo, isto é, suas células não funcionam.

Alimentos naturais que deterioram rapidamente, como pescado, carnes ou comida processada, têm aumentada sua validade.

Frutos, por exemplo, quando colocados sob refrigeração, reduzem o metabolismo celular e retardam sua maturação, ampliando sua vida útil.

A conservação pelo frio pode ser feita por:
- **Refrigeração** – é o resfriamento dos alimentos, temporariamente, a cerca de 0º C.
- **Congelamento** – é o resfriamento dos alimentos até cerca de -30º C.

Você sabia?

A primeira geladeira para uso doméstico foi projetada nos Estados Unidos em 1913, enquanto a geladeira com uma parte para resfriar alimentos e outra para congelá-los foi lançada pela *General Electric* em 1939.

Aumento do calor

A elevação da temperatura até 145º C por alguns segundos é condição inviável para a vida dos microrganismos, principalmente, pelo choque térmico ao qual são submetidos, uma vez que há um resfriamento logo após o calor excessivo.

Quem criou o processo da pasteurização foi o químico francês Louis Pasteur (1822-1895), o mesmo que descobriu vários tipos de microrganismos infecciosos, além do seu famoso experimento dos frascos com "pescoço de cisne", o qual derrubou definitivamente a hipótese da geração espontânea, pois a vida surge ou se forma apenas de vida preexistente.

Apertização

O confeiteiro francês Nicolas Appert (1749-1841) criou um processo de conservação que foi chamado **apertização**. Ele colocava carne e vegetais em potes de vidro, selava os potes e depois os aquecia.

A eliminação do ar (entenda oxigênio) impede que microrganismos aeróbios consigam sobreviver e, portanto, não conseguem deteriorar o alimento.

Era assim que ele fornecia alimentos para os soldados de Napoleão, que ficavam muito tempo nas frentes de batalha. Mais tarde, os ingleses patentearam as latas de alimentos.

Enlatados são conservados por meio de apertização. Quando uma lata apresenta-se estufada é quase certeza de que isso aconteceu por causa dos gases liberados pela deterioração do alimento.

A conservação pelo calor pode ser feita ainda por:
- **Esterilização** – alimentos cozidos a uma temperatura além de 120º C, em recipientes fechados e a vácuo (sem ar).
- **Pasteurização** – alimentos aquecidos a temperaturas de 65º C a 80º C, não havendo necessidade de acrescentar conservantes.
- **Tindalização** – alimentos aquecidos a temperaturas de 60º C a 90º C e, depois, resfriados bruscamente.

Métodos indiretos de conservação

A eliminação do ar é feita com o uso de embalagens especiais, em que os alimentos são fechados hermeticamente a vácuo.

A eliminação da água, ou desidratação, também proporciona uma vida útil mais longa para o alimento. O leite, como alimento natural, é perecível em pouco tempo, enquanto o leite em pó, produzido do leite desidratado, pode ser conservado por meses.

O leite em pó é obtido industrialmente, pelo processo de liofilização também conhecido por *freeze-drying*, é uma técnica sofisticada para desidratar produtos naturais. Diferente das técnicas convencionais de secagem, a liofilização é um processo de desidratação sem aquecimento. O produto natural é congelado numa temperatura ideal e posteriormente a água é eliminada por sublimação (passagem direta do estado sólido para o gasoso), por meio de um controle rigoroso de alto-vácuo.

A carne-seca e o bacalhau perdem água quando mergulhados em sal. É o fenômeno da osmose (a água passa em maior quantidade do meio menos concentrado para o de maior concentração).

Outra forma de desidratar o alimento é mergulhá-lo numa salmoura, solução de água e sal.

Existem alimentos que são submetidos à **secagem natural**, isto é, são expostos ao sol para acelerar a perda de água por evaporação: frutos, como banana e outros; cacau e café; carne de sol ou charque etc.

A **defumação** é a exposição do alimento à fumaça proveniente da queima de madeira, por exemplo. É outro processo de conservação dos alimentos.

> **Você sabia?**
>
> Alguns alimentos são encontrados no mercado em "caixas" denominadas longa-vida, essas embalagens são conhecidas como *Tetra Pack* e conservam o leite.
>
> Cada caixinha ou litro de leite possui, de dentro para fora, duas camadas de plástico, uma terceira de alumínio que impede a passagem de luz, oxigênio e microrganismos, outra de plástico, uma camada de papel com a marca do produto e especificações, além da camada plástica colada sobre o papel.
>
> Depois de abertas as embalagens longa-vida devem ser colocadas sob refrigeração, uma vez que em contato com o ambiente o alimento podem sofrer contaminação e deteriorar-se rapidamente.

Métodos diretos de conservação

Quando os métodos indiretos não são capazes de eliminar microrganismos, lançamos mão de outros métodos de esterilização, como:

- Emprego de calor excessivo, uma vez que altas temperaturas destroem bactérias e fungos, além de formas de resistência como os esporos.
- Uso de substâncias bactericidas, os **aditivos alimentares**, que não permitem a multiplicação de microrganismos. Todavia, tais aditivos, quando em quantidade excessiva, podem fazer mal à saúde. O nitrito de sódio, fixador de coloração de carnes e salsichas, pode ser um agente cancerígeno.

Aditivos alimentares usados na indústria de alimentos

- Conservantes: bloqueiam ou retardam a instalação de microrganismos.
- Antioxidantes: impedem a oxidação dos alimentos e sua putrefação.
- Antiumectantes: reduzem a umidade dos alimentos.
- Acidulantes: imprimem sabor ácido aos alimentos.
- Espessantes: oferecem viscosidade aos alimentos.
- Estabilizantes: permitem que alguns alimentos mantenham suas características físicas.
- Corantes: sem valor nutritivo, conferem cores aos alimentos.
- Aromatizantes: dão um odor característico ao alimento.

Intoxicações alimentares

Ocorrem ao ingerimos substâncias tóxicas produzidas por bactérias ou fungos que podem estar nos alimentos, antes mesmo de ingeridos.

- Certos fungos, que crescem sobre o arroz, o amendoim etc., produzem aflatoxinas, veneno que pode causar câncer de fígado em seres humanos.
- A bactéria do **botulismo**, encontrada em alimentos deteriorados, produz uma toxina (veneno) muito poderosa, que pode levar à morte.

Infecções alimentares

Ocorrem quando o alimento ingerido tem bactérias que, no interior do nosso organismo, produzem toxinas poderosas e resistentes às altas temperaturas.

Alimentos contaminados com bactérias e ingeridos podem causar diarreias fortíssimas, que levam à desidratação, além de provocar vômitos, febre etc. e casos como cólera, shigelose, disenteria bacilar e outras bacterioses intestinais. A salmonela, por exemplo, é uma bactéria que pode ser encontrada em ovos e seus produtos (maionese) e na carne de frango malcozida. No caso de ingestão de algumas poucas bactérias ocorre a **salmonelose** e seus sintomas são: diarreia, desidratação, febre, cólicas, vômitos etc.

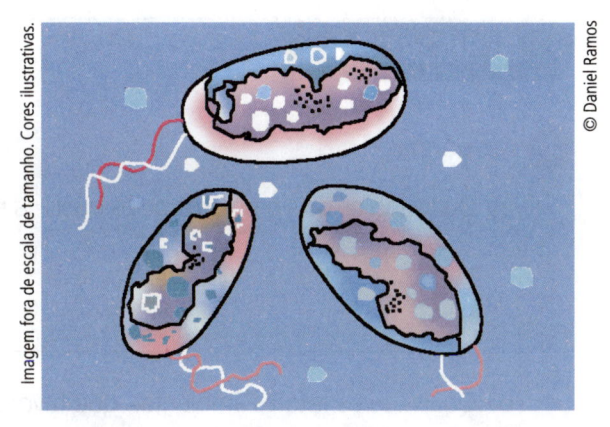

Bactéria causadora da cólera (aumento de 30 mil vezes).

Você sabia?

Cuidados com a alimentação

Ao comprar alimentos industrializados, devemos ter alguns cuidados. O principal deles é verificar a data de validade na embalagem do produto. É muito importante que o alimento esteja dentro desse prazo.

O rótulo ou a embalagem dos produtos indicam também quais são os componentes do alimento: a quantidade de gorduras, de carboidratos, de vitaminas, de sais minerais. Para as pessoas que precisam tomar cuidado com a ingestão de alguns desses componentes, essas informações são muito importantes. Todos nós devemos verificar a composição dos produtos.

Os aditivos químicos também devem ser divulgados na embalagem dos alimentos. Eles são substâncias artificiais que têm a função de conservar, dar cor, aroma, textura e outras características aos alimentos.

Os aditivos químicos podem causar danos à saúde e, por isso, a quantidade ingerida diariamente deve ser controlada. Muitos corantes usados em doces causam alergias. Sempre dê preferência ao consumo de alimentos frescos em vez de alimentos industrializados.

Dicas para boa alimentação

Os alimentos que comemos têm grande influência em nossa saúde. Por isso, devemos escolhê-los com muita atenção e cuidado.

Na escolha dos alimentos, devemos adotar as seguintes atitudes:

- Dar preferência a alimentos frescos em vez dos enlatados e industrializados.
- Escolher alimentos que estão no prazo de validade.
- Não comprar alimentos em latas amassadas, enferrujadas ou estufadas.
- Não comer alimentos embolorados.
- Escolher alimentos com pouca gordura.
- Evitar alimentos com muito açúcar.
- Evitar alimentos fritos.

ATIVIDADES

1 Responda:

a) Quais são os dois processos pelos quais os microrganismos estragam ou deterioram os alimentos?

b) Quais são os fatores ambientais que favorecem o desenvolvimento de microrganismos nos alimentos?

c) Quais são os agentes biológicos que mais deterioram os alimentos?

2 Cite um exemplo de respiração anaeróbia de bactéria, e outro de fungos, ambos úteis para o ser humano.

3 (ENEM) A caixinha utilizada em embalagens como as de leite "longa-vida" é chamada de "tetra *brick*", por ser composta de quatro camadas de diferentes materiais, incluindo alumínio e plástico, e ter a forma de um tijolo (*brick*, em inglês).
Esse material, quando descartado, pode levar até cem anos para se decompor.
Considerando os impactos ambientais, seria mais adequado:

a) utilizar soda cáustica para amolecer as embalagens e só então descartá-las.

b) promover a coleta seletiva, de modo a reaproveitar as embalagens para outros fins.

c) aumentar a capacidade de cada embalagem, ampliando a superfície de contato com o ar para sua decomposição.

d) constituir um aterro específico de embalagens "tetra *brick*", acondicionadas de forma a reduzir seu volume.

e) proibir a fabricação de leite "longa-vida", considerando que esse tipo de embalagem não é adequada para conservar o produto.

4 Responda de acordo com a tabela abaixo:

Temperaturas	Influência na vida das bactérias
Abaixo de 6° C	Não há multiplicação das células, mas elas não morrem.
Entre 7° C e 16° C	Multiplicação lenta.
Entre 17° C e 50° C	Multiplicação rápida.
Entre 51° C e 85° C	A maioria das células morre.
Acima de 120° C	Todas as células morrem.

a) Em quais temperaturas as bactérias se multiplicam melhor?

_____

_____

b) Por que as bactérias encontram dificuldade para se multiplicar nos congelados?

_____

_____

_____

5 (ENEM) A deterioração de um alimento é resultado de transformações químicas que decorrem, na maioria dos casos, da interação do alimento com microrganismos ou, ainda, da interação com o oxigênio do ar, como é o caso da rancificação de gorduras. Para conservar por mais tempo um alimento deve-se, portanto, procurar impedir ou retardar ao máximo a ocorrência dessas transformações. Os processos comumente utilizados para conservar alimentos levam em conta os seguintes fatores:

I – microrganismos dependem da água líquida para sua sobrevivência.

II – microrganismos necessitam de temperaturas adequadas para crescerem e se multiplicarem. A multiplicação de microrganismos, em geral, é mais rápida entre 25° C e 45° C, aproximadamente.

III – transformações químicas têm maior rapidez quanto maior for a temperatura e a superfície de contato das substâncias que interagem.

IV – há substâncias que acrescentadas ao alimento dificultam a sobrevivência ou a multiplicação de microrganismos.

V – no ar há microrganismos que, encontrando alimento, água líquida e temperaturas adequadas, crescem e se multiplicam.

Em uma embalagem de leite "longa-vida", lê-se: "Após aberto é preciso guardá-lo em geladeira".
Caso uma pessoa NÃO siga tal instrução, principalmente no verão tropical, o leite se deteriorará rapidamente, devido a razões relacionadas com:

a) o fator I, apenas.   c) os fatores II, III e V, apenas.   e) os fatores I, II, III, IV e V.

b) o fator II, apenas.   d) os fatores I, II e III, apenas.

6 Que alimentos podem ser deteriorados pela fermentação e pela putrefação?

_____

7 O que é a pasteurização? E a apertização?

_____

_____

_____

8 Observe a tirinha e responda:

a) Qual o nome do processo usado para produzir o leite em pó?

_____

_____

b) Qual a finalidade de se produzir alimentos em pó ou desidratados?

_____

_____

c) Procure outros exemplos de alimentos que passam pelo mesmo processo pelo qual o leite em pó foi produzido.

_____

_____

d) Qual a vantagem para um navegador, que irá fazer uma longa travessia no Oceano Atlântico num veleiro, levar alimentos produzidos segundo o processo da tirinha?

_____

_____

_____

9 Desde muito tempo, a salga tem sido usada para evitar a deterioração de alimentos como carne de peixe e de boi.
Explique como a salga preserva os alimentos.
_____
_____

10 Como se faz a defumação?
_____
_____

11 O que são aditivos alimentares?
_____
_____

12 Defina botulismo, shigelose e salmonelose.
_____
_____
_____

13 Que substâncias são produzidas pelos fungos que ficam sobre o amendoim?
_____

14 Quais as consequências para o nosso organismo da ingestão dessas substâncias?
_____
_____

15 Qual microrganismo podemos encontrar na maionese e quais são as consequências de sua presença em nosso organismo?
_____
_____
_____
_____

16 (ENEM) O botulismo, intoxicação alimentar que pode levar à morte, é causado por toxinas produzidas por certas bactérias, cuja reprodução não ocorre nas seguintes condições: é inibida por pH inferior a 4,5 (meio ácido), temperaturas próximas a 100° C, concentrações de sal superiores a 10% e presença de nitritos e nitratos como aditivos.

A ocorrência de casos recentes de botulismo em consumidores de palmito em conserva levou a Agencia Nacional de Vigilância Sanitária (Anvisa) a implementar normas para a fabricação e comercialização do produto.
No rótulo de uma determinada marca de palmito em conserva, encontram-se as seguintes informações:

I – Ingredientes: palmito açaí, sal diluído a 12% em água, ácido cítrico;
II – Produto fabricado conforme as normas da Anvisa;
III – Ecologicamente correto.

As informações do rótulo que têm relação com as medidas contra o botulismo estão contidas em:

a) II, apenas.

b) III, apenas.

c) I e II, apenas.

d) II e III, apenas.

e) I, II e III.

17 (ENEM) Levando-se em conta os fatores que favorecem a reprodução das bactérias responsáveis pelo botulismo, mencionadas no item anterior, conclui-se que as toxinas que o causam têm maior chance de ser encontradas:

a) em conservas com concentração de 2 g de sal em 100 g de água.

b) nas linguiças fabricadas com nitrito e nitrato de sódio.

c) nos alimentos logo após terem sido fervidos.

d) no suco de limão, cujo pH varia de 2,5 a 3,6.

e) no charque (carne salgada e seca ao sol).

Capítulo 5
REAÇÕES QUÍMICAS

As reações químicas estão em nosso cotidiano, não só no nosso organismo, mas também ao nosso redor. A cozinha de uma casa é um bom local para observar reações químicas. Por exemplo, ao fazermos um pão, colocamos farinha, ovos, açúcar, leite e fermento biológico, que vai reagir com o açúcar produzindo gás carbônico, que fara a massa crescer.

Depois de pronto o pão, você não tem mais nenhum dos ingredientes separados, mas transformados.

Assim, as reações químicas são as transformações sofridas pelas substâncias que, desse modo, acabam originando outras.

Quando misturamos ingredientes para fazer um bolo ou quando cozinhamos alimentos, ocorrem vários tipos de reações químicas.

Mistura para bolo.

Preparação de alimentos.

Durante o processo de digestão, quando as proteínas, os carboidratos e os lipídios são reduzidos em unidades menores, também ocorrem reações químicas.

Nos processos de respiração, circulação e excreção realizados pelo corpo novamente ocorrem reações químicas.

A eletrólise (decomposição) da água realizada em laboratório é uma reação química, pois conseguimos separar os átomos de oxigênio e de hidrogênio da água.

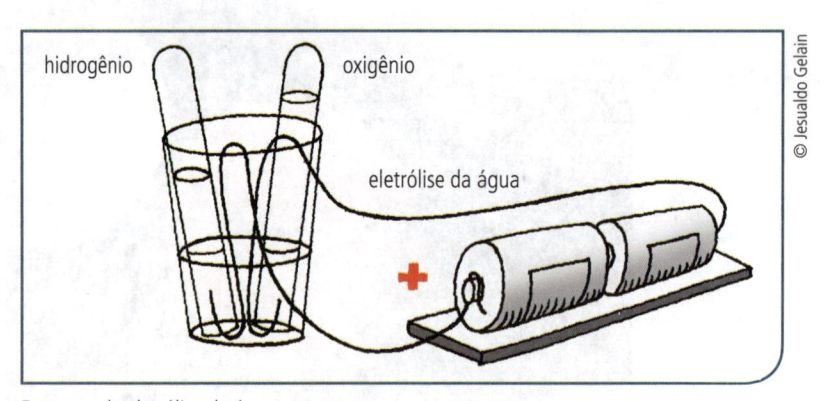

Esquema da eletrólise da água.

Componentes de uma reação química

Para que ocorra uma reação química são necessários alguns componentes:

Reagentes: são substâncias que sofrem transformações.

Produtos: são substâncias resultantes das transformações.

$$\text{Reagentes} \xrightarrow{\text{Reação química}} \text{Produtos}$$

Equações químicas

São as representações gráficas das reações químicas.

Numa reação química, os reagentes e os produtos são representados por suas fórmulas.

$$H_2O \rightarrow H_2O_2 \text{ (eletrólise da água)}$$

Observe que o número de átomos de oxigênio (O_2) no produto é maior do que no reagente. Vamos acertar os coeficientes da equação:

$$\underbrace{2\ H_2O \rightarrow 2\ H_2}_{\text{coeficientes}} + O_2$$

Os números escritos na frente das fórmulas indicam a quantidade de átomos de cada elemento químico, permitindo a igualdade entre os reagentes e os produtos e recebem o nome de **coeficientes**. Quando o coeficiente é 1, não precisa ser escrito.

Lei da Conservação das Massas

O cientista francês Antonie Laurent de Lavoisier, após realizar inúmeras reações químicas, observou que a massa dos reagentes é igual à massa dos produtos (Lei de Lavoisier).

A conservação da massa nas reações químicas é consequência da conservação dos átomos.

Alguns exemplos de reações químicas:

Reação de síntese ou adição

Quando duas ou mais substâncias reagem originando um produto.

Exemplos:
- Na formação da água o oxigêneo e o hidrogeneo reagem formando moléculas de água, um novo produto.

    $2\ H_2 + O_2 \rightarrow 2\ H_2O$ H_2 = hidrogênio
    O_2 = oxigênio

- O mesmo ocorre na formação do cloreto de sódio ou sal de cozinha.

    $2\ Na + Cl_2 \rightarrow 2\ NaCl$ Na = sódio
    Cl_2 = cloro

Reação de análise ou decomposição

Quando uma substância origina dois ou mais produtos.

Exemplos:
- Eletrólise (decomposição da água).

    $2\ H_2O \rightarrow 2\ H_2 + O_2$

- Decomposição da água oxigenada.

    $2\ H_2O_2 \rightarrow 2\ H_2O + O_2$
    água   água   oxigênio
    oxigenada

H_2O_2 = peróxido de oxigênio, também chamado de água oxigenada.

Reação de simples troca ou deslocamento

Quando uma substância simples reage com uma composta, formando uma nova substância simples e outra composta.

Exemplos:

- $Zn + H_2SO_4 \rightarrow ZnSO_4 + H_2$
  - ácido sulfúrico
  - sulfato de zinco

  Zn = zinco
  S = enxofre

- $K + NaCl \rightarrow Na + KCl$
  - cloreto de sódio
  - cloreto de potássio

  K = potássio

Reação de dupla troca ou permutação

Quando duas substâncias compostas reagem, originando duas novas substâncias compostas.

Exemplos:

- $NaOH + HCl \rightarrow NaCl + H_2O$
  - hidróxido de sódio
  - ácido clorídrico
  - cloreto de sódio
  - água

- $NaCl + AgNO_3 \rightarrow NaNO_3 + AgCl$
  - cloreto de sódio
  - nitrato de prata
  - nitrato de sódio
  - cloreto de prata

Reações endotérmicas e exotérmicas

Reações endotérmicas

São aquelas que absorvem energia.

Exemplos:

- **Fotossíntese** → reação que ocorre com absorção de luz.

$$6 CO_2 + 6 H_2O \xrightarrow{luz} C_6H_{12}O_6 + 6 O_2$$

gás carbônico   água   glicose   oxigênio

- **Eletrólise da água** → (reação de decomposição da água, que ocorre com absorção de energia elétrica.

$$2 H_2O \xrightarrow{\text{energia elétrica}} 2 H_2 + O_2$$

- **Decomposição do cloreto de sódio** → ocorre com absorção de calor.

$$2 NaCl \xrightarrow{calor} 2 Na + Cl_2$$

cloreto de sódio   sódio   cloro

Reações exotérmicas

São aquelas que liberam energia.

Exemplos:
- Combustão da glicose, que ocorre dentro das nossas células.

$$C_6H_{12}O_6 + 6\,O_2 \longrightarrow 6\,CO_2 + 6\,H_2O + calor$$
glicose — oxigênio — gás carbônico — água

- Combustão do álcool etílico.

$$C_2H_6O + 3\,O_2 \longrightarrow 2\,CO_2 + 3\,H_2O + calor$$
álcool etílico — oxigênio — gás carbônico — água

- Combustão do gás natural (metano).

$$CH_4 + 2\,O_2 \longrightarrow CO_2 + 2\,H_2O + calor$$
metano — oxigênio — gás carbônico — água

- Combustão do carvão (carbono) usado em churrasco e na indústria.

$$C + O_2 \longrightarrow CO_2 + calor$$
carbono — oxigênio — gás carbônico

Fatores que influenciam a velocidade de uma reação química

A velocidade de uma reação química depende de vários fatores, entre eles, temperatura, superfície dos reagentes, ação dos catalisadores e concentração dos reagentes.

Temperatura

As reações químicas ocorrem no chamado "ótimo de temperatura", isto é, elas ocorrem dentro de uma determinada faixa de temperatura.

Geralmente, a velocidade aumenta com o aumento moderado de temperatura.

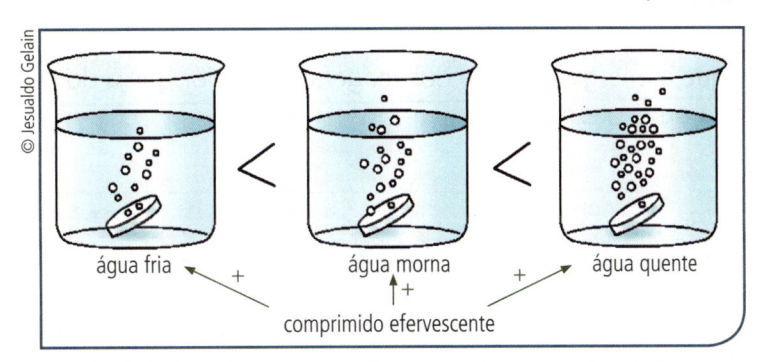

A velocidade da reação aumenta conforme aumenta a temperatura da água.

Superfície dos reagentes

Aumentando a superfície de contato dos reagentes, a reação ocorre mais rapidamente.

O sal de fruta em pó reage mais rápido com a água do que o comprimido efervescente.

A velocidade da reação aumenta com o aumento da superfície de contato entre os reagentes.

Ação dos catalisadores

Catalisadores são substâncias que aumentam a velocidade das reações químicas.

Em nosso organismo, esses catalisadores são chamados de **enzimas**.

Na boca, durante a digestão, os carboidratos são transformados em dissacarídeos pela ação da ptialina, enzima presente na saliva.

Concentração dos reagentes

A velocidade de uma reação química é proporcional ao número de colisões entre as moléculas dos reagentes. Quanto maior a concentração dos reagentes (maior quantidade de substância dissolvida), maior a velocidade da reação.

Exemplo:

- Quanto maior a concentração de um determinado produto de limpeza, maior a sua ação.

ATIVIDADES

1 Uma reação em que a energia química dos reagentes é maior que a dos produtos é classificada como endotérmica ou exotérmica?

_____

_____

2 Observe a equação química e responda: [$Al_2(SO_4)_3 + 6\ NaOH \longrightarrow 2\ Al(OH)_3 + 3\ Na_2SO_4$].

a) Quais são os reagentes dessa equação?

_____

_____

b) Quais são os produtos dessa equação?

_____

_____

3 O uso de bromato de potássio em massas e pães tornou-se prática comum. Na mistura de farinha de trigo, fermento biológico, água, sal e bromato, temos um aumento do volume no produto final. Considerando que $KBrO_3$ se decompõe, originando KBr e oxigênio, responda: Podemos dizer que o pão feito em casa, sem bromato de potássio, é um pão sem elementos químicos? Por quê?

_____

_____

_____

4 Em quais fenômenos ocorrem reações químicas? Justifique.

a) Derreter uma pedra de gelo.

b) Cozinhar um ovo.

c) Queimar uma folha de caderno.

d) Rasgar um pedaço de papel.

_____

_____

_____

5 A digestão é um processo que se inicia já na boca, onde ocorre uma reação química em que o amido (carboidrato) é transformado em maltose, um carboidrato mais simples. Tendo em vista essa reação, qual é a vantagem de mastigarmos bem os alimentos?

_____

_____

_____

_____

6 Durante um experimento de laboratório, um aluno colocou um pouco de água oxigenada a dez volumes sobre uma rodela de batata-inglesa crua e observou uma efervescência, causada pela transformação da água oxigenada (H_2O_2) em água (H_2O), com liberação de oxigênio (O_2). A reação é de análise ou síntese? Justifique.

_____

_____

_____

_____

7 Defina catalisadores. Cite dois catalisadores biológicos (enzimas).

_____
_____
_____
_____
_____

8 Observe os processos a seguir e classifique-os como exotérmicos ou endotérmicos.

a) Cozimento de *pizza* em forno a lenha _____

b) Congelamento dos alimentos _____

c) Vela acesa _____

d) Atrito ao esfregar as mãos _____

e) Uso de secador no cabelo molhado _____

f) Formação de neve _____

9 A reação da fotossíntese é classificada como exotérmica ou endotérmica? Justifique.

_____
_____
_____
_____
_____
_____

10 Explique como o calor acelera muitas reações químicas.

_____
_____
_____
_____
_____

Capítulo 6

COMPOSTOS ORGÂNICOS

© Picamaniac – Shutterstock

© Shariff Ché Lah – Dreamstime

Você deve estar se perguntando o que faz uma foto de um sanduíche e de bombas de gasolina na abertura deste capítulo de compostos orgânicos.

A explicação é simples: as duas imagens remetem ao tema compostos orgânicos, que são substâncias que contêm átomos de carbono.

Os átomos de carbono aparecem em todos os seres vivos e, como o petróleo, de onde se produz a gasolina, provêm de matéria viva decomposta e soterrada há milhares de anos, ele também é um composto de origem orgânica.

Nos seres vivos podemos encontrar compostos orgânicos formando as proteínas, os carboidratos, os lipídios, os ácidos nucléicos, as vitaminas, as enzimas.

De acordo com suas características, os compostos orgânicos são reunidos em funções como hidrocarbonetos, cetonas, ácidos orgânicos, álcoois, aminas.

Hidrocarbonetos

São compostos de hidrogênio e carbono, ligados em cadeias de átomos.
Exemplos:
- **Metano** – conhecido como gás dos pântanos ou do lixo, é usado como combustível.
- **Benzeno** – usado como solvente e na síntese de outros compostos orgânicos.
- **Acetileno** – usado como gás de maçarico. Ao queimar, atinge uma temperatura de 3000º C, podendo cortar chapas de aço. Pode ser usado, também, como matéria-prima na fabricação de borracha sintética.
- **Etileno** – usado como combustível, no amadurecimento de frutos e na fabricação de plásticos.

Homem soldando com maçarico.

Banana em processo de amadurecimento pelo uso de etileno.

Lixo.

Recipientes de plástico.

O petróleo é formado por uma mistura de, aproximadamente, quinhentos hidrocarbonetos distintos. A gasolina é apenas uma pequena parte dessa mistura.

Você sabia?

Você sabia que muitas pessoas em suas casas, quando querem que frutos "verdes" amadureçam, embrulham-nos em jornal ou em sacos plásticos?
O etileno é um hormônio vegetal presente em todos os órgãos vegetais e em alguns fungos. Sintetizado da metionina, o gás etileno (C_2H_4) atua em concentrações baixas, participando da regulação de quase todos os processos de desenvolvimento das plantas. Um das funções do etileno é o amadurecimento de frutos, como maçãs, bananas etc. Uma prática comum para acelerar o amadurecimento da banana é queimar pó de madeira nas câmaras de armazenamento. Essa queima de serragem libera o etileno, que é indutor do amadurecimento de frutos. Cada fruto em amadurecimento libera outras quantidades do hormônio, que possivelmente será utilizado em frutos vizinhos, induzindo-os a amadurecer também.

Cetonas

São compostos orgânicos formados por carbono, hidrogênio e oxigênio, e que apresentam o grupo carbonila (CO) na molécula entre dois carbonos.

Exemplo:

- **Propanona** – conhecida como acetona no comércio, é usada como solvente de esmaltes, vernizes, tintas e na extração de óleos de sementes vegetais, como girassol, soja e amendoim.

Pessoa removendo esmalte das unhas.

Ácidos orgânicos ou ácidos carboxílicos

São compostos formados por carbono, hidrogênio e oxigênio, apresentam o grupo carboxila.

Exemplos:

- **Ácido metanoico** – conhecido como ácido fórmico, é o mesmo ácido produzido por urtigas e formigas. Provoca dor e irritação.

- **Ácido butanoico** – conhecido como ácido butírico, é responsável pelo cheiro da manteiga rançosa.

- **Ácido etanoico** – conhecido como ácido acético, é usado na preparação de vinagre, seda artificial, perfumes e corantes.

Recipiente de vinagre.

- **Ácido benzoico** – usado na medicina como fungicida e na indústria de alimentos como conservante.

Leite longa-vida.

63

- **Ácido láctico** – obtido por meio da fermentação do leite; importante uso na indústria de laticínio.

Recipiente para a produção de iogurte.

- **Ácido pentanoico** – conhecido como ácido valérico, é responsável pelo cheiro forte do queijo *roquefort*. É usado como sedativo.

Queijo *roquefort*.

Álcoois

Compostos formados por carbono, hidrogênio e oxigênio, e que apresentam um grupo hidroxila (–OH) na molécula.

Exemplos:

- **Metanol ou álcool metílico** – usado como combustível, solvente e na síntese de compostos orgânicos. É o álcool mais tóxico, podendo causar cegueira e até a morte.

Carro de fórmula mundial sendo abastecido.

- **Etanol ou álcool etílico** – pode ser produzido pela fermentação de polissacarídeos (amido, celulose) ou de dissacarídeos (sacarose, maltose). As principais fontes são a batata, o arroz, a cevada, a cana-de-açúcar e a beterraba.

O etanol é usado como combustível, solvente em perfumes, loções, desodorantes e medicamentos.

Na limpeza doméstica, apresenta-se misturado a substâncias que alteram seu sabor e aroma, impedindo, assim, seu uso na fabricação de bebidas e perfumes. Esse tipo de álcool é chamado de desnaturado.

Álcool em gel para a higienização das mãos.

- **Etilenoglicol (etanodiol)** – usado como aditivo para água de radiadores, pois forma uma solução de ponto de ebulição maior que 100º C.

Radiador de automóvel.

- **Glicerina ou propanotriol** – usado na fabricação de vários produtos alimentícios (como umectante), cosméticos e lubrificantes.

Cosméticos.

- **Sorbitol ou hexanohexol** – com sabor doce, é encontrado em vários frutos. Usado em cosmética como sobre-engordurante em xampus e como adoçante em dentifrícios. Na indústria alimentícia, é usado como adoçante em alimentos dietéticos. Tem efeito laxativo quando usado em excesso, pois, normalmente, é eliminado antes de ser metabolizado, ou seja, absolvido pelo organismo.

Creme dental.

Aminas

Compostos formados por carbono, hidrogênio e nitrogênio (derivado da amônia).

Exemplo:

- **Fenilamina ou anilina** – usada na fabricação de corantes, nos produtos farmacêuticos, herbicidas, explosivos e fibras especiais.

Estojo de maquiagem com sombras coloridas.

ATIVIDADES

1) Qual a definição dada a compostos orgânicos?

___

___

___

2 Qual a composição do petróleo?
___
___
___

3 Picles são conservas de legumes em vinagre. A acidez da mistura, por ser elevada, impede os microrganismos, presentes no ar, de fermentarem as conservas. Qual o nome e a classe funcional do ácido encontrado no vinagre?
___
___

4 Muitos frutos produzem grandes quantidades de etileno conforme amadurecem. Os vegetais costumam produzir menores quantidades; no entanto, são muito mais sensíveis à presença de etileno no ar. Assim sendo, explique por que não é uma boa ideia armazenar verduras e frutos muito próximos na geladeira.
___
___
___
___
___

5 Qual o significado de álcool desnaturado? Por que razão se faz a desnaturação?
___
___
___
___

6 O sorbitol ou hexanohexol é usado como adoçante dietético, apesar de conter mais ou menos o mesmo número de calorias que o açúcar (sacarose). Como você explica essa utilização nos alimentos dietéticos?
___
___
___
___

66

7 Explique a utilização do etanodiol ou etilenoglicol nos radiadores de automóveis como aditivo. Qual a sua classe funcional? Cite dois outros exemplos dessa classe.

_____
_____
_____
_____

8 Cite duas aplicações da propanona. Qual o seu nome popular?

_____
_____
_____
_____

9 (Enem) Os acidentes de trânsito, no Brasil, em sua maior parte são causados por erro do motorista. Em boa parte deles, o motivo é o fato de dirigir após o consumo de bebida alcoólica. A ingestão de uma lata de cerveja provoca uma concentração de aproximadamente 0,3 g/L de álcool no sangue.
A tabela abaixo mostra os efeitos sobre o corpo humano provocados por bebidas alcoólicas em função de níveis de concentração de álcool no sangue:

Concentração de álcool no sangue (g/L)	Efeitos
0,1 – 0,5	Sem influência aparente, ainda que com alterações clínicas
0,3 – 1,2	Euforia suave, sociabilidade acentuada e queda de atenção
0,9 – 2,5	Excitação, perda de julgamento crítico, queda da sensibilidade e das reações motoras
1,8 – 3,0	Confusão mental e perda da coordenação motora
2,7 – 4,0	Estupor, apatia, vômitos e desequilíbrio ao andar
3,5 – 5,0	Coma e morte possível

(Revista *Pesquisa FAPESP* nº 57, setembro 2000)

Uma pessoa que tenha tomado três latas de cerveja provavelmente apresenta

a) queda de atenção, de sensibilidade e das reações motoras.

b) aparente normalidade, mas com alterações clínicas.

c) confusão mental e falta de coordenação motora.

d) disfunção digestiva e desequilíbrio ao andar.

e) estupor e risco de parada respiratória.

Capítulo 7

SISTEMA DIGESTÓRIO

Para que os alimentos cumpram seu papel de fornecer nutrientes, é necessário que sejam absorvidos pelo nosso organismo.

Como só podem ser absorvidos alimentos muito pequenos, é indispensável que sejam "quebrados", isto é, transformados em moléculas bem menores.

Proteínas são absorvidas como **aminoácidos**; açúcares ou carboidratos devem estar reduzidos a uma molécula pequena, chamada **monossacarídeo**; e as gorduras só passam a ser trabalhadas por nós se forem ácidos graxos e glicerol.

Essas transformações são processos essencialmente bioquímicos, por meio dos quais as moléculas dos alimentos ingeridos são desmontadas para a obtenção de energia utilizada nas diversas atividades orgânicas.

Ao conjunto de transformações pelas quais passam as substâncias no nosso organismo chamamos **metabolismo**.

O metabolismo é composto de duas fases: o **anabolismo**, ou fase de assimilação, e o **catabolismo**, ou desassimilação.

O sistema digestório

Compreende o **tubo digestório** propriamente dito e as **glândulas anexas**.

- Tubo digestório: boca (língua e dentes), faringe, esôfago, estômago, intestinos delgado e grosso e ânus.
- Glândulas anexas: três pares de glândulas salivares, fígado, vesícula biliar e pâncreas.

O processo digestivo compreende uma parte mecânica e outra química.

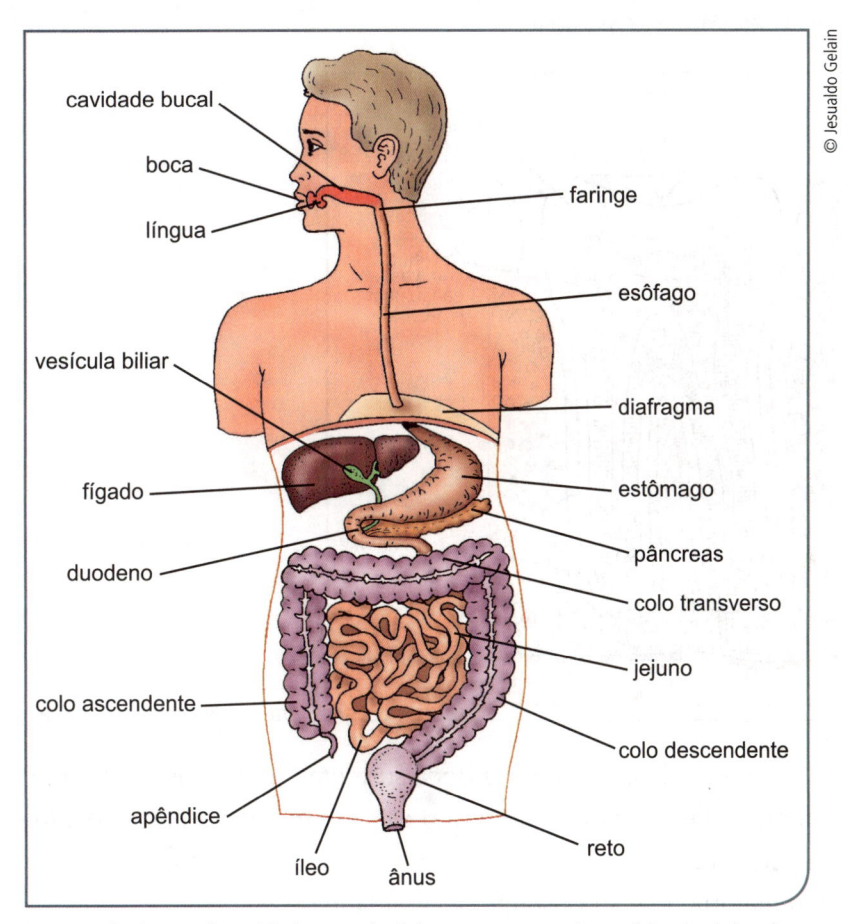

Esquema do sistema digestório humano (o diafragma separa a caixa torácica do abdome). Fora de escala. Cores ilustrativas.

A digestão mecânica

- Mastigação
- Deglutição
- Peristaltismo

Mastigação

É o corte e a trituração dos alimentos realizados pelos dentes, que são fixos na mandíbula e na maxila. A mastigação é um ato voluntário, pois os músculos estriados dependem de nossa vontade.

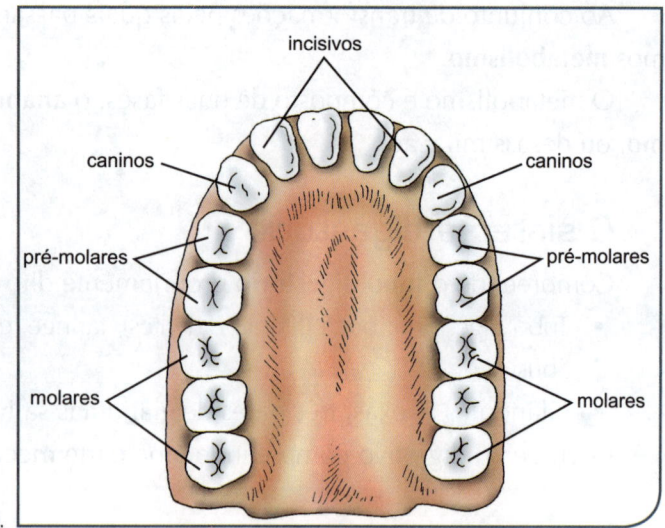

Arcada dentária superior vista por baixo.

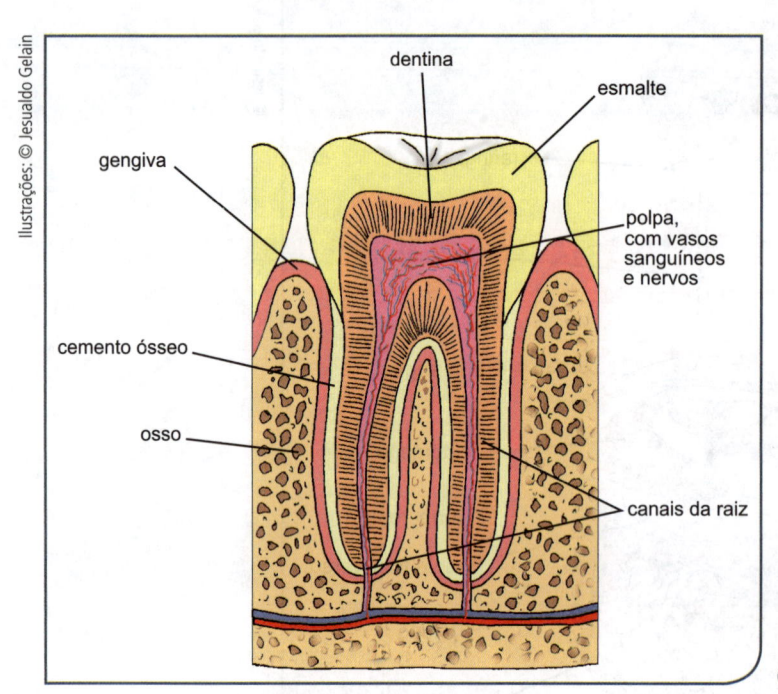

Corte esquemático de um dente.

É bom lembrar que restos de alimentos na boca sustentam bactérias que produzem enzimas, e sua ação sobre os dentes é devastadora: corroem o esmalte e a dentina, provocam cáries, além de sérias infecções quando atingem a polpa dentária, passando, daí, para outros órgãos (rins, coração etc.), via corrente circulatória. Daí a constante necessidade de escovação.

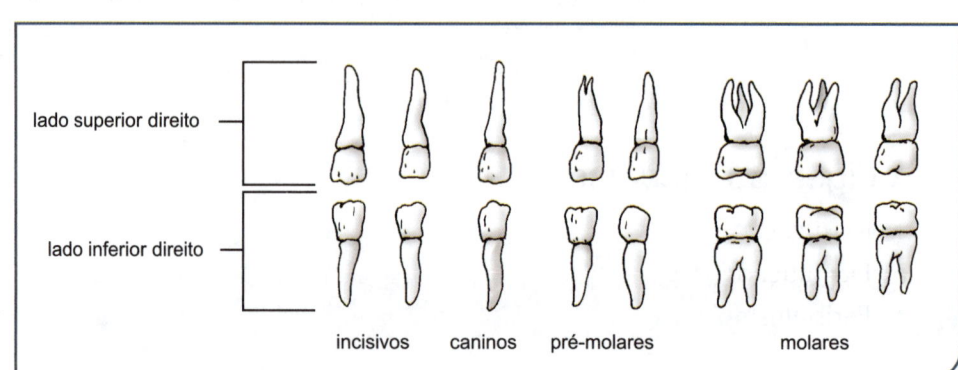

Os quatro tipos de dente.

Deglutição

Atitude voluntária de engolir o alimento, pois depende de músculos estriados.

Peristaltismo

Depois de engolir o alimento, as paredes do tubo digestório, que têm músculos lisos e sofrem contrações involuntárias, levam avante o bolo alimentar, à medida que passa por transformações químicas.

Músculos estriados são voluntários; músculos lisos são involuntários, não dependem de nossa vontade.

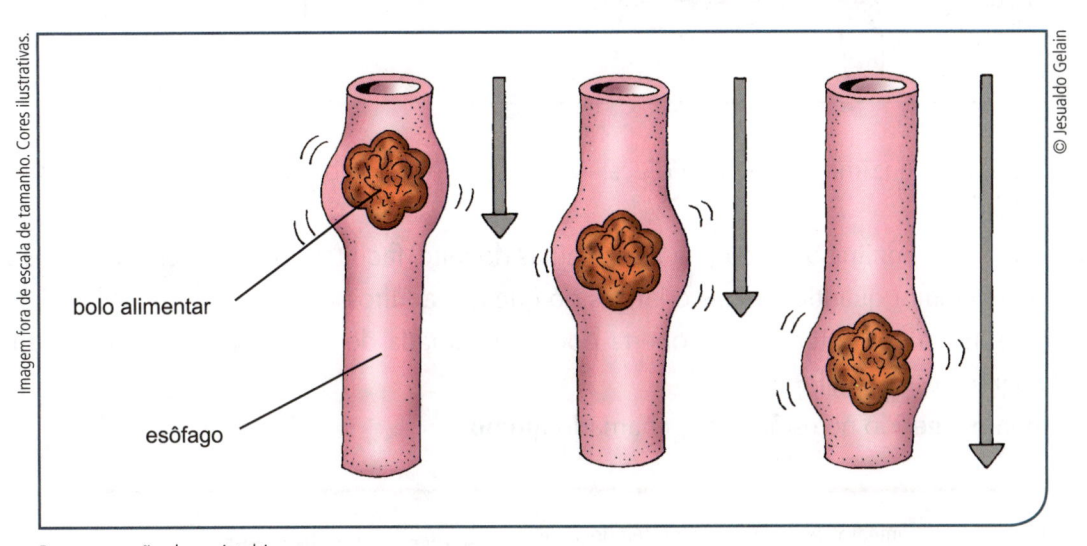

Representação do peristaltismo.

A digestão química

- Insalivação
- Quimificação
- Quilificação

Insalivação

Ocorre na boca, com a ação da saliva que, além de umedecer o alimento, quebra parte do amido (um polissacarídeo) em moléculas de maltose (um dissacarídeo), pois a saliva possui uma amilase salivar, a enzima chamada ptialina.

Quimificação

A digestão continua no estômago, com o suco gástrico, o qual possui ácido clorídrico (HCl) que, além de proporcionar o grau de acidez necessário para a ativação da principal enzima estomacal, também é bactericida.

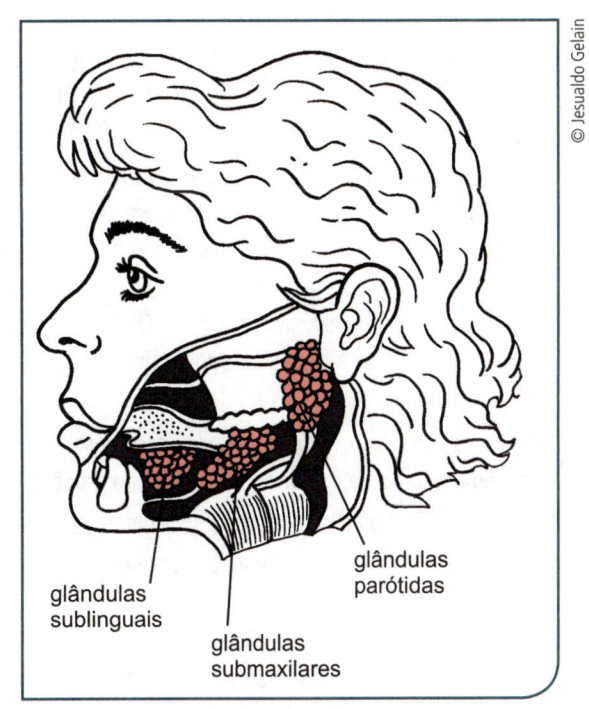

Possuímos três pares de glândulas salivares.

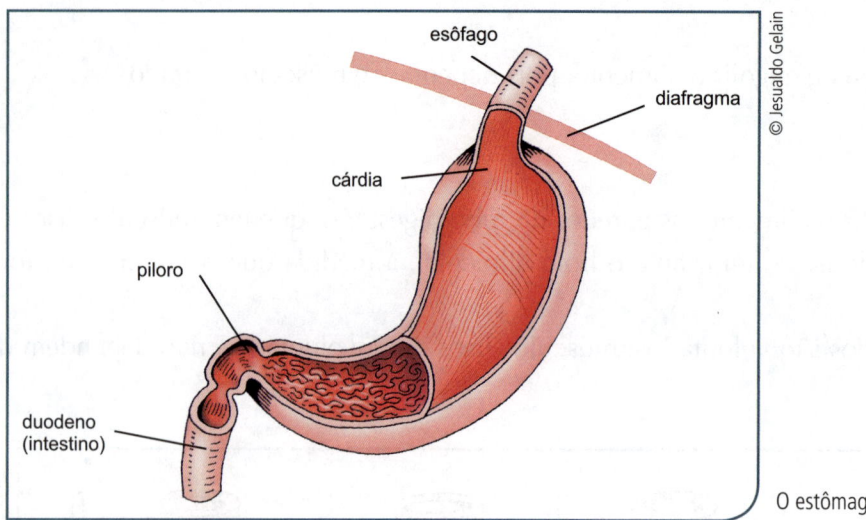

O estômago por dentro.

A pepsina, uma enzima, dá início à digestão das proteínas, quebrando-as em moléculas menores, os peptídeos.

A **renina** é uma enzima que coagula as proteínas do leite, facilitando sua digestão. Essa enzima é produzida em maior quantidade nas crianças do que nos adultos.

A parede interna do estômago é coberta por uma camada de muco, que protege bastante as células da parede estomacal.

O alimento digerido no estômago é chamado **quimo**.

Reduzir a ingestão de alimentos pode levar, com o tempo, à diminuição do apetite. Mas se a dieta realmente encolhe o estômago, como muitas pessoas acreditam, não está tão claro, em parte porque o tamanho real do estômago é difícil de ser medido com precisão antes e depois de uma dieta.

Mesmo assim, estudos mostram que reduzir significativamente a ingestão de calorias produz reduções mensuráveis na capacidade do estômago de uma pessoa.

Em um estudo, por exemplo, cientistas recrutaram um pequeno grupo de homens e mulheres obesos e o dividiram em dois grupos: um que comia livremente, chamado grupo-controle, e outro que foi colocado em uma dieta altamente restrita que incluía pequenas refeições, totalizando menos de mil calorias por dia. Os cientistas usaram balões de látex para medir a capacidade do estômago no início do estudo, e quatro semanas depois.

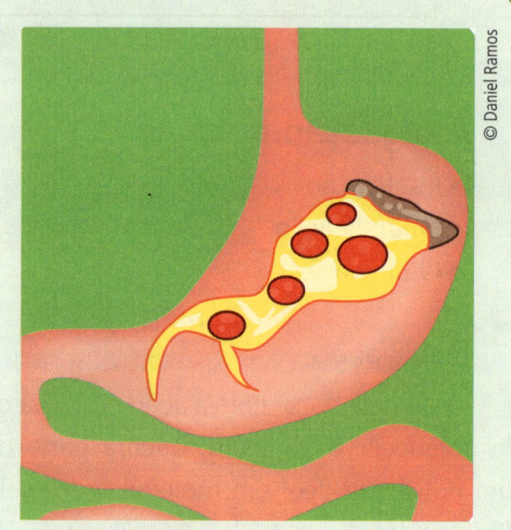

O estômago por dentro.

Entre os que aderiram à dieta, a capacidade gástrica foi reduzida de 27% a 36%, em média, dependendo de como ela era medida. Não houve mudança significativa no grupo controle.

O efeito se dá também no caso oposto: a ingestão repetida de grandes refeições e, particularmente, o exagero, aumenta a capacidade do estômago. Em alguns estudos, incluindo um de 2001, cientistas descobriram que pessoas de peso normal que comem demais tendiam a desenvolver maior capacidade do estômago do que sujeitos obesos de sexo e idade comparável.

Conclusão: reduzir a ingestão de comida parece reduzir a capacidade do estômago.

Quilificação

É a transformação do quimo, que vem do estômago, em **quilo**, o alimento que vai ser absorvido pelo intestino delgado, onde ocorre esta fase da digestão.

Agem agora o **suco entérico** ou intestinal, o **suco pancreático** e a **bile**, esta produzida no fígado e armazenada na vesícula biliar.

Ao contrário do estômago, que é um meio ácido, no intestino delgado o meio é alcalino.

Ação da bile

A bile não tem enzimas, mas os sais biliares são responsáveis por quebrar as gorduras em gotículas tão pequenas, que facilitam a ação da lipase pancreática.

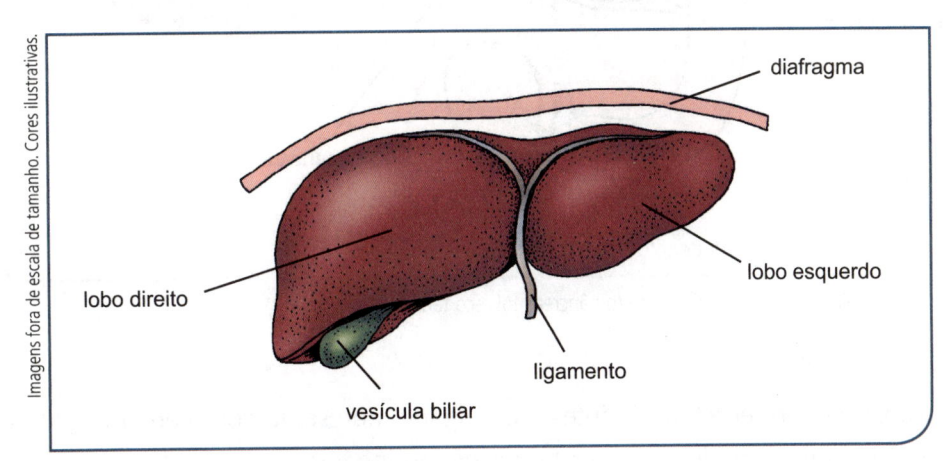

Esquema das partes que compõem o fígado.

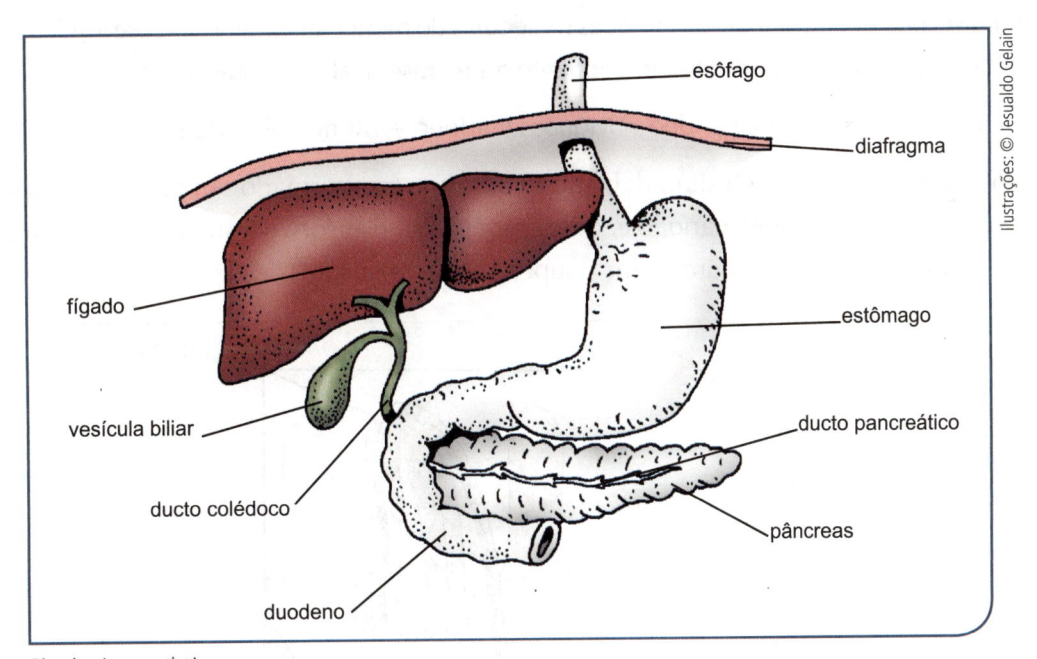

Fígado visto por baixo.

Ação do suco pancreático

Produzido na parte exócrina do pâncreas, contém as seguintes enzimas: **tripsina**, **amilopsina** e **lipase pancreática**.

73

A tripsina quebra as proteínas em moléculas menores, os peptídeos. A amilopsina degrada o amido em moléculas de maltose, um dissacarídeo. A lipase pancreática quebra as gorduras em ácidos graxos e glicerol.

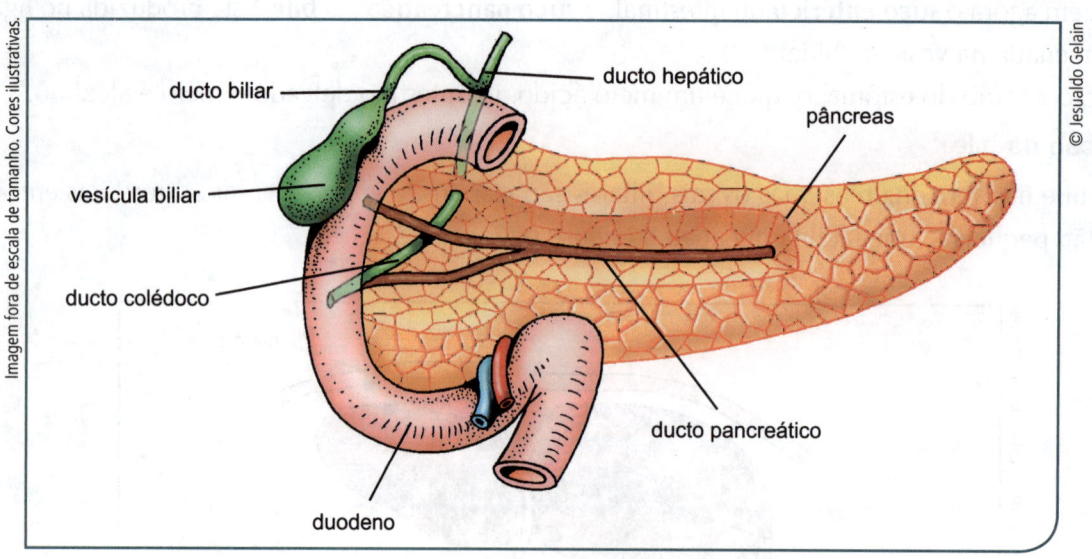

Pâncreas e vesícula biliar secretam no duodeno (o pâncreas foi recortado).

Ação do suco entérico

Produzido pela parede secretora do intestino delgado, apresenta como enzimas diferentes **peptidases**, as quais quebram peptídeos e dipeptídeos em aminoácidos.

Os açúcares, que passaram sem sofrer nada no estômago, no intestino são totalmente digeridos, graças à **maltase**, que quebra a maltose em duas moléculas de monossacarídeos: glicose + glicose. A **lactase** divide a lactose em galactose + glicose, enquanto a **sacarase** quebra a sacarose em frutose + glicose.

Dissacarídeo = Monossacarídeo + Monossacarídeo

Depois da digestão no intestino delgado, o quimo é transformado em **quilo** (aminoácidos, ácidos graxos e glicerol, monossacarídeos), que, em seguida, é absorvido no próprio intestino delgado.

As vilosidades intestinais aumentam a superfície de absorção.

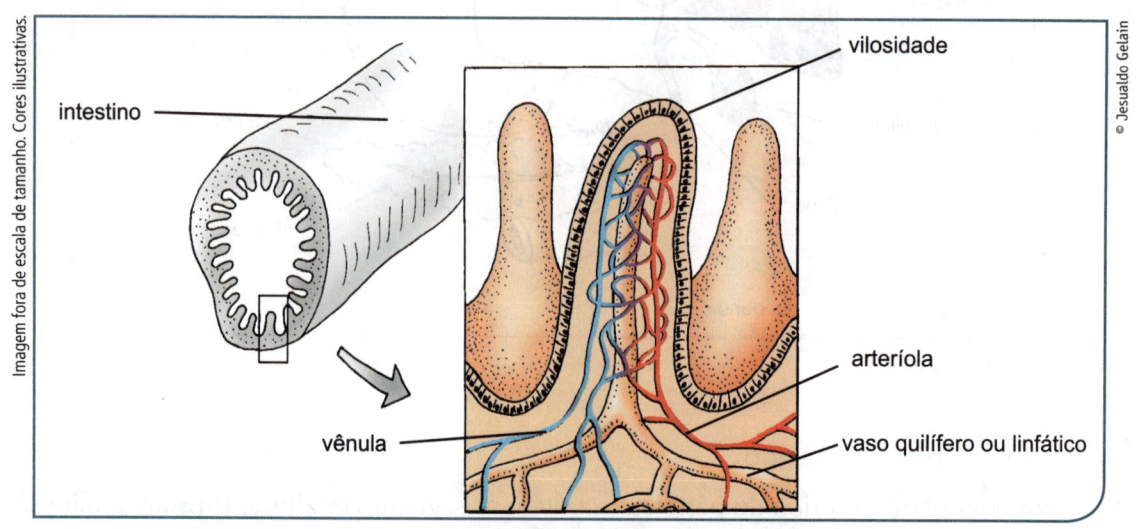

A absorção do alimento ocorre no jejuno-íleo, na forma de aminoácidos, monossacarídeos, ácidos graxos e glicerol que, em conjunto, formam o **quilo**.

Moléculas simples são absorvidas ativamente pela parede do intestino delgado, onde as vilosidades (dobras da parede intestinal) e as microvilosidades (especializações das membranas celulares) aumentam a superfície de absorção, passando o alimento absorvido para o sangue. Parte das gorduras é absorvida por vasos linfáticos por meio da difusão.

Os capilares sanguíneos, não os linfáticos, levam o alimento para o fígado, que retém o excesso de glicose e o armazena como glicogênio. Parte dos aminoácidos é convertida em ureia, ácido úrico e amônia, produtos de excreção.

Resumo de digestão

Suco digestivo	Local de ação	Enzimas	Age sobre	Desdobra em
suco salivar ou saliva	boca	ptialina ou amilase salivar	parte do amido	maltose
suco gástrico	estômago	pepsina	proteínas	peptídeos
suco pancreático	duodeno (intestino delgado)	tripsina	proteínas	peptídeos
		amilopsina	amido	maltose
		lipase pancreática	lipídeos	ácidos graxos e glicerol
suco entérico	intestino delgado	peptidases	peptídeos	aminoácidos
		maltase	maltose	glicose + glicose
		lactase	lactose	glicose + galactose
		sacarase ou invertase	sacarose	glicose + frutose

(monossacarídeos)

O papel do intestino grosso

Aí forma-se o bolo fecal ou de fezes, enquanto a água é absorvida pelo organismo, assim como os sais minerais.

Alimentos fibrosos, como a celulose, não são digeridos, mas ajudam a estimular o peristaltismo e, por isso, não devem ser evitados.

Nossa **flora intestinal** é um conjunto de bactérias que, em troca de nossos restos alimentares, sintetizam diversas vitaminas para nós, como a K e a B12. Antibióticos matam essas bactérias, provocando, inclusive, distúrbios digestivos e infecções.

O ceco e o apêndice cecal parecem ser vestigiais no ser humano, pois não têm função aparente. Em animais herbívoros, são muito desenvolvidos, facilitando a digestão da celulose, geralmente realizada por microrganismos como protozoários ou bactérias.

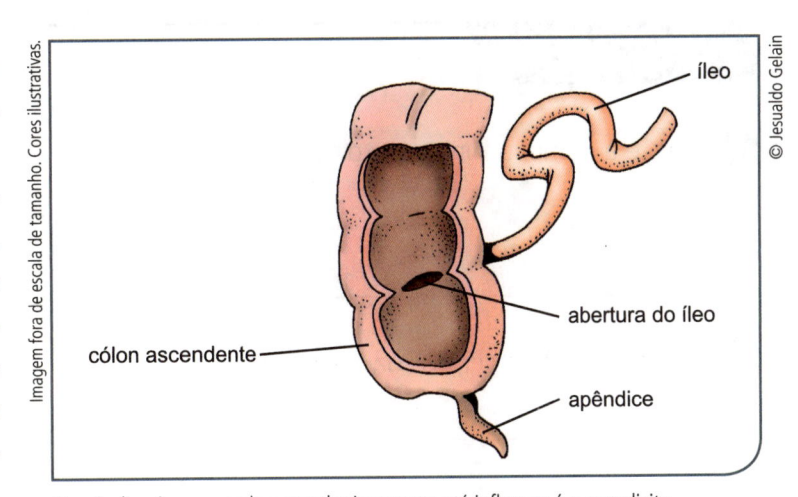

O apêndice é oco e pode acumular impurezas até inflamar: é a apendicite.

Funções do fígado

Além de produzir a bile, armazenada na vesícula biliar, o fígado também guarda o glicogênio (polissacarídeo), que pode ser degradado em glicose quando o organismo necessita de mais energia; produz elementos que participam da coagulação sanguínea, como o fibrinogênio e a protrombina; armazena **vitaminas A**, **B_{12}** e **D**; fabrica certos aminoácidos; destrói hemácias velhas ou deformadas; degrada substâncias tóxicas, como o álcool, por exemplo; sintetiza a ureia eliminada na nossa urina e realiza ainda outras funções, o que faz desse órgão algo muito delicado e importante.

Regulação da digestão

As atividades digestivas do estômago, intestino, fígado e pâncreas são reguladas por hormônios:

Hormônio	Origem	Estímulo para produção	Ação
gastrina	estômago	alimento no estômago	estimula a secreção do suco gástrico
enterogastrona	duodeno	ácidos graxos no intestino	inibe a secreção de HCl e a motilidade gástrica
secretina	duodeno	HCl no duodeno	estimula a secreção pancreática e a produção de bile
colecistocinina (pancreozimina)	duodeno	alimento no duodeno	estimula a liberação de enzimas pancreáticas e a liberação de bile pela vesícula

Você sabia?

Podemos tomar banho após o almoço?

Após as refeições, parte do sangue vai para as vísceras, que precisam de mais sangue para uma digestão adequada.

Não há perigo em tomar banho ou em entrar na piscina ou no mar após ter comido. O problema são os exercícios físicos intensos, que fazem o sangue ser desviado para os músculos. A pessoa tem dificuldade na digestão e apresenta sensação de enjoo, suor frio e tontura.

Tomar banhos quentes de imersão dilata os vasos sanguíneos da pele e também desvia o sangue do estômago, fato que não acontece sob o chuveiro.

ATIVIDADES

1 Qual é a primeira função da digestão?

_____

_____

2 Quais são os três centros da digestão?

_____

_____

3 Por que é importante escovar os dentes?

4 Onde ocorre o peristaltismo?

5 Quais são os fenômenos químicos da digestão?

6 Responda:

a) Qual é o papel das enzimas na digestão?

b) Quais são os nutrientes que podem ser absorvidos pelo nosso organismo?

c) Onde o alimento é absorvido? Existe aí alguma adaptação para isso?

7 Quais são as glândulas anexas do sistema digestório?

8 Dos constituintes da bile, quais apresentam função digestiva?

9 Por que o pâncreas é uma glândula mista?
_____
_____

10 Dê o nome das estruturas com algarismos.

(esôfago, estômago, fígado, vesícula biliar, pâncreas, 1, 2, ceco, 3, reto, ânus, 4, 5, 6)

_____
_____
_____
_____
_____
_____
_____

11 Uma pessoa removeu cirurgicamente a vesícula biliar. Esse processo, embora clinicamente necessário, afeta a digestão de um tipo de nutriente. Que tipo de nutriente é esse? Explique.
_____
_____
_____
_____

12 Comer muito rápido é prejudicial para a digestão. Justifique a afirmação.
_____
_____
_____

13 (UFRJ) Em uma campanha publicitária divulgada pela televisão, uma pessoa "ataca" a geladeira, à noite, e pega um pedaço de bolo. Nesse momento, uma criatura representando uma enzima do estômago adverte: "você vai se empanturrar e descansar enquanto eu vou ficar trabalhando a noite toda!".
Como sabemos, os bolos são feitos basicamente de farinha de trigo, açúcar e manteiga.

78

Indique os órgãos produtores de enzimas digestivas que teriam "mais razões para reclamar", se a fisiologia digestiva fosse rigorosamente observada. Justifique sua resposta.

_____
_____
_____
_____
_____
_____
_____

14 Quais são os fenômenos que ocorrem no intestino grosso durante a digestão?

_____
_____
_____
_____
_____
_____

15 Faça uma breve pesquisa sobre o que são prisão de ventre, úlcera e gastrite.

_____
_____
_____
_____
_____
_____
_____

16 Indique o nome e o papel das estruturas A e B.

17 Cite quatro funções do fígado.

18 O que é a flora intestinal?

19 Como começa a secreção do suco gástrico?

20 Alguns sabões em pó possuem enzimas. Explique por que ele ajuda a remover com mais facilidade a sujeira das roupas.

21 (Enem) Para explicar a absorção de nutrientes, bem como a função das microvilosidades das membranas das células que revestem as paredes internas do intestino delgado, um estudante realizou o seguinte experimento:

Colocou 200 ml de água em dois recipientes. No primeiro recipiente, mergulhou, por 5 segundos, um pedaço de papel liso, como na figura 1; no segundo recipiente, fez o mesmo com um pedaço de papel com dobras simulando as microvilosidades, conforme a figura 2. Os dados obtidos foram: a quantidade de água absorvida pelo papel liso foi de 8 ml, enquanto pelo papel dobrado foi de 12 ml.

Com base nos dados obtidos, infere-se que a função das microvilosidades intestinais com relação à absorção de nutrientes pelas células das paredes internas do intestino é a de

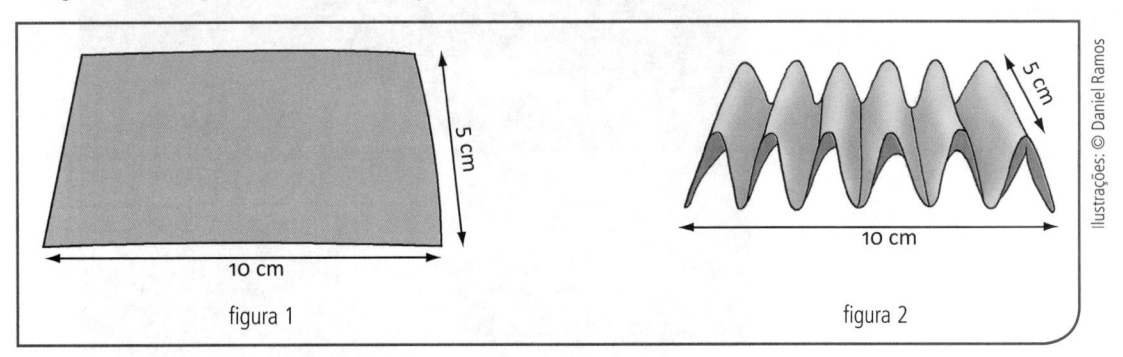

a) manter o volume de absorção.

b) aumentar a superfície de absorção.

c) diminuir a velocidade de absorção.

d) aumentar o tempo de absorção.

e) manter a seletividade na absorção.

22 (Fuvest) Da secreção de certa região do tubo digestivo de um cachorro purificou-se uma enzima. Essa enzima foi distribuída por quatro tubos de ensaio contendo as substâncias especificadas na figura. Após duas horas, à temperatura de 38° C, ocorreu digestão apenas no tubo dois.

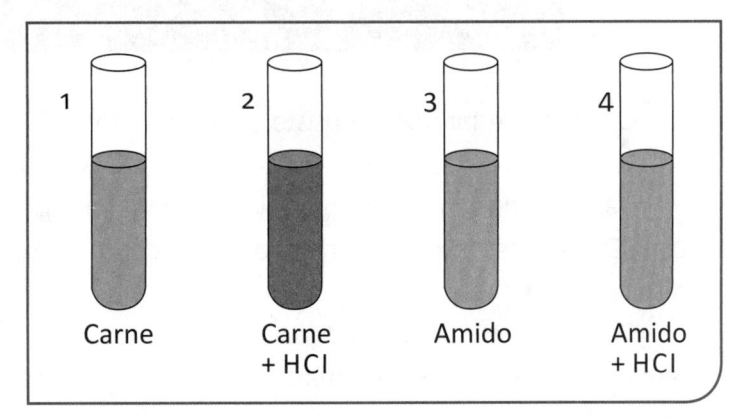

a) De qual região do tubo digestivo foi extraída a secreção?

_____

_____

81

Capítulo 8

SISTEMA RESPIRATÓRIO

O sistema respiratório consiste num conjunto de órgãos que possibilitam a passagem do oxigênio do meio ambiente para as nossas células.

Das reações da respiração celular resultam energia, água e gás carbônico (CO_2), e este deve ser eliminado do organismo, outra tarefa do sistema respiratório.

Os mecanismos da respiração são auxiliados, em grande parte, pelo sistema circulatório, pois, de uma forma ou de outra, os gases envolvidos na respiração, O_2 e CO_2, são transportados pelas hemácias, as células vermelhas do sangue, ou pelo plasma, a parte líquida.

Convém reafirmar que a respiração do organismo como um todo e a respiração celular são, na realidade, um único processo, ou dois fenômenos que se completam.

A pressão atmosférica e a respiração

A pressão atmosférica ao nível do mar é muito maior do que em grandes altitudes. À medida que subimos numa montanha, dizemos que a atmosfera torna-se mais rarefeita, isto é, o ar entra com uma **pressão cada vez menor** nos pulmões.

Podemos afirmar que os pulmões e o coração do ser humano têm funcionamento normal ao nível do mar. À medida que subimos em altitude a chance de sobrevivência do ser humano é cada vez menor.

Para compensar o ar rarefeito, nosso organismo aumenta a velocidade de inspirações e expirações (frequência respirstória), a velociadade dos batimentos cardíacos (frequência cardíaca) e a pressão arterial.

Tudo isso acontece porque o sangue deve continuar levando a mesma quantidade de oxigênio para todos os órgãos.

Inicialmente, a pessoa sente dor de cabeça, digestão lenta, falta de apetite, redução da capacidade física e outros sintomas, conjunto de sintomas chamado **mal das montanhas**. Claro que, quanto maior a altitude, mais acentuados os sintomas.

Aos poucos, as pessoas que se deslocam para grandes altitudes passam, lentamente, a fabricar mais glóbulos vermelhos, aumentando o transporte de oxigênio e sofrendo, assim, uma aclimatação ao lugar.

Órgãos ligados à respiração

O ar entra pelos forames nasais, passa pela cavidade do nariz e pela faringe, comum ao sistema digestório, alcança a laringe, a traqueia, os brônquios, os bronquíolos e os alvéolos pulmonares, onde ocorrem as trocas gasosas com o sangue.

Os **forames nasais** dão acesso às **fossas nasais**, separadas pelo **septo nasal**, uma cartilagem.

No alto das fossas nasais estão as células olfatórias que percebem os odores.

As cavidades do nariz têm células que secretam um **muco**, que umedece as vias respiratórias, além de aglutinar impurezas e microrganismos que entram com o ar que, ali, é filtrado, umedecido e aquecido, pois entra em contato com a intensa vascularização sanguínea.

O ar passa do final das fossas nasais ou **cóanos** para a **faringe** e, daí, para a **laringe**, protegida por um escudo cartilaginoso que chamamos de gogó ou pomo de adão, parte rígida na garganta, percebida externamente.

Na entrada da laringe ou glote, há uma lâmina cartilaginosa, a **epiglote**, que impede, quando comemos, a entrada de alimentos nas vias respiratórias.

Convém lembrar que, na laringe, existem dobras de tegumento e músculos, chamadas **pregas vocais**, que vibram com a passagem do ar, permitindo a fonação ou a articulação de palavras.

A tosse é uma irritação das vias aéreas superiores ou mesmo uma tentativa de expulsar algum corpo estranho ali parado.

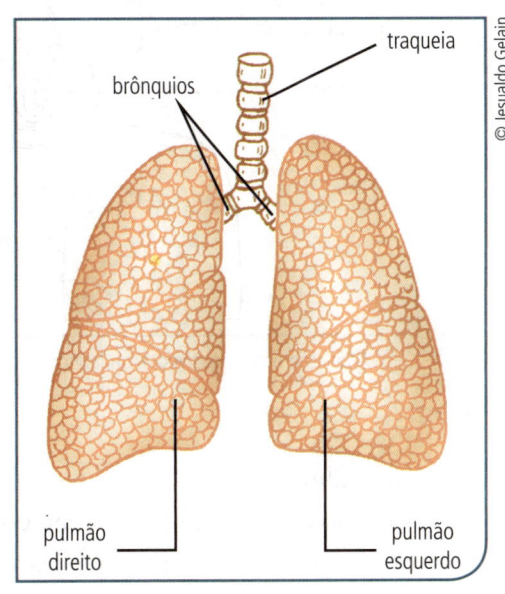

O pulmão direito tem três lobos, e o esquerdo, dois.

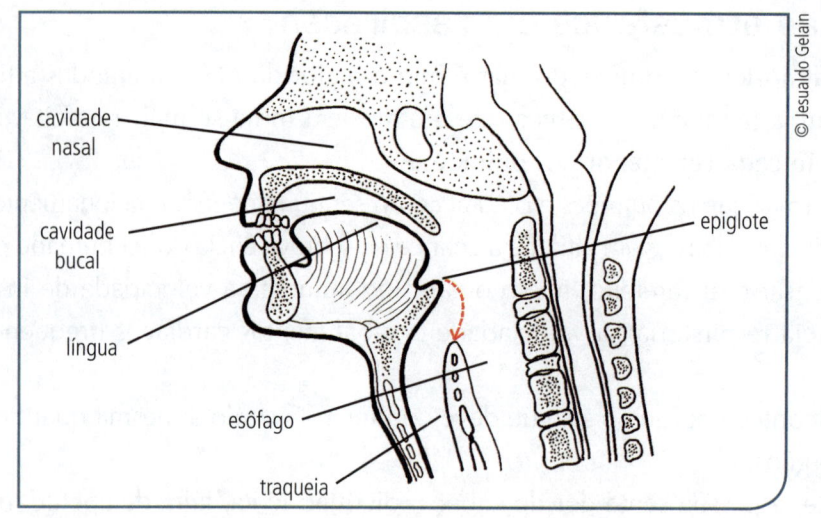

Quando engolimos o alimento, a epiglote abaixa (seta vermelha) e impede a entrada de alimento nos pulmões.

A **traqueia** é um tubo de 10 centímetros que se bifurca em dois tubos curtos, os **brônquios**, como um Y invertido.

O epitélio interno da traqueia e dos brônquios tem cílios, cujo batimento vai empurrando as impurezas para cima, no sentido inverso da entrada do ar.

Dentro de cada pulmão, os dois brônquios se ramificam em tubos menores, os **bronquíolos**, que formam um conjunto, a **árvore respiratória**.

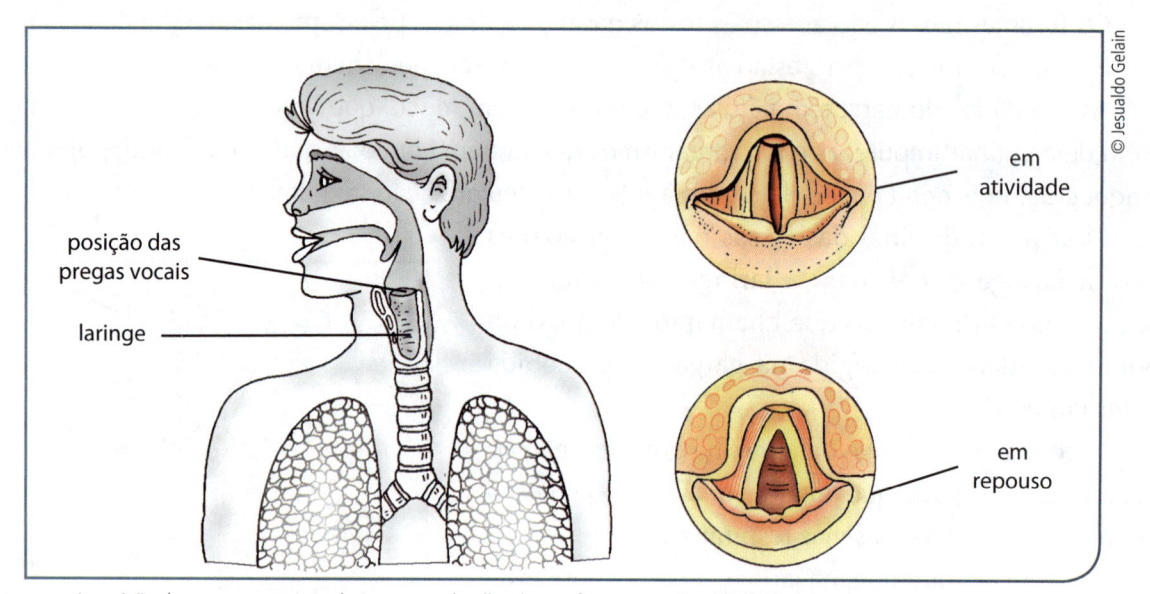

A posição das pregas vocais na laringe, com detalhe da sua forma quando em atividade e em repouso.

Cada pulmão é envolto pela **pleura**, uma membrana dupla.

Os bronquíolos terminam nos **alvéolos**, pequenos glóbulos membranosos envolvidos por capilares arteriais e venosos – cada pulmão tem 150 milhões de alvéolos, o que representa uma superfície de 70 metros quadrados nos dois pulmões dos seres humanos.

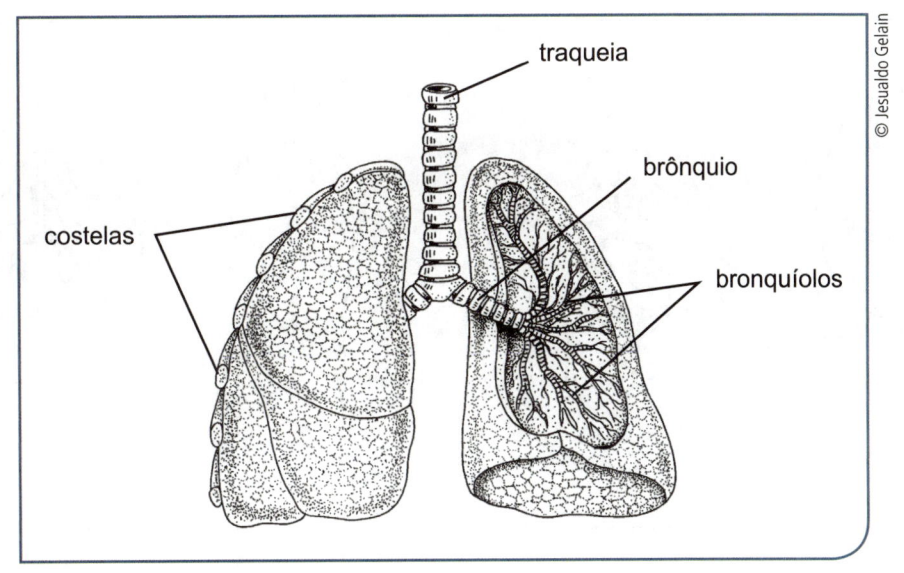

Estrutura interna do pulmão.

O processo das trocas gasosas

Cada alvéolo é envolto por uma rede de capilares arteriais e venosos. Como no sangue venoso do capilar, a concentração de CO_2 é maior do que a concentração de CO_2 no interior do alvéolo, há difusão de gás carbônico da parte venosa do capilar para dentro do alvéolo. Pelo mesmo processo, o oxigênio dentro do alvéolo, em maior quantidade, passa para dentro do mesmo capilar, já na parte anterior.

Essa troca de gases em todos os capilares que circundam cada alvéolo chama-se **hematose**, o mesmo fenômeno que ocorre nas trocas gasosas de capilares sanguíneos com os demais órgãos do nosso corpo.

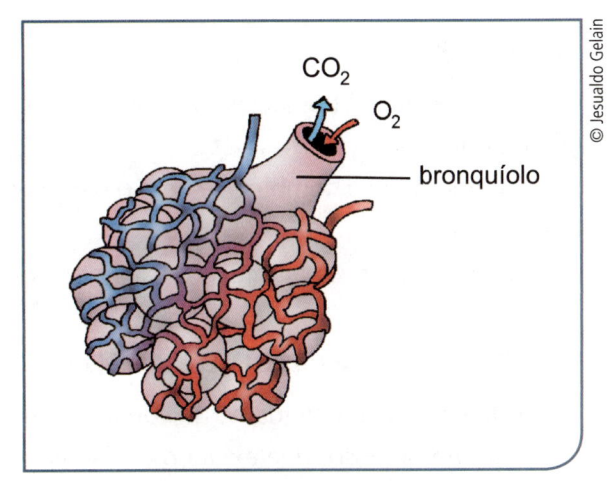

Alvéolos pulmonares recobertos por capilares venosos e arteriais.

Mecânica da respiração (ventilação pulmonar)

A inspiração de O_2 e a expiração de CO_2 ocorrem em função da variação do volume desses gases e da pressão da caixa torácica, a qual fica separada do abdome por uma lâmina muscular colocada perpendicularmente ao eixo maior do corpo, o diafragma, uma exclusividade dos mamíferos.

- Inspiração de O_2: os músculos intercostais (entre as costelas) se contraem e o diafragma abaixa, aumentando o volume torácico e diminuindo a pressão interna, o que permite que o ar passe para dentro dos pulmões.
- Expiração de CO_2: os músculos intercostais relaxam e o diafragma sobe, voltando à posição original, reduzindo o volume torácico e aumentando a pressão externa, o que faz com que o ar saia dos pulmões.

85

inspiração　　　　　　　　　　　　　　expiração

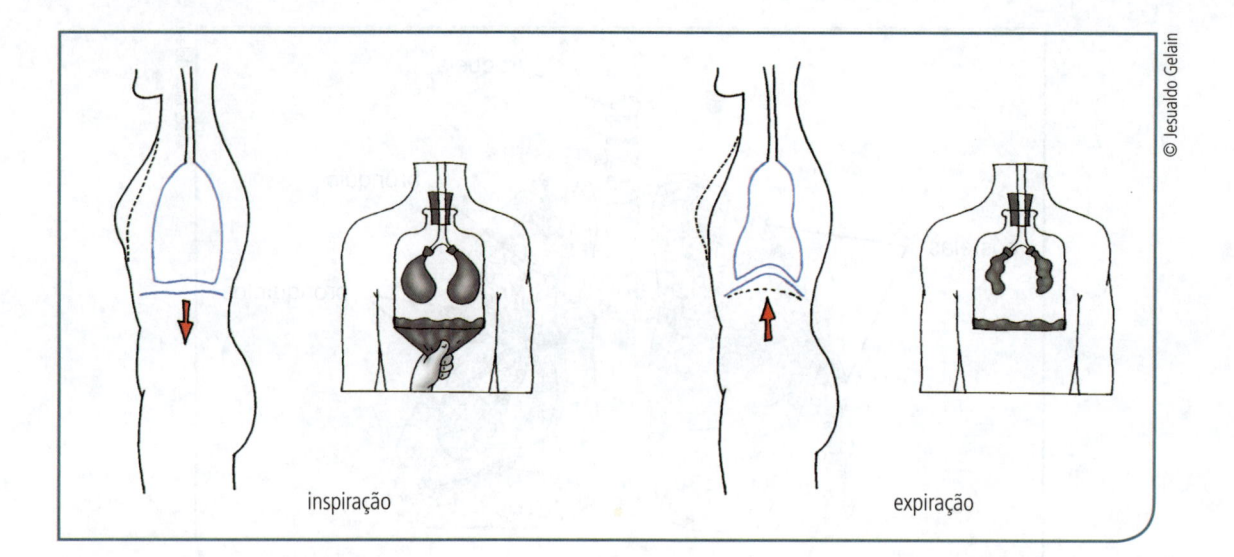

Cabe lembrar que a quantidade de oxigênio no ar atmosférico é de 29,95%, enquanto a de nitrogênio é de 79,02%. Apesar disso, o nitrogênio absorvido na inspiração é todo eliminado na expiração. Os animais não aproveitam o nitrogênio na forma gasosa.

Transporte de gases

No interior das hemácias, os glóbulos vermelhos, existe um pigmento chamado **hemoglobina**, que dá cor ao sangue.

A hemoglobina combina-se com o oxigênio, e quase a totalidade desse gás é transportada pelos glóbulos vermelhos.

Boa parte do gás carbônico (70%) é transportada pelo plasma na forma de bicarbonato.

Controle nervoso da respiração

Independentemente da nossa vontade, a cada 5 segundos (em condições de repouso) é emitido um estímulo nervoso, que excita os músculos intercostais e o diafragma, elementos indispensáveis para a inspiração e a expiração.

Esse controle é automático e não depende de nossa vontade. Caso ocorra um aumento da quantidade de CO_2 no plasma sanguíneo, este torna-se mais ácido. Sensores nervosos dos vasos sanguíneos detectam esse aumento de acidez e comunicam ao bulbo que, por sua vez, acelera os movimentos do diafragma (hiperventilação), fazendo a pessoa ofegar para expirar mais rapidamente o excesso de gás carbônico.

Intoxicação pelo monóxido de carbono

Oxigênio e gás carbônico combinam-se com a hemoglobina, mas, como suas ligações são frágeis, a hemoglobina se desprende facilmente do oxigênio ou do gás carbônico.

Porém, a combinação da hemoglobina com o monóxido de carbono (CO), gás liberado, por exemplo, pelos automóveis, é dezenas de vezes mais rápida do que a combinação com o oxigênio, além de não se desfazer tão facilmente. Quanto maior a inalação de CO, mais hemoglobina será ocupada pelo gás e, portanto, cada vez menos oxigênio os glóbulos vermelhos transportarão, levando a pessoa à asfixia e até à morte.

> **Você sabia?**
>
> O **enfisema** se caracteriza pelo acúmulo anormal de ar em certos tecidos e órgãos do corpo humano. Quando ocorre enfisema pulmonar há um estreitamento das paredes dos brônquios, dificultando a passagem de ar. Os alvéolos pulmonares crescem e se fundem, perdendo sua elasticidade para a expulsão do ar que, a partir de agora, acumula-se nos pulmões. A poeira, o ar poluído e, principalmente, o cigarro, são algumas das causas da doença.

ATIVIDADES

1 Dê o nome das estruturas A, B, C e D.

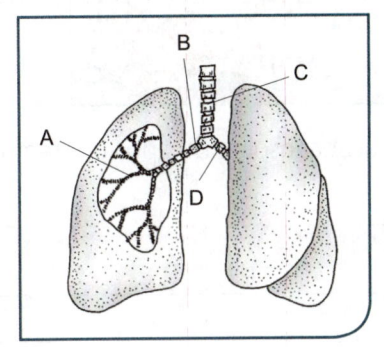

_____
_____
_____
_____
_____

2 Quais são as vantagens de o ar chegar rapidamente aos nossos pulmões?

_____
_____

3 Responda:

a) É melhor respirarmos pelo nariz ou pela boca? Por quê?

_____
_____

b) Onde estão situadas as pregas vocais?

_____
_____

c) Qual o local onde ocorre a hematose no processo respiratório?

_____
_____

d) Por que a traqueia e os brônquios apresentam anéis cartilaginosos em quase toda a sua extensão?

_____

_____

_____

4 Observe a tirinha e responda:

Explique por que, mesmo prendendo a respiração, uma pessoa acaba inspirando após um tempo.

_____

_____

_____

5 (Uerj) É comum vermos em túneis placas com os dizeres: "Em caso de congestionamento, desligue os motores". Nas construções modernas, cada vez mais há preocupação com o sistema de ventilação dentro dos túneis. Isso se deve a um gás inodoro, expelido pelos escapamentos dos carros, por queima de carvão, lenha e outras combustões, e que, quando inspirado em ambientes fechados, pode levar à morte.

a) Que gás é esse?

_____

b) Por que esse gás pode levar à morte?

_____

_____

6 O que representa a figura abaixo?

_____

_____

_____

_____

7 A superfície dos pulmões deve ser pequena ou grande? Por quê?

_____
_____

8 Como ocorrem a inspiração e a expiração?

_____
_____

9 Qual o papel do diafragma?

_____
_____

10 Como ocorre o transporte de O_2 pelo sangue? E o de CO_2?

_____
_____
_____

11 (Enem) Um dos índices de qualidade do ar diz respeito à concentração de monóxido de carbono (CO), pois esse gás pode causar vários danos à saúde. A tabela abaixo mostra a relação entre a qualidade do ar e a concentração de CO.

Qualidade do ar	Concentração de CO – ppm* (média de 8h)
inadequada	15 a 30
péssima	30 a 40
crítica	acima de 40

*ppm (parte por milhão) = 1 micrograma de CO por grama de ar 10^{-6} g

Para analisar os efeitos do CO sobre os seres humanos, dispõem-se dos seguintes dados:

Concentração de CO (ppm)	Sintomas em seres humanos
10	nenhum
15	diminuição da capacidade visual
60	dores de cabeça
100	tonturas, fraqueza muscular
270	inconsciência
800	morte

Suponha que você tenha lido em um jornal que na cidade de São Paulo foi atingido um péssimo nível de qualidade do ar. Uma pessoa que estivesse nessa área poderia:

89

a) não apresentar nenhum sintoma.

b) ter sua capacidade visual alterada.

c) apresentar fraqueza muscular e tontura.

d) ficar inconsciente.

e) morrer.

12 O nitrogênio gasoso é usado na respiração dos seres humanos?
_____
_____

13 Como é feito o controle nervoso da respiração?
_____
_____

14 Por que, ao subirmos uma montanha, aumenta nossa dificuldade de respirar?
_____
_____

15 Observe a tirinha e responda.

Ed Sortudo, o amigo de Hagar, sabe que respirar é essencial para permanecermos vivos. Justifique essa afirmação.
_____
_____
_____

16 Junte-se com seus colegas e elabore uma campanha para explicar os danos que o cigarro causa ao nosso organismo.
Essa campanha pode ter vídeos, fôlders, cartazes, teatro, *blog* etc.

Capítulo 9

SISTEMA CARDIOVASCULAR

Bate coração

Elba Ramalho

Bate, bate, bate, coração

[...]

Oi, tum, tum, bate coração

Oi, tum, coração pode bater

Oi, tum, tum, bate, coração

Que eu morro de amor com muito prazer...

O coração é um órgão muscular que funciona como uma bomba. Por isso, a música simula o som que o coração faz ao bater. Sua função é bombear sangue para o corpo.

91

Nos vertebrados, o sangue circula dentro de vasos (artérias, veias e capilares). Por isso, considera-se que os vertebrados possuem **sistema circulatório fechado**.

O sangue é um líquido avermelhado, por causa da **hemoglobina**, que se encontra no interior das hemácias, os glóbulos vermelhos.

As principais funções do sangue são: transporte de alimentos para as células, transporte de catabólitos ou excretas para os rins, transporte de gases (O_2 e CO_2) da respiração, transporte de hormônios ou mensageiros químicos e manutenção da temperatura corpórea.

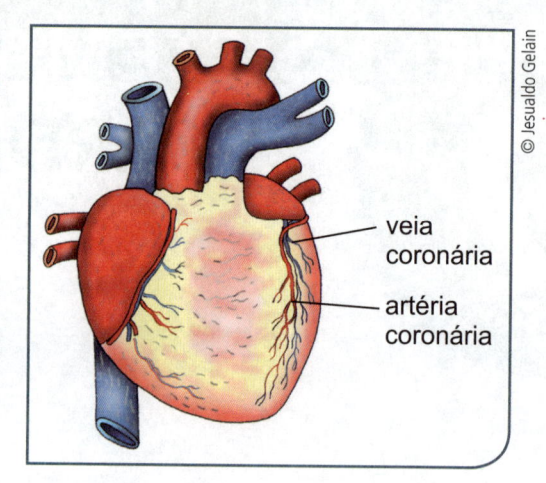

Vasos e capilares

Artérias são vasos que conduzem o sangue do coração aos órgãos, enquanto **veias** são vasos que conduzem o sangue dos órgãos ao coração.

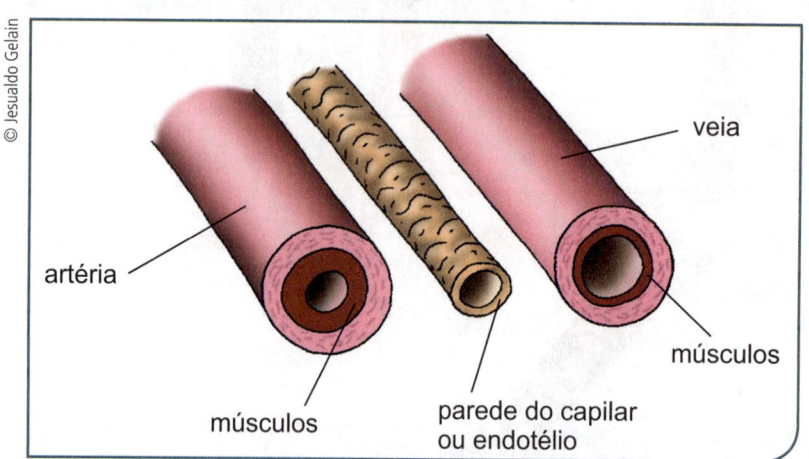

A pressão do sangue nas artérias é mais alta do que nas veias, uma vez que o sangue é bombeado pelo coração. Para que o sangue não sofra refluxo, as veias são dotadas de válvulas.

Os músculos das artérias são mais volumosos do que os das veias.

Você sabia?

Endotélio é um tipo de membrana epitelial que reveste internamente as câmaras do coração (átrios e ventrículos), os vasos sanguíneos (artérias, veias e capilares) e os vasos linfáticos.

Se nas artérias o sangue circula por causa do trabalho cardíaco (tanto que a musculatura é mais espessa nesses vasos), nas veias o sangue é conduzido pela contração dos músculos, que permanecem encostados nelas. A sensação de "formigamento" que sentimos nada mais é do que a retomada do fluxo sanguíneo em algumas veias, depois de terem ficado obstruídas mecanicamente por algum tempo.

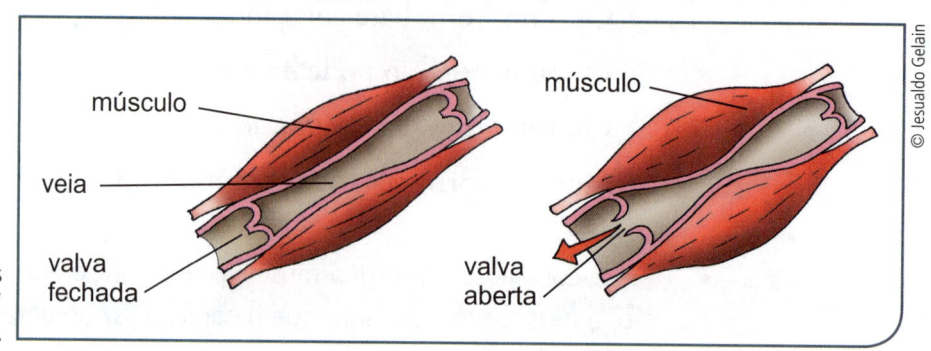

É a contração dos músculos que "empurra" o sangue nas veias.

Capilares são vasos de pequeno calibre, cuja parede é muito fina, uma vez que é por aí que são realizadas as trocas (nutrientes, catabólitos e gases) com as células dos tecidos de diferentes órgãos.

Por esse motivo, percebemos que o sangue não sai do sistema de vasos, ele continua circulando, como um trem que não para na estação, só diminui a velocidade, para que alguns passageiros possam sair e outros possam entrar.

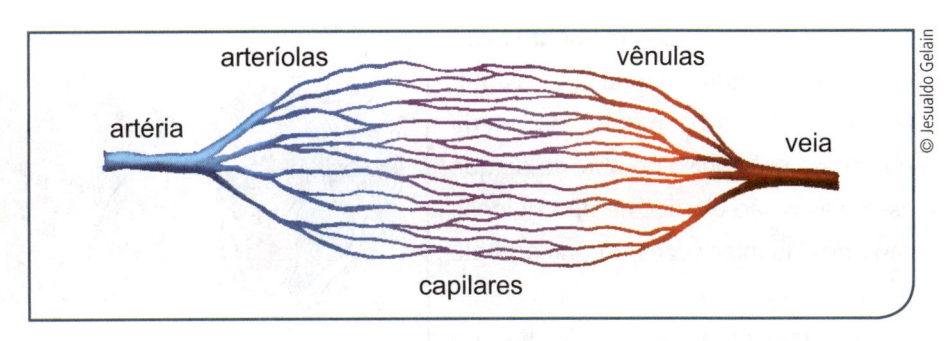

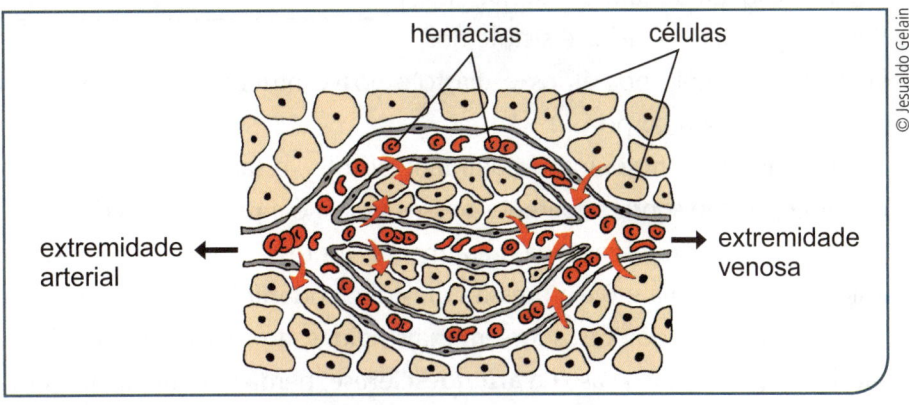

Trocas de substâncias entre capilares e tecidos.

Quando o sangue passa pelos capilares, a sua velocidade é bem menor.

O coração

Órgão essencialmente muscular, do tamanho de nossa mão fechada, formado, nos mamíferos, por quatro cavidades: **dois átrios** superiores e **dois ventrículos** inferiores e maiores.

Átrio e ventrículo direitos se comunicam, mas estão separados do átrio e ventrículo esquerdos, também em contato.

Átrio e ventrículo direitos têm entre si a **válvula atrioventricular direita** (antiga tricúspide). Entre o átrio e o ventrículo esquerdo a **válvula atrioventricular esquerda** (antiga mitral ou bicúspide) impede o refluxo do sangue.

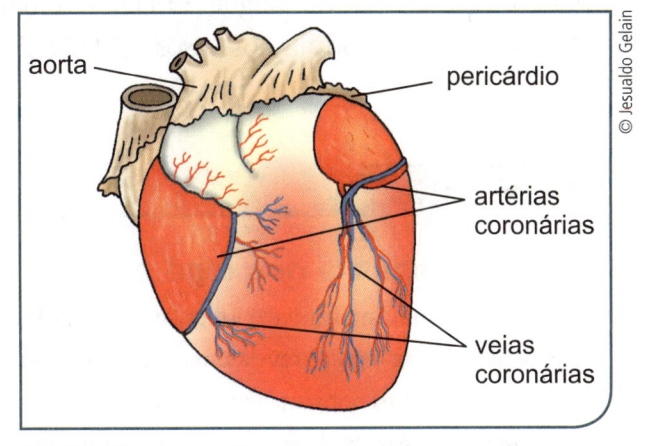

Coração visto externamente.

O trabalho cardíaco

Quando os dois átrios se enchem de sangue, os dois ventrículos o bombeiam para fora. Em seguida, os átrios se contraem, expulsando o sangue para os ventrículos.

A contração das cavidades cardíacas é a **sístole**, e o relaxamento dessas cavidades é denominado **diástole**, isto é, quando os átrios estão em sístole, os ventrículos entram em diástole e uma sístole de ventrículos é acompanhada por uma diástole dos átrios.

93

Em média, são 80 **batimentos cardíacos por minuto** em uma pessoa adulta. Contando os batimentos da artéria que passa pelo pulso (lembre-se de que esses vasos são elásticos e não rígidos), sabemos quantas vezes o coração bate por minuto.

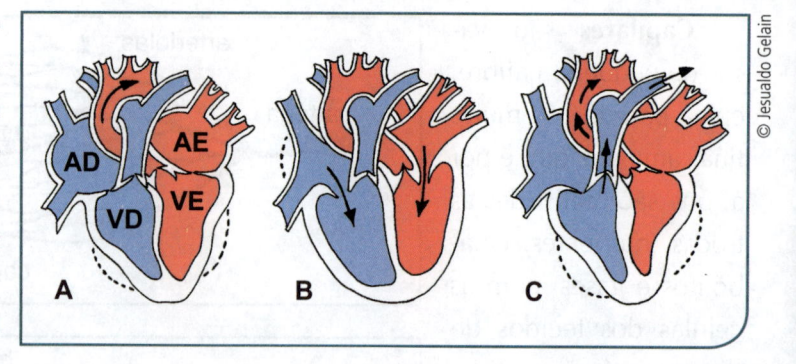

Da esquerda para a direita, na figura: diástole nos átrios e sístole nos ventrículos; sístole nos átrios e diástole nos ventrículos; sístole ventricular envia sangue para os pulmões e para o corpo.

Quando os ventrículos se contraem (sístole), o sangue empurrado para as artérias passa a exercer uma pressão sobre as paredes desses vasos: é a **pressão arterial**.

Numa pessoa descansada, geralmente, a pressão do sangue é 12 por 8, isto é, 12 é a pressão sistólica ou máxima e 8 é a pressão diastólica ou mínima.

Se as paredes dos vasos fossem mais rígidas, a pressão seria ainda maior, colocando em risco a saúde das pessoas. É o caso da **arterioesclerose**, perda natural da elasticidade dos vasos, uma vez que sua musculatura pode degenerar com o tempo. Outro caso é a **aterosclerose**, quando há formação de **ateromas** ou depósitos de gordura, que estreitam cada vez mais a passagem do sangue nos vasos.

Na figura ao lado, em **A**, uma artéria sem obstrução e, em **B**, a luz da artéria está muito reduzida pela presença de gordura (ateromas), impedindo o fluxo normal de sangue. O LDL é o mau colesterol que se deposita nos vasos. O HDL é o bom colesterol.

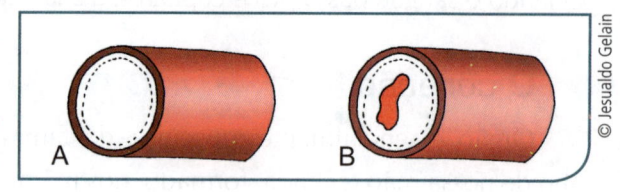

Você sabia?

Estudo mostra que ioga acalma ritmo cardíaco e reduz ansiedade

As pessoas com ritmo cardíaco irregular podem ver os episódios de crise reduzidos à metade caso adotem a ioga de maneira regular, revela um estudo publicado nos Estados Unidos.

Fazer ioga três vezes por semana também reduz a depressão e a ansiedade, ao mesmo tempo que aumenta o bem-estar social e mental, segundo o estudo apresentado em uma conferência de cardiologia em Nova Orleans.

"Ao que parece a ioga tem um efeito significativo em ajudar a regular o ritmo cardíaco dos pacientes e melhora a qualidade de vida em geral", disse o principal autor do estudo, Dhanunjaya Lakkireddy, professor-associado de Medicina da Universidade de Kansas.

O estudo acompanhou 49 pacientes que sofrem de fibrilação atrial, uma afecção de ritmo cardíaco irregular que acontece quando os sinais elétricos naturais do coração disparam de maneira desorganizada, provocando agitação dos batimentos cardíacos.

Durante os três primeiros meses do estudo, os pacientes seguiram suas rotinas de exercícios habituais. Nos três meses seguintes, os pacientes fizeram três sessões de ioga por semana com um instrutor certificado. Além disso, foram estimulados a praticá-la em casa com a ajuda de um DVD instrutivo.

A ioga reduziu significativamente os episódios de ritmo cardíaco irregular à quase metade, na média. Também reduziu os índices de depressão e ansiedade, além de ter melhorado a função física, a saúde geral, a vitalidade, o funcionamento social e a saúde mental.

Disponível em: <http://noticias.uol.com.br/ultimas-noticias/afp/2011/04/03/estudo-mostra-que-ioga-acalma-ritmo-cardiaco-e-reduz-ansiedade.jhtm>. Acesso em: jun. 2012.

Pequena e grande circulação

Grande circulação ou circulação sistêmica é o caminho do sangue do ventrículo esquerdo para o corpo (todos os órgãos) e do corpo para o átrio direito.

♥ → Sangue arterial (rico em O_2) → ÓRGÃOS → Sangue venoso (rico em CO_2) → ♥

Pequena circulação ou circulação pulmonar é o caminho do sangue do ventrículo direito para os pulmões e deles para o átrio esquerdo.

♥ → Sangue venoso → PULMÕES → Sangue arterial → ♥

Você sabia?

Misturar álcool com energético é um perigo para o coração, alertam cardiologistas

- O energético pode potencializar os efeitos da bebida alcoólica e fazer com que o usuário tenha um julgamento errado sobre seu estado de embriaguez.
- Achar que energético melhora performance é um equívoco, dizem especialistas.
- Especialistas divergem sobre quantidade máxima de cafeína que se pode ingerir.

O relato de pais e médicos e pesquisas, sobretudo americanas, chama a atenção para um hábito comum no Carnaval, mas arriscado: tomar bebida alcoólica com energético. Segundo o cardiologista Luciano Vacanti, a mistura potencializa o risco de arritmias, pois as duas substâncias "irritam" o músculo do coração (o miocárdio). Ele afirma, ainda, que há casos descritos nos Estados Unidos de adolescentes que, após ingerirem energéticos, desenvolveram taquicardias que precisaram ser revertidas nos hospitais.

O médico Anthony Wong, chefe do Ceatox (Centro de Assistência Toxicológica) do Instituto da Criança do Hospital das Clínicas (SP), relata que este é um hábito que está virando uma epidemia mundial. "Pior que quanto mais jovem é a pessoa menos controle ela tem sobre as bebidas alcoólicas. É necessário tomar uma atitude de controle por parte das autoridades com o crescente abuso dessa associação", opina.

Há vários motivos apontados pelos consumidores para se misturar as bebidas. Entre eles, disfarçar o gosto do álcool (principalmente no caso de destilados), além de esticar a balada. Por ser estimulante, o energético carrega o mito de anular os efeitos depressivos do álcool, o que é verdade em parte porque a bebida reduz a sensação de sonolência, mas os reflexos continuam mais lentos sob o efeito do álcool.

Disponível em: <http://noticias.uol.com.br/ultnot/cienciaesaude/ultimas-noticias/2011/03/05/misturar-alcool-com-energetico-e-perigoso-para-o-coracao-e-predispoe-ao-alcoolismo.jhtm>. Acesso em: jun. 2012.

Caminho do sangue

A **hematose** ou troca de gases entre o sangue e os alvéolos pulmonares ocorre por **difusão** nos capilares sanguíneos.

Os algarismos do esquema abaixo correspondem ao caminho que o sangue percorre no coração:

- **Sangue venoso:** Veias cavas, inferior e superior (1)
  Átrio direito (AD)
  Ventrículo direito (VD)
  Artéria pulmonar (2)
  Pulmões
- **Sangue arterial:** Veias pulmonares, direitas e esquerdas (3)
  Átrio esquerdo (AE)
  Ventrículo esquerdo (VE)
  Artéria aorta (4)
  Órgãos do corpo

Outros vasos importantes

- **Artérias carótidas:** dois vasos que levam sangue arterial à cabeça.
- **Veias jugulares:** dois vasos que trazem sangue venoso da cabeça.
- **Artérias coronárias:** dois vasos (direito e esquerdo) que fornecem oxigênio ao coração. No caso de estreitamento, uma intervenção cirúrgica é feita, implantando-se um trecho alternativo, com a utilização de pedaços das veias safenas das pernas. Daí o nome **ponte de safena**.

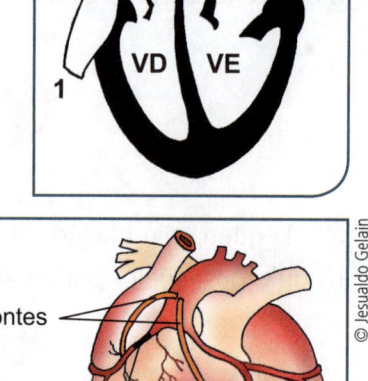

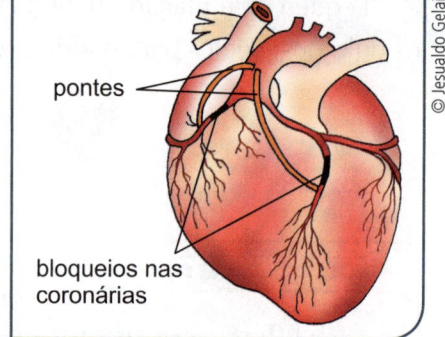

Automatismo cardíaco

O músculo cardíaco apresenta, na aurícula direita, o **nódulo sinoatrial** ou **marca-passo**, um grupo de células nervosas que gera o impulso elétrico às outras partes do coração, as quais determinam o ritmo das contrações.

A frequência cardíaca é controlada pelo **sistema nervoso autônomo**, por meio dos nervos simpático (acelera) e vago ou parassimpático (retarda), que têm origem no bulbo, parte do sistema nervoso central, onde encontramos o centro cardiomoderador (**bradicardia**) e o centro cardioestimulador (**taquicardia**).

O sangue

Temos aproximadamente cinco litros de sangue no nosso organismo. O sangue é constituído por uma parte líquida (55%), o **plasma**, com 90% de água e 10% de sais (cloreto de sódio, fosfato, cálcio), aminoácidos, ureia, colesterol e proteínas. Os **elementos figurados** ou parte sólida (45%) são as células do sangue: glóbulos vermelhos, glóbulos brancos e plaquetas.

Glóbulos vermelhos são chamados de **hemácias**; são anucleadas nos mamíferos (**eritrócitos**), além de circulares e bicôncavas. Elas têm **hemoglobina**, proteína associada ao elemento químico ferro, que transporta, principalmente, oxigênio. É a hemoglobina que dá a cor vermelha ao sangue. O nosso organismo repõe constantemente as hemácias, que são produzidas na medula óssea.

Glóbulos brancos são denominados **leucócitos**. Sua função é a defesa do organismo, por meio da fagocitose ou da produção de anticorpos.

Os leucócitos do plasma são:

- **Neutrófilos:** 65% dos leucócitos. Fazem fagocitose. Aumentam muito em número nas infecções agudas.

- **Eosinófilos:** são bastante numerosos nas verminoses e alergias.

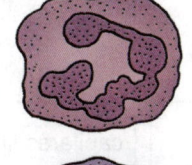

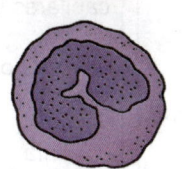

- **Basófilos:** são apenas 0,5%. Não fagocitam. Produzem histamina (vasodilatador que auxilia a saída de neutrófilos dos capilares, a diapedese) e heparina (anticoagulante). Atuam nas alergias, inflamações e leucemias.

Ilustrações: © Jesualdo Gelain

Plaquetas são os **trombócitos**; estão em número de 200 a 400 mil fragmentos de células por milímetro cúbico de sangue. Como as hemácias, são formadas na medula dos ossos. Participam da coagulação do sangue.

A coagulação do sangue

O mecanismo da **coagulação sanguínea** pode ser resumido assim:

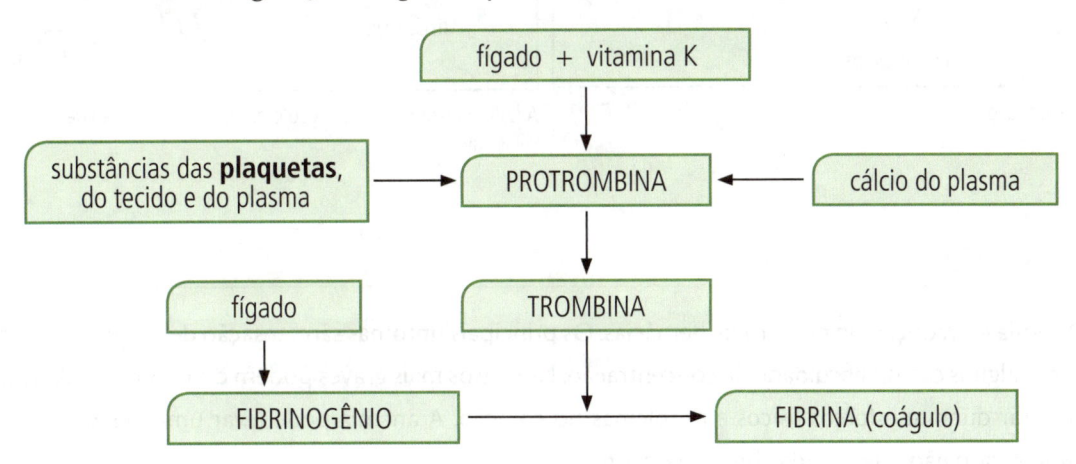

```
                    fígado + vitamina K
                            ↓
substâncias das plaquetas,
  do tecido e do plasma  →  PROTROMBINA  ←  cálcio do plasma
                            ↓
                         TROMBINA
        fígado              ↓
          ↓                 ↓
       FIBRINOGÊNIO ——————→ FIBRINA (coágulo)
```

Uma doença hereditária que impede ou dificulta a coagulação do sangue é a **hemofilia**, e seu tipo mais comum resulta da produção defeituosa de uma proteína do plasma, que auxilia na atuação da protrombina.

Sistema linfático

Por um conjunto ou rede de capilares e vasos circula a **linfa**, cuja composição é semelhante à do plasma sanguíneo, porém não possui as mesmas células sanguíneas.

Na linfa encontramos dois tipos de leucócitos: os **linfócitos**, produtores de anticorpos, e os **monócitos**, células que fazem fagocitose. Uma das funções da linfa é justamente "policiar" o organismo, na tentativa de eliminar células ou moléculas estranhas ou agressivas.

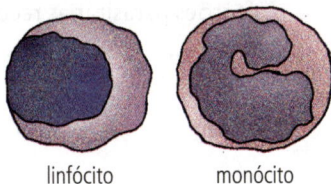

linfócito   monócito

Por isso, a linfa é filtrada em "carocinhos", denominados **linfonodos**, espalhados por todo o corpo. Em caso de infecção, por exemplo, tais nódulos aumentam e tornam-se doloridos.

Além disso, a linfa devolve à circulação o excesso de líquido intersticial e recoloca, também na circulação, moléculas de proteínas que, às vezes, saem dos capilares, além de incorporar gorduras absorvidas pelo intestino delgado durante o processo digestório.

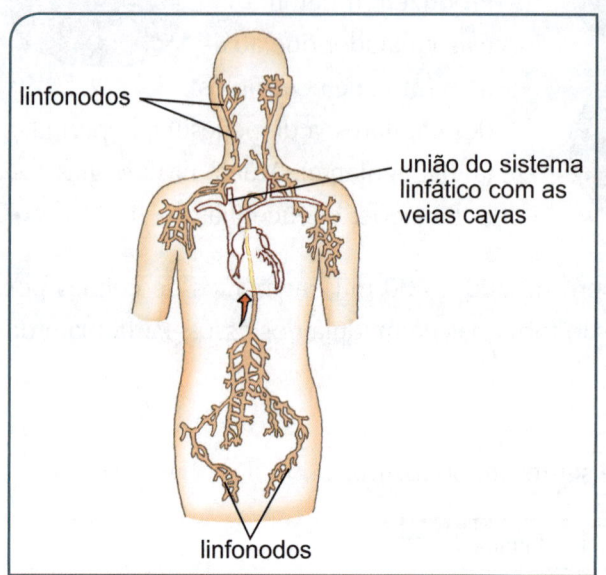

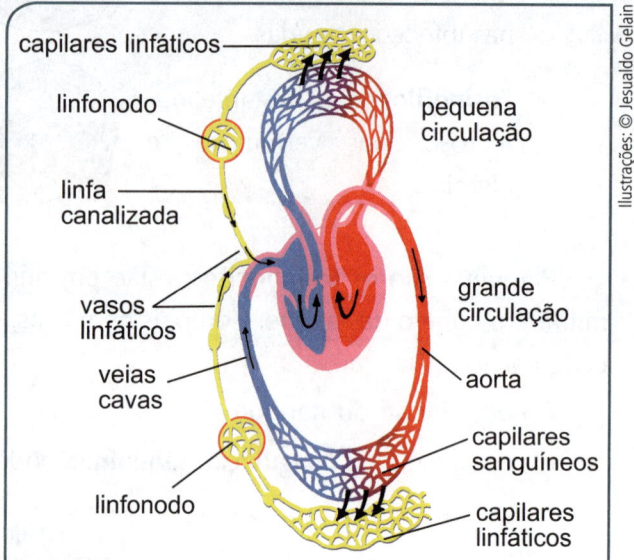

O sistema linfático.

A linfa da pequena circulação e da grande circulação desemboca nas veias cavas.

Você sabia?

- Anemia é a redução do número de hemácias. Os principais sintomas são sensação de fraqueza ou fadiga e, em alguns casos, dificuldade de concentração. Nos casos mais graves podem ocorrer dificuldade para respirar durante esforços físicos e problemas no coração. A anemia pode levar uma pessoa doente à morte, caso não seja tratada adequadamente.
- Policitemia é o aumento do número de glóbulos vermelhos. A policitemia aumenta a espessura do sangue, reduzindo a sua velocidade de circulação através dos vasos sanguíneos pequenos. Se for grave, pode originar coágulos dentro dos vasos.
- Leucocitose é a elevação do número de leucócitos. Pode ser uma resposta a infecções ou substâncias estranhas, ou ser resultante de um câncer, de um traumatismo, de estresse ou de determinadas drogas.
- Leucopemia é a diminuição dos leucócitos por causa de uma virose, causando o comprometimento do sistema imunológico. Os sintomas de um sistema imunológico enfraquecido são gripes frequentes, infecções parasitárias recorrentes e pequenas infecções que se tornam sérias.

ATIVIDADES

1 Por que nosso sistema circulatório é considerado fechado? Quais substâncias ele transporta?

2 Responda:

a) Como diferenciamos artérias e veias quanto à circulação do sangue?

b) Cite uma diferença morfológica entre artéria e veia.

c) O que é endotélio?

3 (FCC/SP) O sangue pode transportar as seguintes substâncias:
I – Gases respiratórios.   II – Excretas.   III – Matérias alimentares.   IV – Hormônios.
Nos mamíferos, o sangue transporta

a) apenas I, II e III.   c) apenas I, II e IV.   e) I, II, III e IV.

b) apenas I, III e IV.   d) apenas II, III e IV.

4 Responda:

a) Onde se localizam as válvulas atrioventriculares?

b) Explique sístole e diástole.

99

5 A tabela abaixo apresenta o resultado do exame de sangue de três pacientes adultos e os valores considerados normais para indivíduos clinicamente sadios.

	Eritrócitos (nº/mm³)	Leucócitos (nº/mm³)	Plaquetas (nº/mm³)
Paciente I	6000000	560	2500000
Paciente II	5100000	6100	2600000
Paciente III	2200000	5000	500000
Padrão	4600000 a 6200000	4300 a 10000	1500000 a 5000000

a) Quem tem dificuldades na coagulação do sangue? Justifique.

b) Quem tem problema no transporte do oxigênio? Justifique.

c) Quem tem problemas com infecções? Justifique.

6 No que diferem a pequena e a grande circulação?

7 Quanto à hematose:

a) O que é?

b) Como e onde ocorre?

8 O que são coronárias?

_____
_____
_____

9 Onde se localiza o marca-passo natural do nosso coração? Qual é a sua função?

_____
_____
_____

10 Quanto às plaquetas:

a) Onde são formadas?

_____
_____

b) Qual é a sua função?

_____
_____

11 Um laboratório utilizou glóbulos vermelhos de uma pessoa para um exame de DNA, mas não conseguiu identificá-lo. Por quê?

_____
_____
_____

12 Durante um exame médico para localizar um coágulo sanguíneo, um paciente recebeu um tubo plástico e flexível denominado cateter, que percorreu seus vasos. Seguindo o fluxo da corrente sanguínea, o cateter passou pelo coração e atingiu os pulmões.

a) Descreva a trajetória percorrida pelo cateter, desde sua passagem pelas veias cavas até atingir os pulmões.

_____
_____
_____

b) Que denominação recebe a contração do músculo cardíaco que, ao bombear o sangue, possibilitou a passagem do cateter nos pulmões?

c) Qual o tipo de sangue presente nessa trajetória?

d) Qual substância compõe o coágulo?

13 Leia a tirinha e responda:

a) O que é anemia?

b) Qual é a relação do ferro com a anemia?

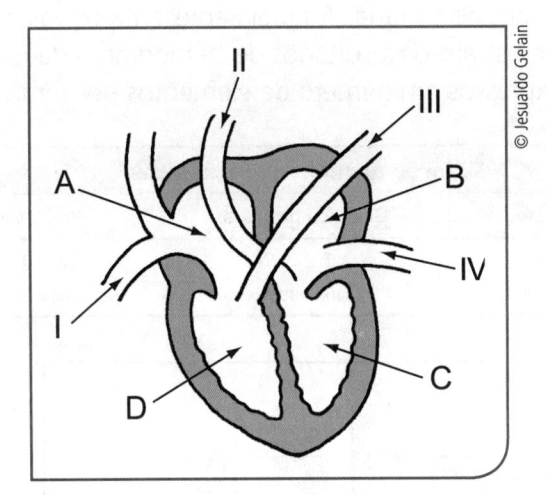

14 Observe a figura do coração de um mamífero e responda.

a) Em qual das cavidades do coração, identificadas por A, B, C e D, chega o sangue rico em gás oxigênio?

_____

_____

b) Em qual dessas câmaras chega o sangue rico em gás carbônico?

_____

_____

c) Qual dos vasos, identificados por I, II, III e IV, traz sangue dos pulmões para o coração?

_____

_____

d) Qual é o tipo de sangue que passa respectivamente nos vasos I e II?

_____

_____

e) Pinte de vermelho o lado do coração por onde passa o sangue arterial.

15 Associe:

I – neutrófilos   A – Produzem anticorpos
II – linfócitos   B – Produzem histamina e heparina
III – basófilos   C – Realizam fagocitose

_____

_____

103

16 (Enem) O hemograma é um exame laboratorial que informa o número de hemácias, glóbulos brancos e plaquetas presentes no sangue. A tabela apresenta os valores considerados normais para adultos. Os gráficos mostram os resultados do hemograma de 5 estudantes adultos. Todos os resultados são expressos em número de elementos por mm³ de sangue.

Valores normais para adultos		
Hemácias	Glóbulos brancos	Plaquetas
4,5 a 5,9 milhões/mm³	5 a 10 mil/mm³	200 a 400 mil/mm³

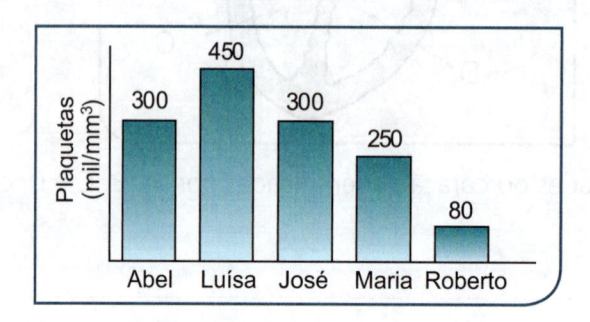

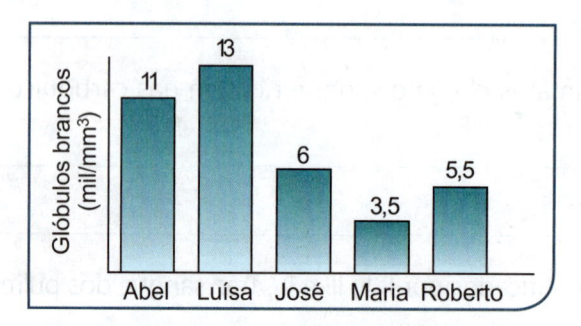

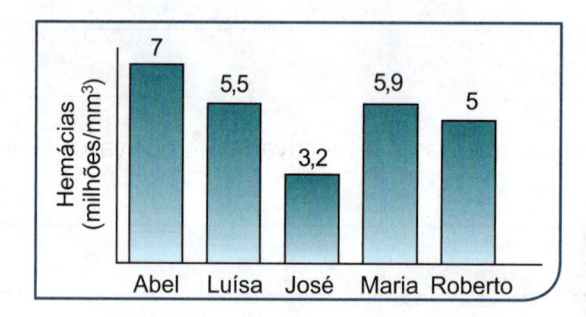

Plaquetas (mil/mm³):
- Abel: 300
- Luísa: 450
- José: 300
- Maria: 250
- Roberto: 80

Glóbulos brancos (mil/mm³):
- Abel: 11
- Luísa: 13
- José: 6
- Maria: 3,5
- Roberto: 5,5

Hemácias (milhões/mm³):
- Abel: 7
- Luísa: 5,5
- José: 3,2
- Maria: 5,9
- Roberto: 5

Podem estar ocorrendo deficiência no sistema de defesa do organismo, prejuízos no transporte de gases respiratórios e alterações no processo de coagulação sanguínea, respectivamente, com os estudantes:

a) Maria, José e Roberto.

b) Roberto, José e Abel.

c) Maria, Luísa e Roberto.

d) Roberto, Maria e Luísa.

e) Luísa, Roberto e Abel.

Capítulo 0
SISTEMA IMUNOLÓGICO

A todo instante nosso corpo convive com bactérias, vírus e outros micróbios. Ao menor sinal de entrada de organismos ou substâncias estranhas no corpo inicia-se o processo de defesa imunológica, que é realizado por meio do **sistema imunológico**.

O sistema imunológico é composto por órgãos, tecidos e células responsáveis pela identificação de organismos parasitas, células invasoras ou moléculas estranhas.

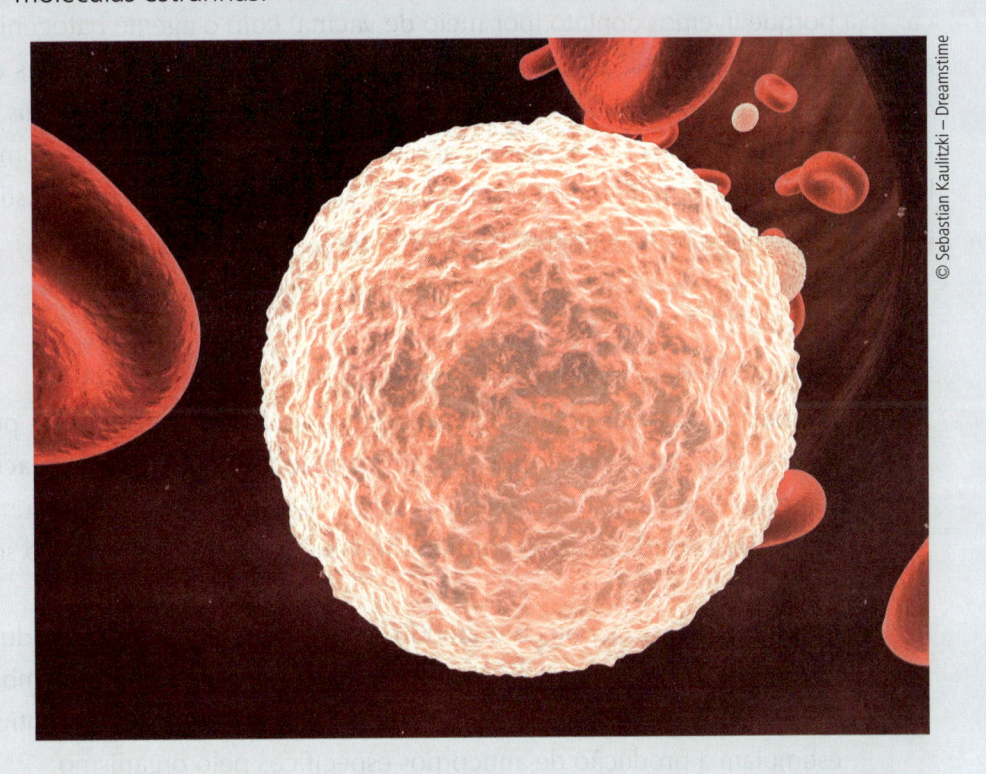

A imagem mostra uma célula de defesa presente no sangue do nosso organismo.

Pele, uma porta de entrada

Vírus, bactérias, protozoários, fungos e outros organismos patogênicos tentam entrar em nosso organismo através da **pele** e das **mucosas**. Entretanto a camada mais externa do tegumento apresenta espessamento de uma proteína que impede a passagem de água e outras substâncias nos dois sentidos. Já nas mucosas, nas lágrimas e na saliva encontramos a **lisozima**, enzima que digere alguns microrganismos patogênicos.

Um grupo de defensores do organismo são as células que, pela **fagocitose**, englobam e digerem minúsculos invasores, como bactérias, por exemplo.

Tais células, denominadas **macrófagos**, encontram-se na pele, como, por exemplo, no tecido conjuntivo.

Outras células, os **mastócitos**, liberam **histamina**, que dilata os vasos sanguíneos nos estados inflamatórios. O inchaço é causado pela saída de plasma dos capilares. Com o plasma saem, através da parede dos capilares, os glóbulos brancos, denominados neutrófilos, responsáveis pela fagocitose de bactérias invasoras.

"Memória" imunológica

Alguém infectado por um vírus, por exemplo, pode tornar-se **imune** à reinfecção, como o sarampo, a catapora etc.

A imunidade, ou seja, capacidade de não ser afetado por determinada doença, foi adquirida porque nosso organismo "aprendeu" a fabricar as defesas contra ela: seja porque já tivemos a doença, seja porque tivemos contato (por meio de vacina) com o agente patogênico, que denominamos **antígeno**. Os antígenos são moléculas que entram em contato com nossas células de defesa, estimulando a produção de outras moléculas, também de defesa, os **anticorpos**.

Como os anticorpos são proteínas, apresentam especificidade ao se combinarem com moléculas estranhas, que estimulam sua produção. O vírus do sarampo sempre estimulará a produção de anticorpos contra aquele antígeno, o do sarampo.

Imunidade

A resistência às doenças pode ser passiva ou ativa:
- **Imunidade passiva:** ocorre ao recebermos anticorpos produzidos por outro organismo. É natural quando os anticorpos passam da mãe para o filho, pela **placenta** ou pelo **colostro**, secreção eliminada junto ao leite materno. Ou quando utilizamos um **soro**, como o antiofídico, antiaracnídico, antiescorpionídico ou contra viroses, como o soro antirrábico (contra a raiva).
- **Imunidade ativa:** acontece quando o organismo "aprende" a produzir anticorpos, após a instalação de algumas doenças, como sarampo, catapora, caxumba, escarlatina, coqueluche etc. A **vacinação** também confere imunidade, pois seus antígenos "enfraquecidos" estimulam a produção de anticorpos específicos pelo organismo.

Vacinas e soros

As vacinas podem ser produzidas com microrganismos **atenuados**, com agentes "**mortos**" ou com as toxinas retiradas do envoltório de bactérias.

Tipos de vacinas		
Doença	Tipo da vacina	
Tuberculose	BCG	Microrganismo atenuado
Poliomielite	Sabin	Microrganismo atenuado
Cólera	-	Microrganismo morto
Poliomielite	Salk	Microrganismo morto
Difteria		Toxinas do microrganismo
Tétano		Toxinas do microrganismo

Se as vacinas têm **ação profilática**, uma vez que induzem à fabricação de anticorpos, o soro tem **ação curativa**, porque já possui anticorpos. É bom lembrar que vacinas e soros têm ação específica.

Como procedemos para a obtenção de um soro

Um veneno (antígeno) seco diluído é inoculado subcutaneamente em cavalos, em doses crescentes de concentração, durante determinado período.

Verifica-se o nível de anticorpos produzidos na resposta imune do cavalo, por meio da retirada de amostras de sangue.

Em seguida, retira-se um certo volume de sangue do cavalo e, do plasma purificado, isolam-se os anticorpos específicos, produzindo-se o soro para utilização quando necessária.

Cabe relembrar que os anticorpos são proteínas gamaglobulinas produzidas pelos **plasmócitos**, que são linfócitos B especiais.

Como o organismo se defende de um "invasor"?

Uma substância estranha ao organismo é identificada por linfócitos T_4 ou CD_4, as células auxiliadoras, que passam essas informações aos linfócitos B, além de fazerem com que essas células se multipliquem.

"Informados" pelas células auxiliadoras, os linfócitos B fabricam proteínas específicas, os anticorpos, que se prendem aos **antígenos**, tornando-os inativos. Cada antígeno é inativado por um anticorpo específico.

antígeno A → linfócito B → anticorpos
substância   célula do   substância
estranha ao   organismo   contra o
organismo   antígeno

Assim, uma pessoa pode tornar-se imune à reinfecção pela produção de anticorpos e sua permanência na corrente sanguínea.

Alguns linfócitos não passam para plasmócitos e permanecem inativos, mas guardam a capacidade, se houver uma nova infecção, de reconhecer o antígeno e produzir mais anticorpos específicos. São as **células com memória**.

A aids é um ataque maciço dos vírus HIV aos linfócitos T_4, as células auxiliadoras que acionam os linfócitos de combate. Sem tantas células T_4, os linfócitos B não são acionados e, como consequência, nosso organismo deixa de produzir anticorpos contra as mais simples doenças. Desse modo, ficamos vulneráveis a muitas doenças oportunistas.

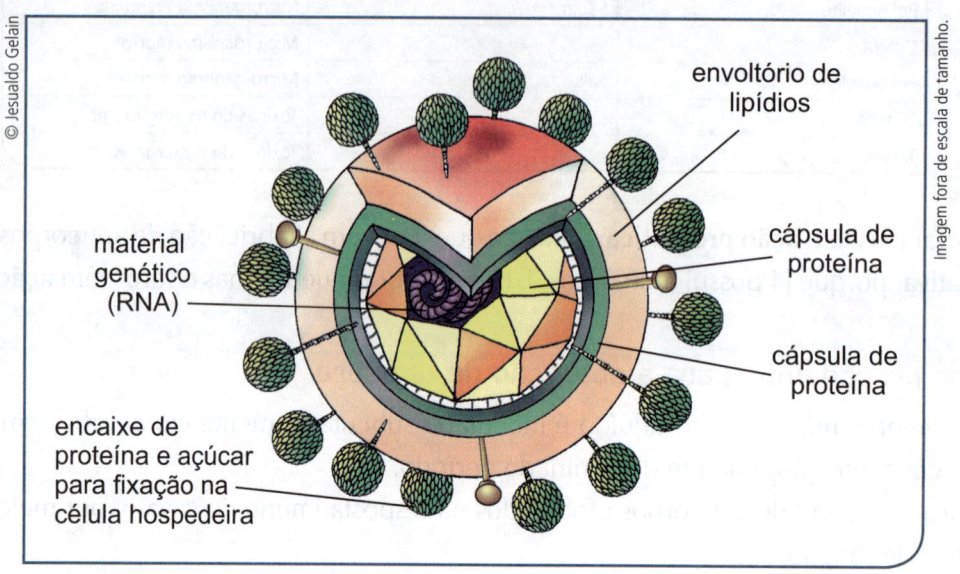

Esquema do vírus HIV, causador da aids.

Você sabia?

Oswaldo Cruz: o médico que revolucionou o combate a doenças no Brasil

Imagine só: Rio de Janeiro, 1903. Antes de ganhar o título de maravilhosa, essa cidade era conhecida como pestilenta, ou túmulo dos estrangeiros. Várias doenças contagiosas atingiam seus habitantes, algo nada bom para a então capital federal, centro dos negócios e das atenções estrangeiras.

Nesse cenário, o sanitarista Oswaldo Gonçalves Cruz, convidado pelo então presidente Rodrigues Alves, assumiu o cargo que corresponderia hoje ao de Ministro da Saúde. Arregaçou as mangas e, em menos de uma semana, já tinha um plano de combate à febre amarela, doença causada por um vírus que ataca o fígado, maior inimigo imediato e transmitida pelo mosquito *Aedes aegypti*. [...]

A estratégia era aparentemente simples: identificar os doentes e acabar com os focos da doença. Oswaldo estruturou a campanha em moldes militares, dividindo a cidade em 10 distritos, cada qual chefiado por um delegado de saúde. Além da polícia sanitária, formou brigadas de mata-mosquitos que, uniformizadas, tinham o poder de entrar nas casas. Foi uma verdadeira operação de guerra. [...]

Em um tempo que não existia rádio ou TV, os jornais não deixaram barato, atacando sua reputação com duras críticas e maliciosas gozações. A Faculdade de Medicina achava uma maluquice atribuir a um mosquito a transmissão da febre amarela. Acreditava-se que a maioria das doenças era provocada pelo contato com roupas, suor, sangue e outras secreções dos doentes. Mas, contrariando as expectativas, a campanha do governo surtiu efeito e os casos da doença começaram a diminuir.

O adversário seguinte seria a peste bubônica. Oswaldo Cruz adotou um modelo polêmico: oferecia 300 réis por roedor morto. Dá para calcular a gozação, ainda mais quando as vendas de ratos se transformaram num rentável negócio?! Tinha gente que criava em casa, trazia de outros estados e até comprava ratos estrangeiros dos navios que atracavam! Mesmo com toda a malandragem, os casos diminuíram e em 1909 caíram praticamente a zero.

A peste bubônica é uma doença causada por uma bactéria que é transmitida pelas pulgas dos ratos. O nome vem dos bubões, que são gânglios linfáticos, órgãos de defesa do organismo. Quando temos certas infecções, os bubões incham.

Agora era a vez da varíola assolar a capital. Doença muito contagiosa, em alguns casos chegava a ser mortal. Ciente do perigo, Oswaldo instituiu que a vacina passaria a ser obrigatória. A partir daí, candidatos a quaisquer cargos ou funções públicas, pretendentes a casar, viajar ou matricular-se numa escola, além de todos os militares e crianças com menos de seis meses de idade, tinham de se vacinar.

Era comum ouvir nas ruas da cidade que as vacinas poderiam matar ou, no mínimo, deixar a pessoa com cara de bezerro! Dizia-se ainda que eram feitas com o sangue dos ratos comprados pelo governo na campanha contra a peste. Para completar, muita gente não tinha nem ouvido falar da novidade e se assustou quando foi obrigada a enfrentar uma seringa!

Resultado: a medida tomada por Oswaldo Cruz, somada a outras razões, deixou a população furiosa, ocasionando a Revolta da Vacina.

Adaptado de: <http://chc.cienciahoje.uol.com.br/oswaldo-cruz-o-medico-que-revolucionou-o-combate-a-doencas-no-brasil/>. Acesso em: jul. 2012.

Vacina obrigatória, charge da *Revista da Semana*, 21/10/1904. No centro da tela, montado na seringa gigante, está o sanitarista Oswaldo Cruz.

Órgãos do sistema imunológico

- **Medula óssea:** tecido conjuntivo hemopoético que produz as linhagens T e B dos linfócitos.
- **Timo:** recebe a linhagem T, que ali amadurece em T_4 e T_8 (o timo fica localizado atrás do osso esterno, no alto do peito).
- **Nodos linfáticos:** corpúsculos encontrados na extensão dos vasos linfáticos e na parede intestinal, nos quais os linfócitos degradam células mortas e substâncias estranhas.
- **Tonsilas e adenoides:** entre outras funções, são uma barreira contra o acesso de organismos patogênicos. Localizam-se, respectivamente, no início do tubo digestório e das vias aéreas superiores.
- **Baço:** além de degradar glóbulos vermelhos e armazená-los para uma emergência, ali ficam guardados glóbulos brancos da linfa, como linfócitos e monócitos.

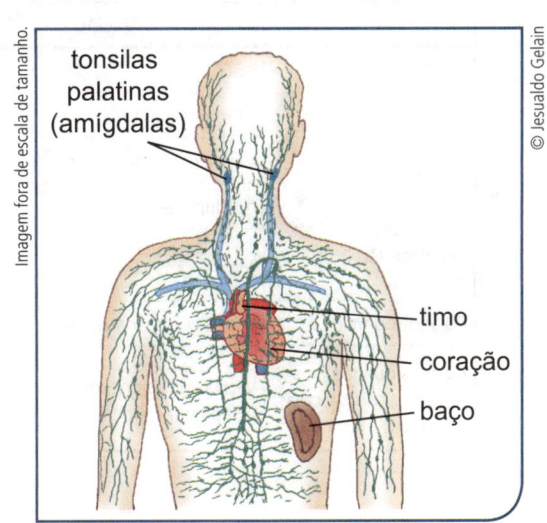

Posição das tonsilas, do timo e do baço.

> **Você sabia?**

Tabela de vacinação da Funasa (Fundação Nacional de Saúde)

Calendário Básico de Vacinação 2001-2003			
Idade	Vacinas	Doses	Doenças evitadas
Ao nascer	BCG	Dose única	Formas graves de tuberculose
	Vacina contra hepatite B	1ª dose	Hepatite B
1 mês	Vacina contra hepatite B	2ª dose	Hepatite B
2 meses	Antipolio oral (Sabin)	1ª dose	Poliomielite
	DPT (tríplice bacteriana)	1ª dose	Difteria, tétano e coqueluche
	Hib (contra *Haemophyllus influenza* tipo B)	1ª dose	Meningite e outras infecções causadas por *Haemophyllus influenza* tipo B
4 meses	Antipolio oral (Sabin)	2ª dose	Poliomielite
	DPT (tríplice bacteriana)	2ª dose	Difteria, tétano e coqueluche
	Hib (contra *Haemophyllus influenza* tipo B)	2ª dose	Meningite e outras infecções causadas por *Haemophyllus influenza* tipo B
6 meses	Antipólio oral (Sabin)	3ª dose	Poliomielite
	DPT (tríplice bacteriana)	3ª dose	Difteria, tétano e coqueluche
	Hib (contra *Haemophyllus influenza* tipo B)	3ª dose	Meningite e outras infeções causadadas por *Haemophyllus influenza* tipo B
	Vacina contra hepatite B	3ª dose	Hepatite B
9 meses	Vacina contra sarampo	Dose única	Sarampo
	Vacina contra febre amarela	Dose única	Febre amarela
15 meses	Antipolio oral (Sabin)	Reforço	Poliomielite
	DPT	Reforço	Difteria, tétano e coqueluche
	MMR (tríplice viral)	Dose única (reforço contra sarampo)	Sarampo, rubéola, síndrome da rubéola congênita e caxumba

Calendário Básico de Vacinação 2001-2003			
Idade	Vacinas	Doses	Doenças evitadas
6 a 10 anos	BCG	Reforço	Formas graves de tuberculose
10 a 11 anos	dT (dupla adulto)	Reforço	Difteria e tétano
	Vacina contra febre amarela	Reforço	Febre amarela
12 a 49 anos (mulher em idade fértil)	dT (dupla adulto)	Reforço	Difteria e tétano
	MMR	Dose única	Sarampo, rubéola, síndrome da rubéola congênita e caxumba
60 anos ou mais	Vacina contra *influenza*	Dose única	*Influenza* (gripe)
60 anos ou mais (nos hospitais, asilos e casas geriátricas)	Vacina contra pneumococos (antipneumocócica)	Dose única	Infecções respiratórias (pneumonias)

ATIVIDADES

1 Como você define sistema imunológico?

_____
_____
_____

2 Dê a função dos mastócitos, plasmócitos e linfócitos.

_____
_____
_____

3 (Enem) Quando o corpo humano é invadido por elementos estranhos, o sistema imunológico reage. No entanto, muitas vezes o ataque é tão rápido que pode levar a pessoa à morte. A vacinação permite ao organismo preparar sua defesa com antecedência. Mas, se existe suspeita de mal já instalado, é recomendável o uso do soro, que combate de imediato os elementos estranhos, enquanto o sistema imunológico se mobiliza para entrar em ação. Considerando essas informações, o soro específico deve ser usado quando

a) um idoso deseja se proteger contra gripe.

b) uma criança for picada por cobra peçonhenta.

c) um bebê deve ser imunizado contra poliomielite.

d) uma cidade quer prevenir uma epidemia de sarampo.

e) uma pessoa vai viajar para região onde existe febre amarela.

4 Defina vacina e soro.

_____
_____
_____

5 O sistema imunológico é formado por vários órgãos, tecidos e células. Considerando esse sistema, responda:

a) Qual é a função do timo?

_____
_____

b) Qual é o nome da célula que produz anticorpos?

c) Qual é o nome de uma célula capaz de fagocitar, processar e apresentar antígenos aos linfócitos?

6 Por que algumas vacinas exigem reforço (outras doses)?

7 Como o HIV agride o sistema imunológico?

8 Pensando no capítulo anterior e neste responda:

a) Quais são os glóbulos brancos do sangue e da linfa? E da pele?

b) Qual é o significado de choque anafilático?

9 (Cesgranrio/RJ) O gráfico abaixo representa o número de anticorpos circulantes na corrente sanguínea de um indivíduo, no qual se introduziram duas substâncias, A e B, com a finalidade de conferir imunidade contra um determinado antígeno, com o qual o indivíduo nunca teve contato antes. Analisando o gráfico, assinale a opção *correta*.

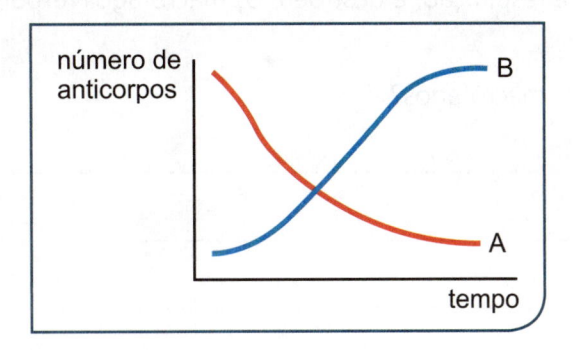

a) A é um soro e B é uma vacina.

b) A conferiu imunidade ativa e B passiva.

c) A é uma imunidade do tipo celular e B humoral.

d) A é uma imunidade inata e B adquirida.

e) A é realizada por anticorpos e B por substâncias citotóxicas.

10 (UFPI) Considerando-se que a reação antígeno-anticorpo é altamente específica e ocorre, normalmente, quando um organismo é atacado por agentes estranhos, que medida deve ser tomada, no caso de um indivíduo ser picado por uma serpente peçonhenta?

a) Tomar soro, porque contém anticorpos.

b) Tomar vacina, pois esta dá ao organismo substâncias específicas de defesa.

c) Tomar soro, porque contém antígenos específicos.

d) Tomar vacina, pois esta tem a capacidade de eliminar venenos.

11 Por que existe rejeição por parte do organismo a órgãos transplantados?

12 Leia e responda:

Estudamos em capítulos anteriores que o fumo traz muitos prejuízos à saúde dos fumantes e das pessoas que convivem com eles. No sistema respiratório, as substâncias presentes no cigarro destróem o epitélio (tecido) da traqueia, provocando um aumento na produção de muco, o que dificulta a respiração, e destróem os macrófagos responsáveis pela limpeza dos alvéolos.

a) Qual é a função dos macrófagos?

___

b) Onde eles são encontrados?

___

c) Quais são as consequências trazidas pela destruição dos macrófagos para o organismo de um fumante passivo ou ativo?

___

13 (Fuvest/SP) Se quisermos provocar uma imunização específica e duradoura em uma pessoa, em relação a um determinado antígeno, qual dos dois procedimentos abaixo é mais adequado?

- Injeção do próprio antígeno no indivíduo a ser imunizado.
- Injeção de soro sanguíneo de um animal previamente inoculado com o antígeno.

Justifique sua resposta.

___

Capítulo 11

SISTEMA EXCRETÓRIO

As imagens mostram dois seres vivos ingerindo água, elemento fundamental para os seres vivos, pois participa de todos os processos do metabolismo.

O metabolismo é o conjunto das funções das células e dos órgãos. Compõe-se da assimilação ou aproveitamento de substâncias (**anabolismo**) e da desassimilação (**catabolismo**). Chamamos catabólitos os produtos do catabolismo.

A produção e a decomposição de alimentos produzem substâncias que devem ser eliminadas do corpo, por serem tóxicas ou por suas concentrações serem nocivas. A capacidade de o organismo manter constante o meio interno denomina-se **homeostase**.

Os principais catabólitos são:
- **CO_2** (dióxido de carbono), expulso pelos pulmões e pela epiderme.
- **Água**, que em excesso ou em escassez pode causar problemas.
- A **bile**, que contém pigmentos, como a bilirrubina. O excesso de bilirrubina no sangue provoca icterícia (pele e olhos amarelados). São os pigmentos biliares que conferem cor às fezes.
- Depois da água, o que aparece em maior quantidade em nosso organismo são as proteínas, os alimentos construtores. Do metabolismo dos aminoácidos, unidades de construção das proteínas, surgem compostos nitrogenados: amônia, ácido úrico e ureia.

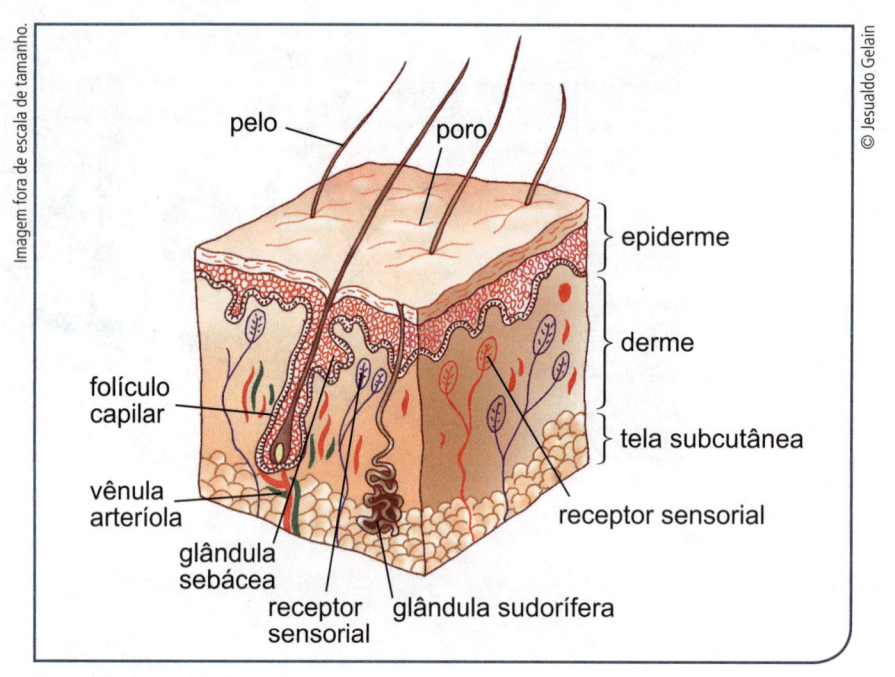

Corte de pele, mostrando as estruturas.

Os produtos provenientes do metabolismo das proteínas são eliminados do corpo pela excreção. No caso dos mamíferos, as excretas formam a urina.

A urina apresenta 95% de água, 2% de ureia, 1% de cloreto de sódio e 2% de outras substâncias (ácido úrico, amônia etc.).

Nós excretamos principalmente **ureia** e a sua formação ocorre no fígado, principalmente pela degradação de aminoácidos.

O aparelho excretório

Formado por dois **rins**, ureteres, bexiga excretora (bolsa muscular de 300 ml) e uretra.

O sangue chega em cada rim pelas artérias renais que se ramificam em arteríolas. Cada arteríola atinge um **néfron**, a unidade excretora do rim. Encontramos, em cada rim, um milhão de néfrons que filtram constantemente o sangue, retendo aminoácidos, glicose e sais que serão reaproveitados. Os catabólitos – ureia e outros nitrogenados – irão compor a urina.

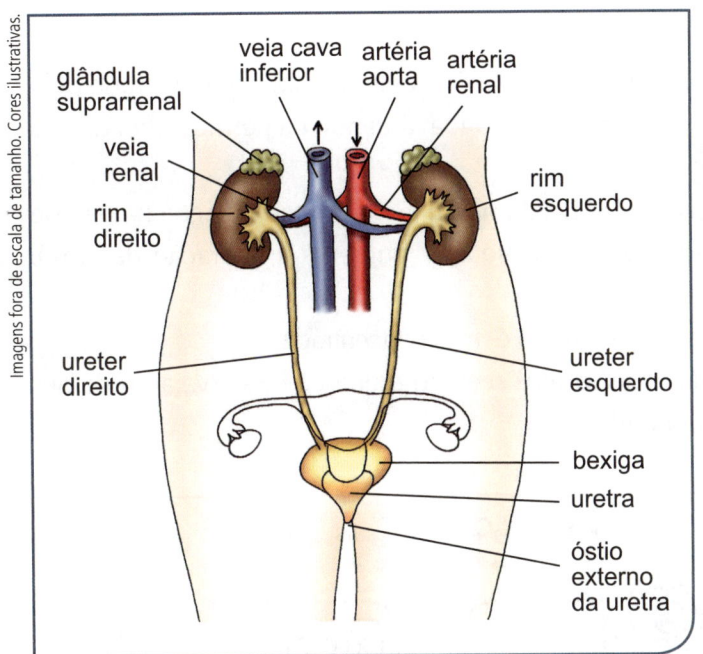

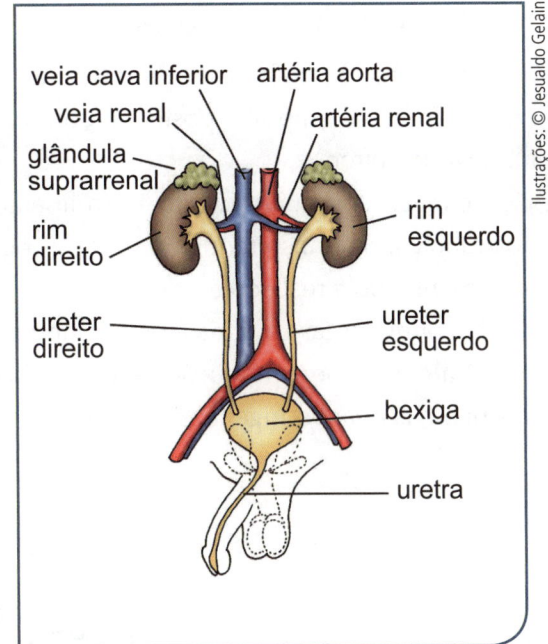

O aparelho excretório no corpo da mulher.

O aparelho excretório no corpo do homem.

Assim, no processo de filtragem realizado pelos rins, a ureia e outros catabólitos não voltam para o sangue. Entretanto, ocorre reabsorção de água.

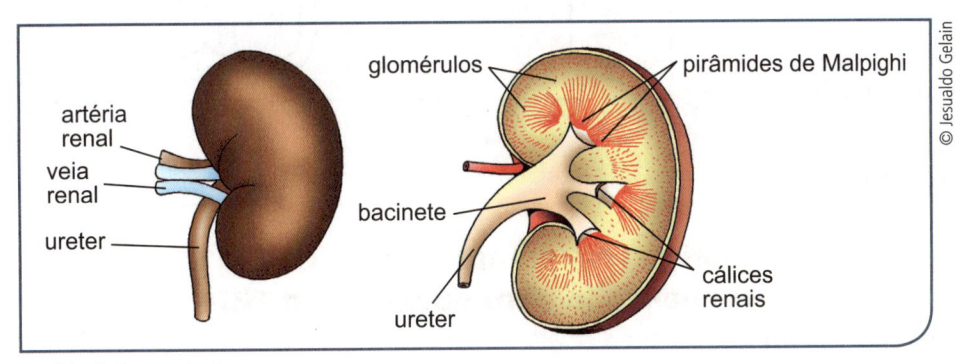

Morfologia interna do rim.

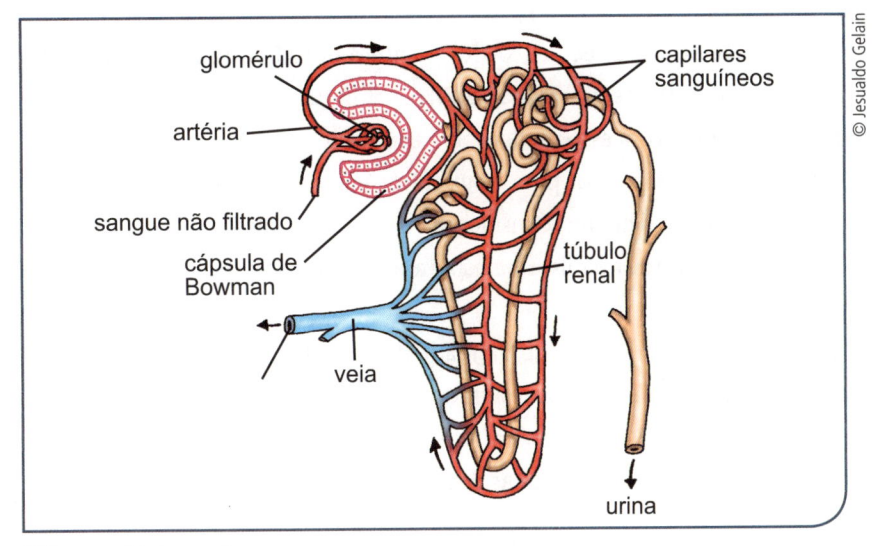

Néfron, a unidade excretora.

117

O controle hormonal

O HAD ou **hormônio antidiurético** (a vasopressina), produzido pelo hipotálamo e liberado pela neuro-hipófise ou hipófise posterior, controla a reabsorção de água, atuando na permeabilidade dos túbulos de néfron.

Se ingerimos muito líquido, cai a liberação de HAD e também a reabsorção de água na parede dos túbulos. Se transpirarmos muito ou ingerirmos pouco líquido, aumenta a liberação de HAD, incrementando a reabsorção de água.

No primeiro caso a urina é mais abundante e no segundo é mais concentrada.

O **álcool** inibe a produção de HAD. Basta observarmos o efeito diurético da cerveja ou de outras bebidas quando ingeridas em grande quantidade.

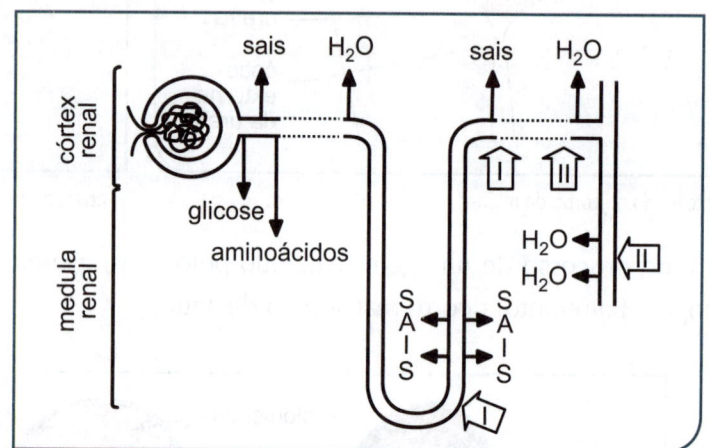

Em I e II, agem os hormônios que auxiliam a reabsorção no néfron.

Você sabia?

Primeiro transplante renal de 2011 é realizado com sucesso no HCI

Seg, 28 de Fevereiro de 2011.

10 de março, Dia Mundial do Rim – Em 2010, o Brasil realizou 6 402 transplantes de órgãos e 4 630 deles foram de rim.

Para facilitar a doação de órgãos e tecidos, o HCI mantém uma Comissão Intra-Hospitalar de Doação de Órgãos e Tecidos para Transplante, chamada de CIHDOTT, que quando acionada faz o contato com a família do doador, onde todo o processo de doação é explicado.

O ano de 2011 não poderia ser melhor para o agricultor Valdir Ketzer, de 52 anos, morador da Vila Mauá, interior de Ijuí, RS. Ele sofre de diabetes, considerada a segunda maior causa das doenças renais, perdendo apenas para a hipertensão. Estava na lista de espera há apenas seis meses e já conseguiu o tão sonhado transplante renal.

O médico nefrologista do HCI (Hospital de Caridade de Ijuí), Douglas Uggeri, explica que quando aparece um órgão, ele é submetido a exames e os resultados processados ficam à disposição do sistema de classificação de receptores da central de transplantes do estado, onde o programa faz o cruzamento entre os dados do doador e do receptor e apresenta as dez opções mais compatíveis com o órgão, que passam por nova bateria de exames apontando o receptor mais compatível.

"A partir daí, o médico de quem vai receber o órgão é contatado para responder sobre o estado de saúde desse possível receptor. Se ele estiver em boas condições, é o candidato a receber o novo órgão. Se não estiver bem de saúde, o processo recomeça, seguindo a lista estabelecida, rigorosamente", afirma Uggeri. E para a sorte de seu Valdir, que foi o sexto candidato contatado, o rim de um doador-cadáver era compatível. O órgão foi doado pela família de um homem de 41 anos, que teve morte cerebral, em Caxias do Sul.

"Quando a equipe do HCI contatou comigo, me senti a pessoa mais feliz do mundo", resume Valdir.

Há 20 dias, a equipe de transplantes do HCI, formada pelo urologista Gilnei Penno, pelo nefrologista Douglas Uggeri, pelos cirurgiões vasculares Fabio Goulart da Silva e Ana Caetano e pela anestesista Jussara Pinto, com apoio das equipes da UTI Adulto e do bloco cirúrgico, realizaram o primeiro transplante renal do ano. Na manhã desta sexta-feira, mais uma boa notícia para seu Valdir. Ele não precisa mais fazer sessões de diálise, prova de que o rim transplantado está funcionando bem, sem rejeição.

"Podemos dizer que seu Valdir teve muita sorte em encontrar, em pouco tempo de espera, um doador compatível. O transplante ocorreu de forma satisfatória e na semana que vem vamos dar alta para ele", afirma o nefrologista. Neste ano de 2011, a unidade de diálise do HCI completa 30 anos de atividades e 25 anos do primeiro transplante renal, que desde então já beneficiou mais de 70 pessoas, todos pelo Sistema Único de Saúde-SUS.

Disponível em: <http://www.ijui.com/noticias/saude/811-primeiro-trasplante-renal-de-2011-e-realizado-com-sucesso-no-hci>. Acesso em: 28 jun. 2012.

A água em nosso organismo

Como os animais ganham água:
- Água dos alimentos, água bebida e água da digestão do alimento.
- Como os animais perdem água:
- Urina (1 a 1,5 litro/dia), que serve para eliminar substâncias indesejáveis e para regulação hídrica e salina.
- Transpiração: regulação térmica.
- Expiração: água que evapora dos pulmões.
- Fezes: a quantidade varia de acordo com a dieta alimentar; o excesso de perda de água pode levar à desidratação.

Outros tipos de catabólitos

A ureia, por não ser muito tóxica, consome menos água do que a amônia, muito mais tóxica e que exige muita água para a sua eliminação. Água não falta para os organismos aquáticos que, geralmente, excretam amônia.

O ácido úrico, por ser insolúvel, pode ser acumulado dentro dos ovos de répteis e aves. Amônia ou ureia dentro dos ovos seria tóxica e envenenaria os embriões. A urina dos adultos desses animais é pastosa, pois o ácido úrico é eliminado com as fezes. O ácido úrico representa economia de água, tão importante para a sobrevivência de répteis e aves.

Aves litorâneas e tartarugas marinhas

Gaivotas, pelicanos, pinguins, albatrozes e outras aves litorâneas ingerem alimentos com muito sal ou bebem água do mar. Esses animais têm uma glândula na cabeça, acima de cada olho, que funciona quando há excesso de cloreto de sódio.

A secreção produzida é uma solução salina concentrada, sendo eliminada pelas narinas, localizadas no bico das aves.

Tartaruga marinha.

O mesmo ocorre com tartarugas marinhas, as quais possuem, como as aves, rins pouco eficientes na retirada de sais. Suas glândulas de sal abrem-se no canto dos olhos.

Animais que não bebem

Roedores como o rato-canguru, dos desertos americanos, passam a vida sem beber água. Vivem de sementes, com pouca água e nenhuma planta suculenta.

Para isso, apresentam outras adaptações: ausência de glândulas sudoríparas, hábitos noturnos, urina mais concentrada que a água do mar.

Rato-canguru.

ATIVIDADES

1 Quais são as duas fases que compõem o metabolismo?

_____

_____

2 O que é homeostase?

_____
_____
_____

3 Como podemos definir néfron?

_____
_____
_____

4 Considere dois indivíduos adultos, metabolicamente normais, designados por A e B. O indivíduo A tem uma dieta rica em proteínas e pobre em carboidratos. O indivíduo B, ao contrário, tem uma dieta pobre em proteínas e rica em carboidratos.

   a) Qual dos dois indivíduos apresenta maior quantidade de ureia na urina? Justifique.

_____
_____

   b) Onde é produzida a ureia no nosso organismo?

_____
_____

5 O rato-canguru é um pequeno mamífero habitante do deserto que passa toda a vida sem beber água. Quais são as adaptações e os hábitos que ele possui para não beber água?

_____
_____
_____
_____

6 Pedro e Gabriel foram ao estádio assistir a um jogo de futebol. Pouco antes do início do jogo, ambos foram ao sanitário do estádio e urinaram. Durante o primeiro tempo do jogo, Pedro tomou duas latinhas de refrigerante e Gabriel, duas latinhas de cerveja. No intervalo da partida, os dois foram novamente ao sanitário e urinaram. Antes do término do jogo, porém, Gabriel precisou urinar mais uma vez. Sabendo que ambos gozavam de boa saúde, por que o fato de Gabriel ter ingerido bebida alcoólica fez com que ele urinasse mais vezes que Pedro?

_____
_____
_____
_____

7 Além da urina e da transpiração, como podemos perder água?

_____
_____
_____

8 (Vunesp) Em um hospital, um indivíduo necessita de um transplante de rim. Dispõe ele dos seguintes doadores: tio, amigo, primo em primeiro grau e irmão gêmeo dizigótico. Pergunta-se:

a) Qual dos parentes você escolheria como doador do órgão?

_____
_____

b) Justifique sua resposta.

_____
_____
_____

9 (UEL/PR) A pele, os pulmões e os rins têm como função comum a

a) excreção.

b) respiração.

c) nutrição.

d) proteção.

e) coordenação.

10 (Fatec/SP) A excreção é o processo pelo qual os animais eliminam substâncias nitrogenadas tóxicas produzidas durante o metabolismo celular. Alguns animais excretam amônia e outros transformam a amônia em ureia e ácido úrico. Acerca desse processo, foram feitas as seguintes afirmações:

I – A amônia é altamente tóxica e solúvel. Assim, este tipo de excreta ocorre apenas em animais aquáticos.

II – A ureia é a principal excreta de aves, insetos e répteis.

III – O ácido úrico pode ser excretado sem que haja perda de água, o que constitui uma importante adaptação para a economia de água.

Dessas afirmações, somente está(estão) *correta(s)*

a) a I e a II.

b) a I e a III.

c) a I.

d) a II.

e) a III.

11 Observe os desenhos e responda:

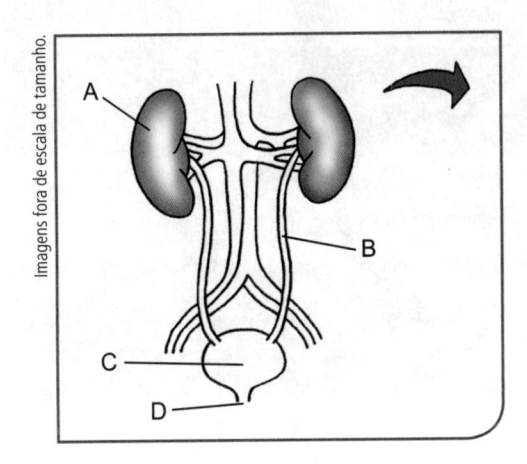

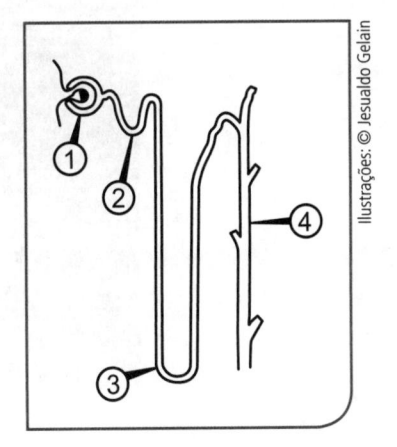

Nos desenhos acima estão esquematizados o sistema excretório, à esquerda, e um destaque da unidade excretora desse sistema, à direita.

a) Qual é o nome da unidade excretora?

_____

b) Dê os nomes de B e C.

_____

Capítulo 12

SISTEMA LOCOMOTOR

A atleta está realizando um trabalho físico, está se movimentando. Esse movimento requer perfeita integração entre ossos e músculos.

Os ossos formam nosso esqueleto, proporcionando a postura ereta do nosso corpo e, ao mesmo tempo, protegendo órgãos delicados e sensíveis, além de dar apoio às partes mais moles do corpo.

Os músculos estriados, por sua vez, prendem-se aos ossos por meio dos tendões e, estimulados pelo sistema nervoso central, permitem a movimentação do nosso esqueleto. Outros músculos, os que não dependem de nossa vontade, contraem-se e relaxam-se mediante ordens ou estímulos de outra parte do nosso sistema nervoso.

De qualquer modo, são os ossos e os músculos que dão forma ao nosso corpo.

Os ossos

O esqueleto humano possui 206 ossos, divididos em três tipos: **curtos**, **chatos** e **longos**.

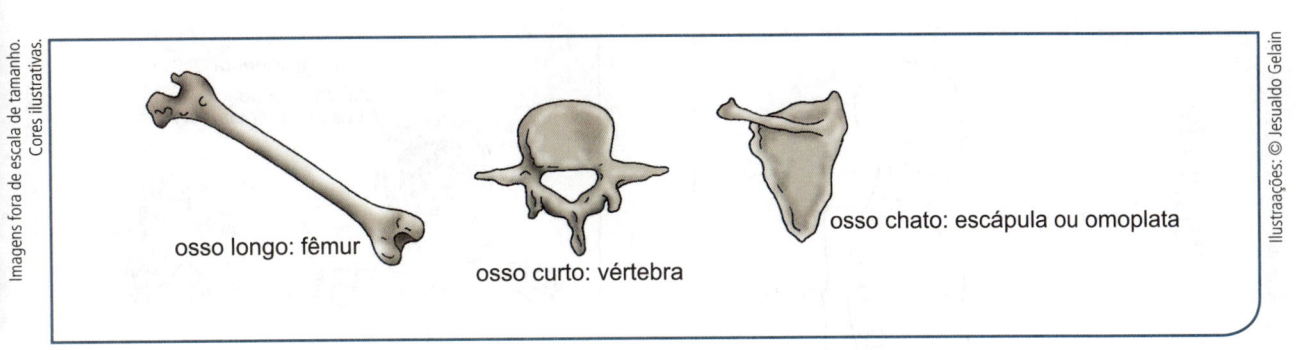

osso longo: fêmur

osso curto: vértebra

osso chato: escápula ou omoplata

Tipos de osso.

A cabeça tem o **crânio** e a face, sendo a **maxila** o único osso móvel da cabeça.

No tronco, encontramos os ossos que formam a **coluna vertebral** e a **caixa torácica**.

A coluna vertebral é um eixo importantíssimo para nós. No interior do canal formado pela superposição de todas as vértebras (24) passa a medula espinhal, que, por ser tecido nervoso, fica protegida. Por isso, é perigoso remover de qualquer maneira pessoas que sofreram acidentes graves, pois há o risco de comprometer irremediavelmente o sistema nervoso.

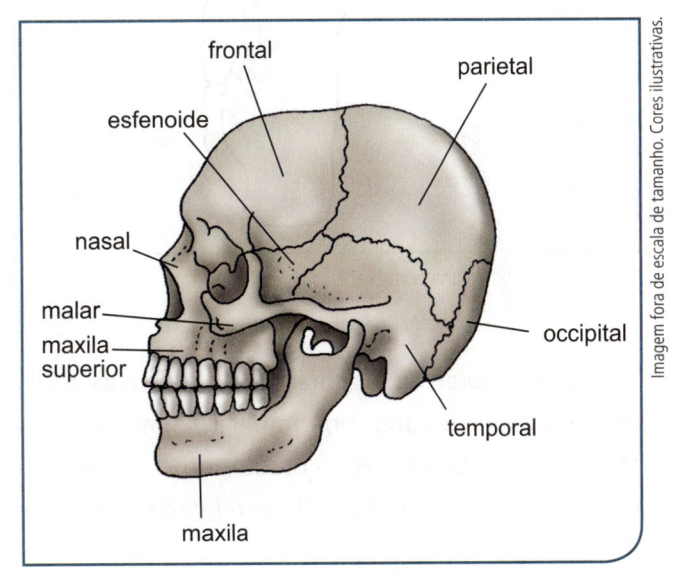

Alguns ossos do crânio: frontal, parietal, esfenoide, nasal, malar, maxila superior, occipital, temporal, maxila.

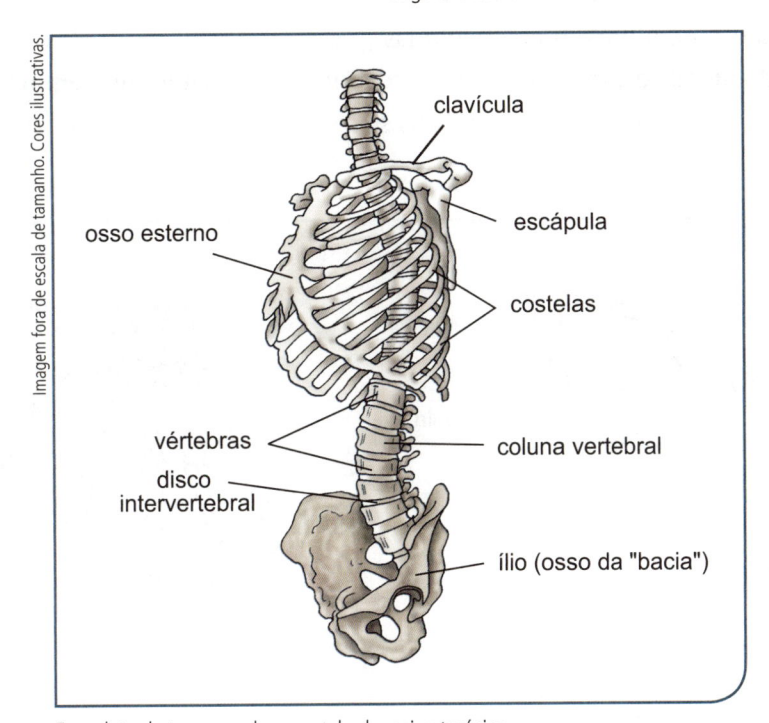

Esqueleto do tronco: coluna vertebral e caixa torácica. Clavícula, osso esterno, escápula, costelas, vértebras, coluna vertebral, disco intervertebral, ílio (osso da "bacia").

Abaixo das 24 vértebras há o osso **sacro**, resultante da fusão de outras cinco vértebras e, abaixo desse osso, há mais um, o **cóccix**, formado por mais quatro vértebras, também fundidas.

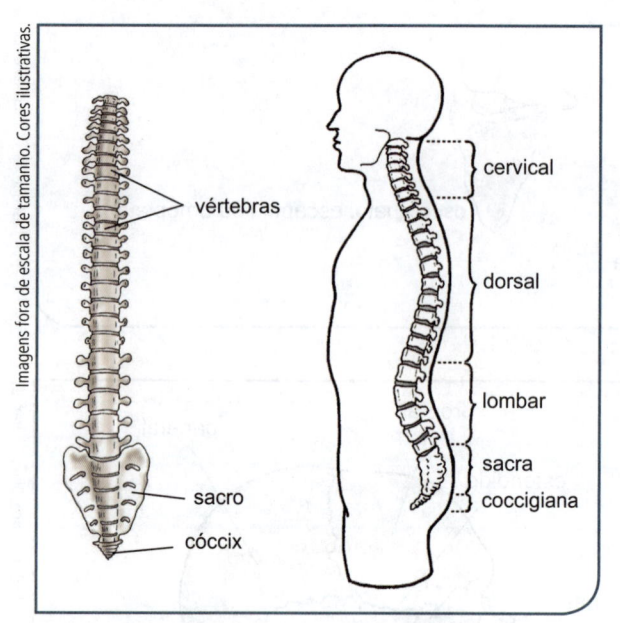

Vista posterior da coluna vertebral e suas regiões.

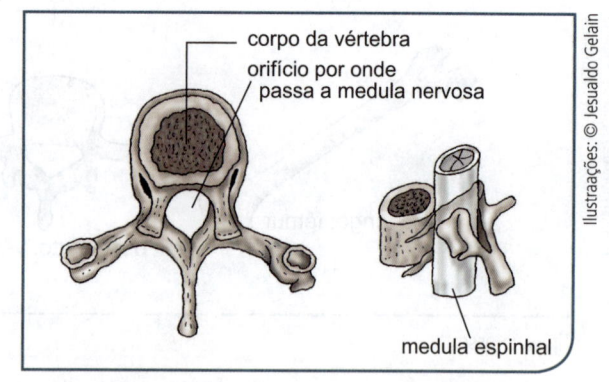

Detalhe de uma vértebra.

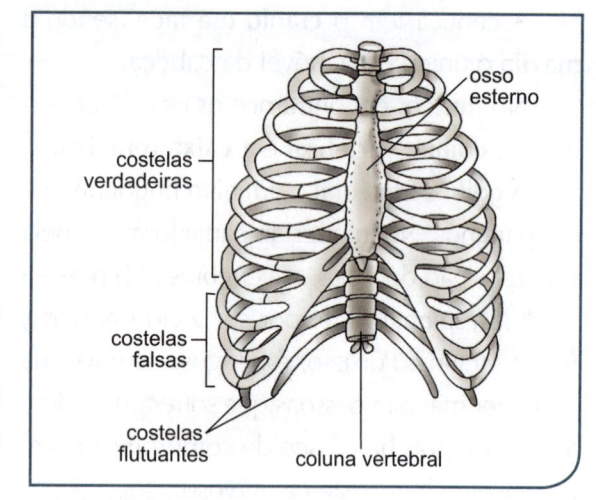

A caixa torácica é formada pelas **costelas**, todas presas atrás da coluna vertebral. São 7 pares de costelas verdadeiras presas ao osso esterno, 3 pares de costelas falsas presas à cartilagem ligada ao esterno e 2 pares de costelas flutuantes.

Nesse eixo de 75 centímetros, a coluna vertebral, encontramos as duas cinturas, hoje chamadas **cíngulos**: o **cíngulo do membro superior** (cintura escapular) e o **cíngulo do membro inferior** (cintura pélvica), respectivamente, onde estão os membros superiores e os membros inferiores.

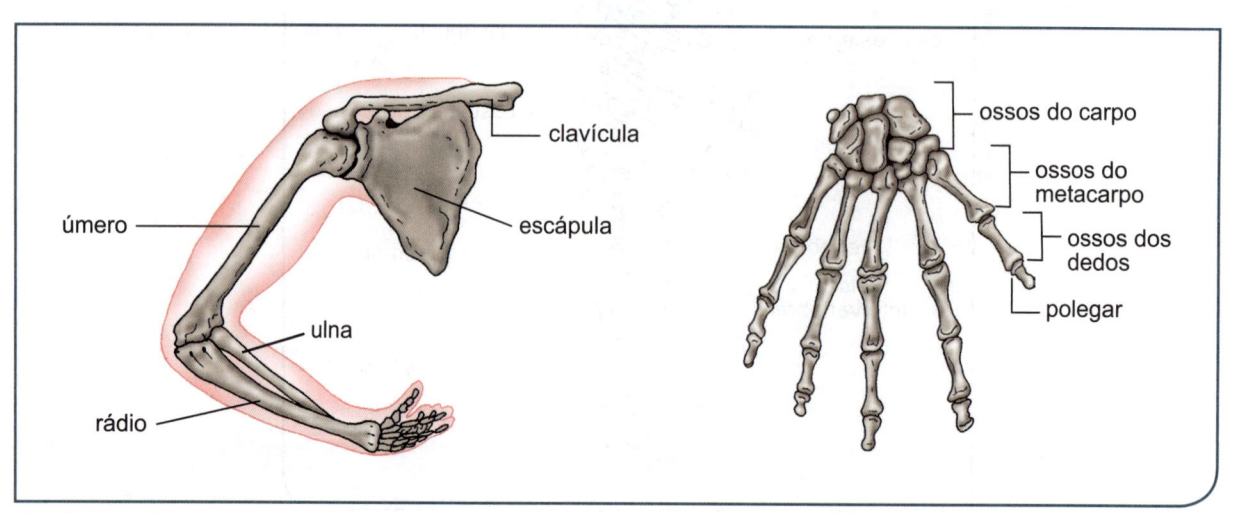

Caixa torácica.

Cíngulo do membro superior (braço, antebraço e mão).

Cíngulo do membro inferior (coxa, perna e pé).

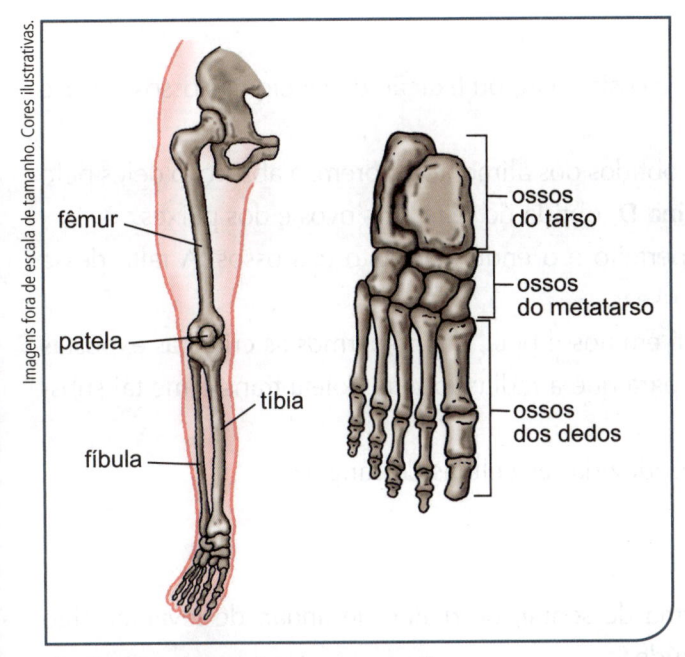

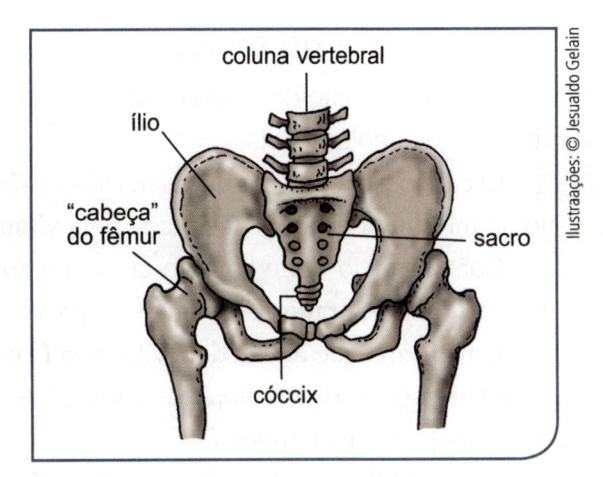

O osso ílio.

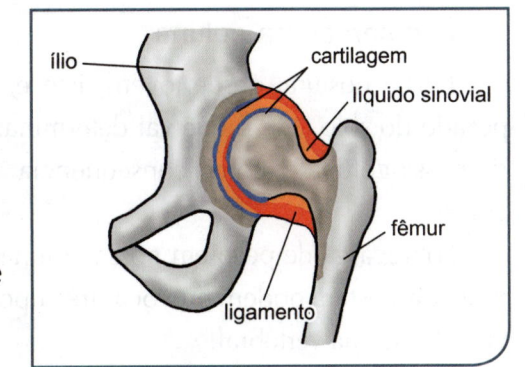

Articulação fêmur-ílio.

Sistema articular

Estuda cada articulação do nosso corpo, isto é, onde dois ou mais ossos se encontram.

As articulações podem ser de três tipos:
- **Móveis** ou **diartroses**: quando as partes dos ossos que se tocam têm um revestimento de cartilagem, permitindo um deslizamento mais fácil e sem desgaste, além de um fluido viscoso, o **líquido sinovial**, que age como lubrificante.
Exemplos: o encaixe do fêmur com a cavidade ou fossa do ílio e o cotovelo.
- **Semimóveis** ou **sincondroses**: quando permitem movimentos muito limitados.
Exemplo: coluna vertebral.
- **Imóveis** ou **sindesmoses**: quando não ocorre movimento algum.
Exemplo: junções dos ossos do crânio.

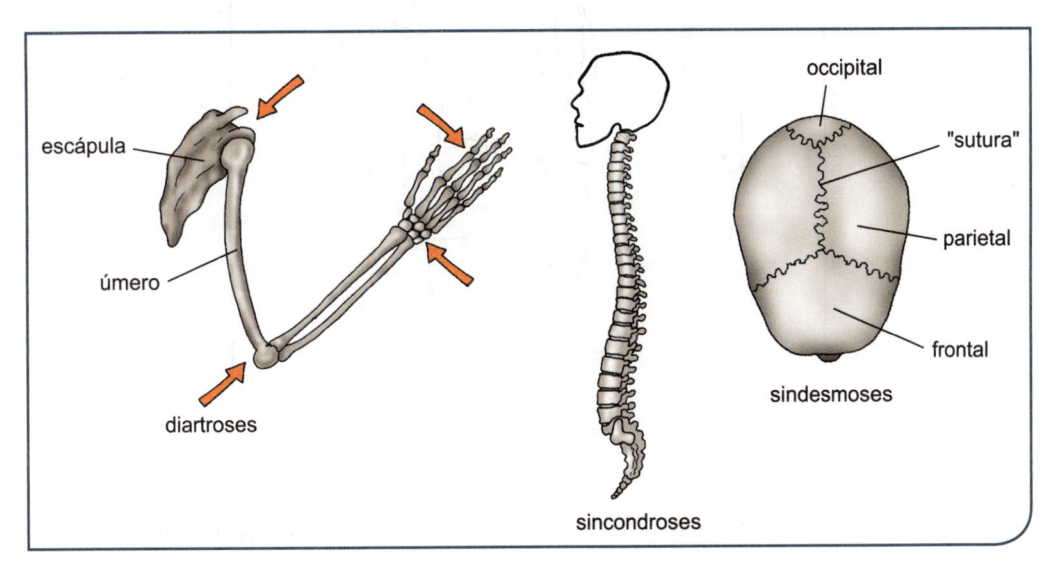

Tipos de articulação.

127

O cálcio e os ossos

A mineralização do nosso esqueleto, isto é, a ossificação ou fixação do cálcio nos ossos, ocorre até o fim da adolescência.

O cálcio e o elemento químico fósforo são obtidos dos alimentos; porém, a absorção deles pelo nosso intestino delgado é facilitada pela **vitamina D**, obtida do leite, dos ovos e dos peixes.

Com o cálcio pode haver o crescimento perfeito e o endurecimento dos ossos. A falta dessa vitamina provoca **raquitismo** ou deformações ósseas.

Uma forma que antecede a vitamina D está em nossa pele, daí deixarmos as crianças expostas algum tempo ao sol, em horários compatíveis, para que a radiação ultravioleta transforme tal substância da pele em vitamina D.

É na medula vermelha dos ossos que são produzidas as células do sangue.

Problemas na coluna

Nossa postura, desde jovens, isto é, a forma de sentar, de deitar, de andar, de levantar algo pesado do solo etc., é que vai determinar a saúde de nossa coluna e, como consequência, de nosso corpo.

Sobrecarga de peso em nossa coluna, acidentes e má postura podem provocar três tipos de desvios da coluna vertebral.

- **Cifose**: curvatura exagerada para a frente.
- **Lordose**: projeção excessiva dos ombros para trás e do peito para a frente.
- **Escoliose**: desvio da coluna para os lados.

Como levantar algo pesado.

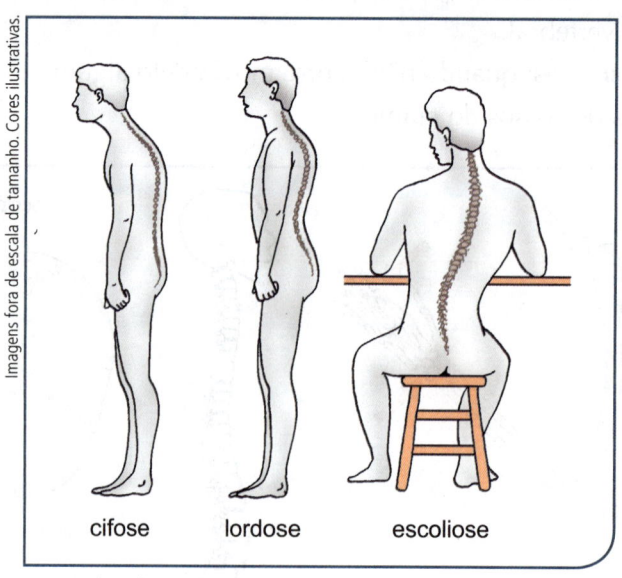

Imagens fora de escala de tamanho. Cores ilustrativas.

cifose lordose escoliose

Desvios da coluna.

Por isso, devemos tomar muito cuidado com o peso excessivo da mochila nas nossas costas, certificando-nos de que ela está presa de maneira correta ao nosso corpo para ser transportada.

Pé chato

Geralmente, a planta dos pés é arqueada ou curva, como se tocássemos mais o chão com os dedos e com o calcanhar. As pessoas que possuem pés chatos quase não apresentam tal curvatura, tocando o solo com quase toda a planta do pé.

Os pés chatos causam problemas para a caminhada e para a prática de exercícios físicos.

Fraturas

Os ossos podem quebrar-se, caso recebam forte pancada ou se fizermos movimentos muito extravagantes.

Apesar de ser muito resistente, e também flexível pela presença de osseína – uma proteína – um osso pode se romper. Seja uma rachadura, seja uma fissura, ou ainda uma fratura completa, como o tecido ósseo é vivo (rico em vasos sanguíneos), uma vez imobilizado o membro ou a região, ocorrerá uma regeneração óssea ou soldadura.

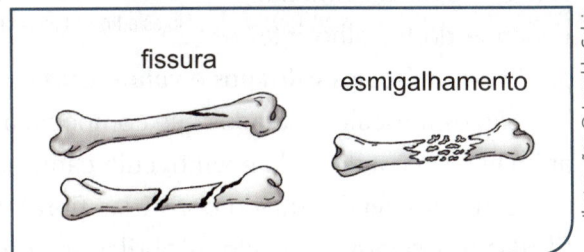

Tipos de fratura.

A imobilização com gesso deve ser feita por um especialista, principalmente se houver fragmentação do osso em vários pedaços ou se a fratura for simples, mas exposta, isto é, com rompimento de tecidos.

A solidificação da fratura, ou formação do calo ósseo que "solda" o osso quebrado, depende do tamanho e do tipo da fratura, do local e do osso onde ela ocorreu e da idade da pessoa. O ortopedista pode recorrer a parafusos, pinos ou próteses de platina ou titânio para que a fratura se solidifique.

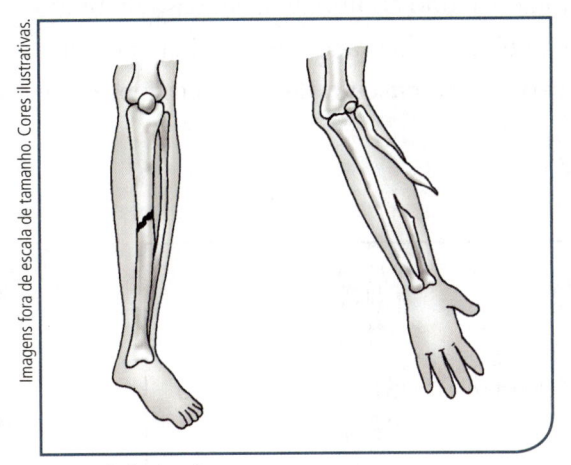

Fratura fechada e fratura exposta.

Luxação

É o rompimento dos ligamentos das articulações, tirando um ou mais ossos do lugar.

Pode ser provocada por um movimento muito forte. No entanto, os ossos devem ser recolocados no lugar somente por um especialista.

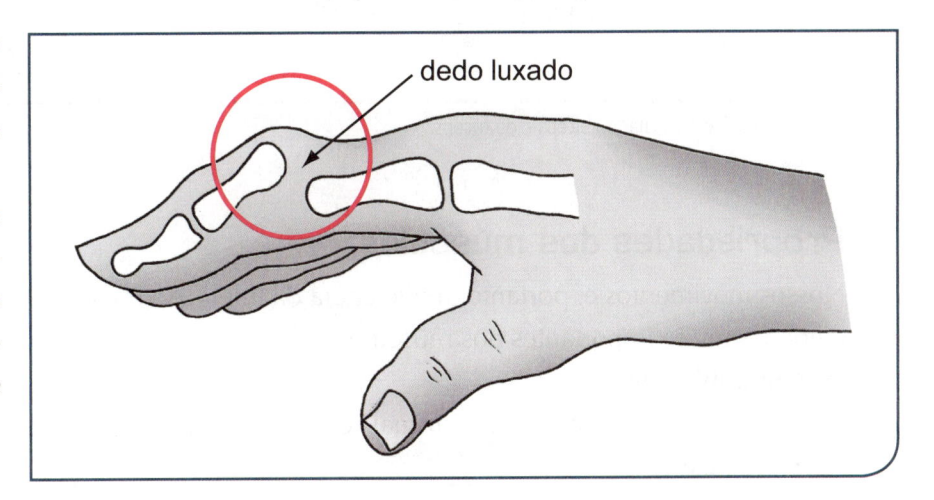

Os músculos

Devemos lembrar que temos músculos **estriados** e **voluntários**, **lisos** e involuntários e o músculo cardíaco, estriado e independente da nossa vontade.

Nossa locomoção, isto é, nosso movimento, depende do trabalho integrado dos músculos **estriados** e **voluntários** com os ossos.

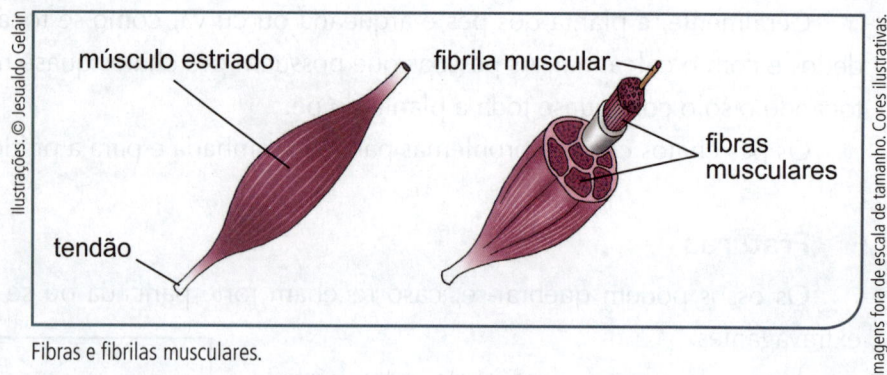

Fibras e fibrilas musculares.

São os músculos estriados que compõem a nossa massa muscular e a massa muscular de outros animais, como a do gado bovino, cuja carne serve de alimento.

Um **músculo** é formado por várias **fibras musculares** e cada fibra muscular é um conjunto de **fibrilas musculares**. Quando as fibrilas se contraem ou encurtam, a fibra toda se contrai; quando todas as fibras musculares se contraem, o músculo todo se contrai.

Os músculos ligam-se aos ossos pelos tendões (um tipo de tecido conjuntivo). No caso do braço e do antebraço, quando o **bíceps** se contrai, aproxima o antebraço do braço. Em seguida, a contração do **tríceps** afasta o antebraço do braço. Assim, o bíceps é um **músculo flexor** e o tríceps é um **músculo extensor**.

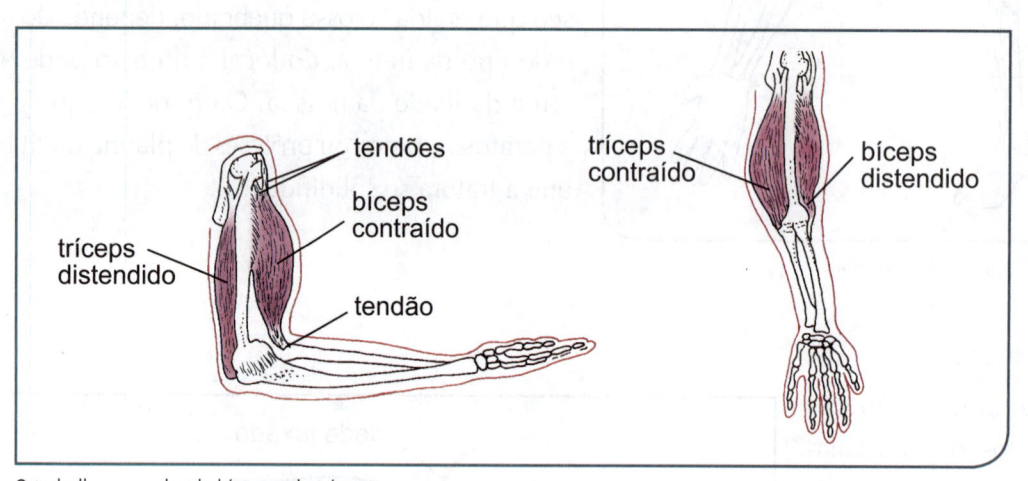

O trabalho muscular do bíceps e do tríceps.

Propriedades dos músculos

Nossos movimentos e, portanto, a eficiência da interação músculos × ossos dependem de duas propriedades muito importantes dos músculos:

- **Contratilidade**
  Capacidade de o músculo ficar mais curto e mais grosso (contração).
- **Elasticidade**
  Capacidade de o músculo ficar mais longo e mais fino (distensão).

Energia para a contração

Importante saber que, para as fibrilas musculares se contraírem ou relaxarem, há necessidade de energia.

A reserva de **glicogênio** das células musculares é transformada em **glicose**, na qual é produzida a energia para as contrações e os relaxamentos de um músculo.

O cálcio armazenado nas células musculares também participa dos processos de contração e relaxamento. Não custa lembrar que o cálcio também atua no mecanismo de coagulação sanguínea, além de ser fundamental para o crescimento e a consolidação dos ossos e dos dentes.

Veja no esquema abaixo o que acontece ao contraírmos um músculo.

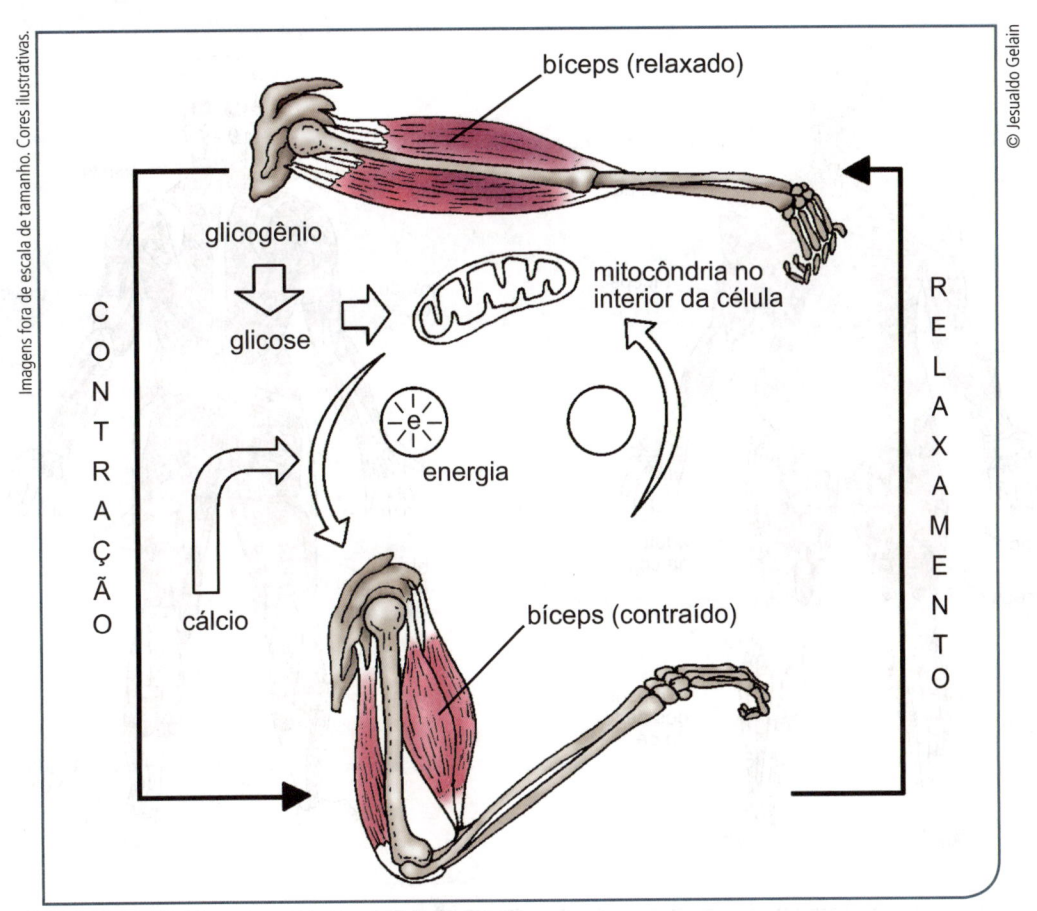

Esquema da liberação de energia para a contração muscular.

Fadiga muscular

Do processo da respiração celular durante o trabalho muscular resultam água, calor, gás carbônico e ácido lático. O gás carbônico é eliminado do nosso corpo pela expiração, enquanto o ácido lático desaparece, pois é transformado pelo oxigênio.

Se o trabalho muscular for intenso, o oxigênio não dá conta de eliminar todo o ácido lático que se forma e então começa a se acumular no músculo, provocando uma sensação de "queimação" e de dor, inclusive cansaço e cãibras musculares. É o efeito pós-primeiro dia de academia.

Quando o músculo repousa, o oxigênio volta a degradar o ácido lático e todos os sintomas desaparecem.

Alguns músculos do corpo

Existem pouco mais de 500 músculos estriados esqueléticos, os quais estão dispostos uns sobre os outros, recobrindo o esqueleto.

Nas duas figuras abaixo, destacamos alguns dos músculos que estão logo sob a pele, como o esternocleidomastóideo, que movimenta a cabeça; o peitoral maior, que aproxima o braço do tórax; o grande reto do abdome, que flexiona o tronco; o sartório, que flexiona a perna sobre a coxa; o glúteo, que é importante para levantar, andar e correr etc.

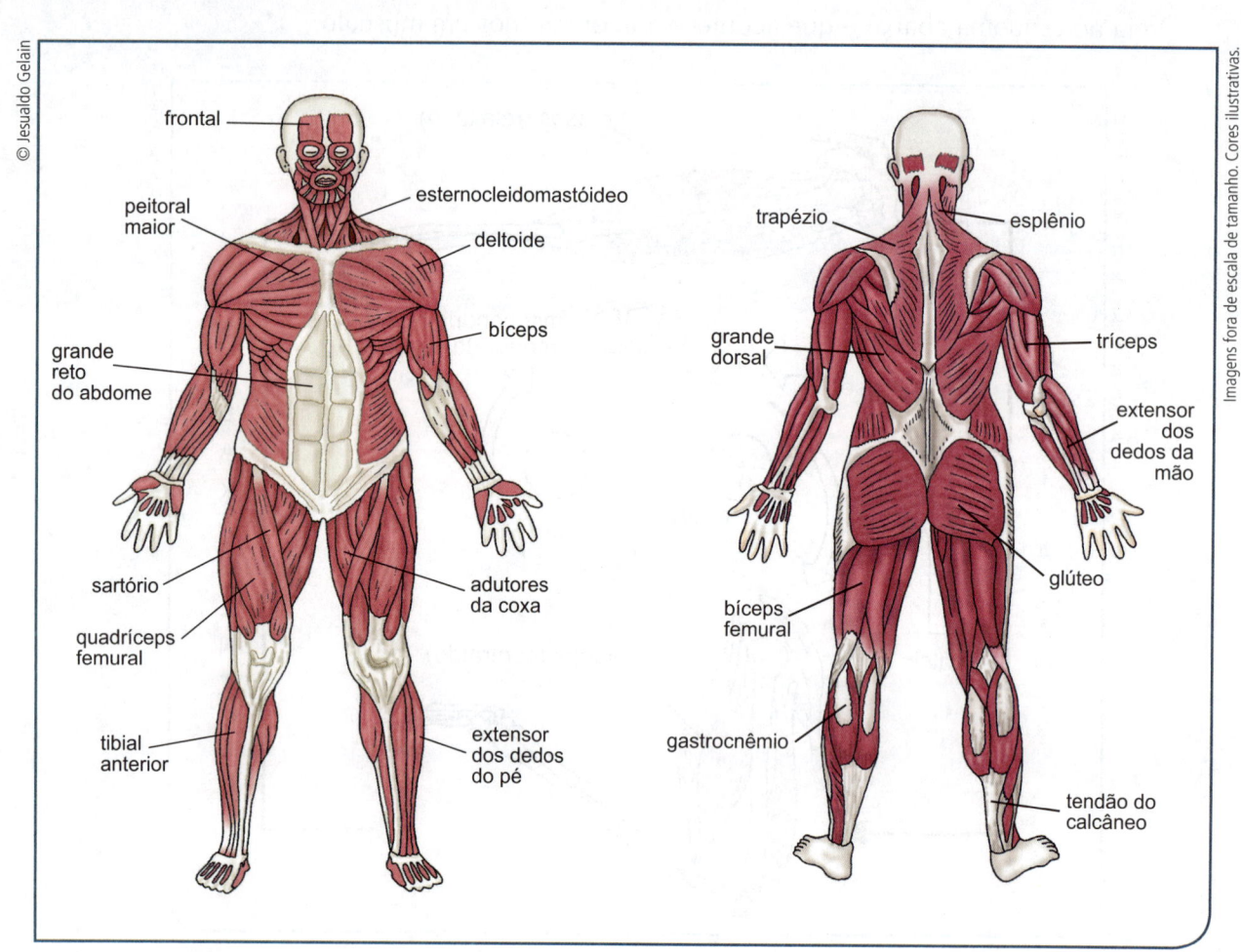

Alguns músculos do corpo.

Você sabia?

Os anabolizantes

Nunca tantas pessoas, principalmente os jovens, se empenharam tanto para "turbinar" a musculatura e adquirir um corpo "sarado", como o de um super-herói.

E, para isso, utilizam as famosas "bombas", os **anabolizantes**, na forma de comprimidos ou de injeções, que provocam, num curtíssimo espaço de tempo, um aumento exagerado e deformante da massa muscular.

Claro que a musculação e os esportes em geral fortalecem a saúde, protegem o corpo de diversas doenças, melhoram o desempenho respiratório e cardiovascular, além de aumentar a autoconfiança e a autoestima.

Todavia, uma das preocupações é a obsessão pela aparência, uma verdadeira "lavagem cerebral" estipulada pela mídia, que acabou provocando, nos mais desavisados, uma verdadeira febre de curvas e músculos e, o pior, uma competição silenciosa para determinar quem é mais bonito, "mais forte" ou maior.

Como arrumar curvas e músculos em quantidade e em pouco tempo?

Muitos adolescentes começam tão cedo o fisiculturismo ou o levantamento de peso, inclusive sob péssima orientação, que acabam se esquecendo da solidificação ainda incompleta de seus ossos, obtendo deformações e sérios problemas para o esqueleto.

Todos sabemos que a melhor maneira de se conseguir um aumento da massa muscular é o treinamento, ou seja, a prática de exercícios repetidos exaustivamente e de forma gradativa, sob orientação de um especialista e com uma dieta alimentar apropriada.

A grande estupidez para encurtar esse caminho foi adotar os anabolizantes, hormônios sintéticos que provocam o aumento muito rápido da massa muscular, mas que empurram adolescentes e adultos para o precipício.

Anabolizantes, o *doping* particular

Se é condenável a prática precoce de exercícios de resistência de alto risco, como o fisiculturismo e o levantamento de peso, o uso das "bombas" para os músculos, ou anabolizantes, é um suicídio a curto e médio prazos.

Mesmo com os finais trágicos de incapacitação e morte, revelados constantemente pela imprensa, muitos adolescentes, e até adultos, entram num "voo cego" e utilizam, inclusive, anabolizantes para equinos e outros animais.

A diminuição de gordura e o aumento de massa muscular não obedecem à mesma velocidade e à mesma proporção em todas as pessoas. Por isso, sem disciplina e sem paciência, os jovens, principalmente, não esperam o curso natural do desenvolvimento físico e recorrem aos anabolizantes.

Sob o efeito dessas substâncias, as fibrilas musculares aumentam de tamanho, pois absorvem mais água e mais nitrogênio, o que incrementa bastante a síntese de proteínas.

O usuário não percebe que o aumento exagerado e rápido dos músculos causa um desenvolvimento desproporcional dos tendões e ligamentos, tornando-os mais vulneráveis a quaisquer tipos de contusões, algumas muito sérias.

Em decorrência do uso de anabolizantes, podemos encontrar consequências devastadoras, como aumento da pressão arterial, lesões hepáticas e câncer de fígado, danos aos rins, redução na produção de células reprodutoras, crescimento de mamas nos homens, impotência e câncer de próstata.

Diga não aos anabolizantes.

Do mesmo modo que nos casos de anorexia, só que de maneira inversa, alguns garotos aumentam muito sua massa muscular, mas continuam achando que ainda não é o suficiente, e utilizam cada vez mais, ou em doses maiores, esses verdadeiros venenos para o corpo.

Quando essa relação se estabelece, o indivíduo já necessita de ajuda psicológica e, muitas vezes, não a encontra em tempo suficiente para sua recuperação.

ATIVIDADES

1 Cite quatro funções muito importantes relacionadas ao nosso esqueleto.

_____
_____
_____

2 O que aconteceria com nosso corpo se não existissem as articulações?

_____
_____

3 Apesar da rigidez dos ossos, eles têm uma certa flexibilidade, o que evita fraturas constantes. Como se explica isso?

_____
_____

4 Relacione os tipos de articulações ósseas aos movimentos que cada uma delas permite.

_____
_____

5 Qual é a importância da vitamina D para a formação de ossos e dentes?

_____
_____

6 Os ossos são chamados de estruturas passivas do movimento. Por quê?

_____
_____
_____

7 Quais são os tipos de músculos que existem e qual deles está ligado aos movimentos do esqueleto?

_____
_____

8 Responda:

a) Como os músculos se contraem?

_____
_____
_____
_____

b) Como os músculos se prendem aos ossos?

_____
_____
_____

9 Correr é um exemplo de atividade física vigorosa e prolongada, que consome grande quantidade de energia nos músculos estriados esqueléticos. Nessa situação é comum a pessoa sentir cansaço e dores nas regiões musculares mais solicitadas.

a) Qual é o nome desse fenômeno?

_____
_____

b) Que substância se acumula nos músculos nessa situação?

_____
_____

10 "Os músculos são responsáveis pelos movimentos feitos pelo corpo."
A frase está correta? Justifique.

_____
_____
_____
_____

135

11 Observe a tirinha e responda:

a) Por que devemos imobilizar o osso após a fratura?
_____
_____
_____
_____
_____

b) Podemos dizer que os ossos sangram depois da fratura? Justifique.
_____
_____
_____

12 Durante a aula de Educação Física, Pedro, rapaz musculoso, disse para seu amigo Caio, rapaz com pouca massa muscular, que ele possuía mais músculos. Pedro está correto na sua afirmação? Justifique.
_____
_____
_____
_____
_____
_____

13 Observe na radiografia alguns ossos do nosso corpo:

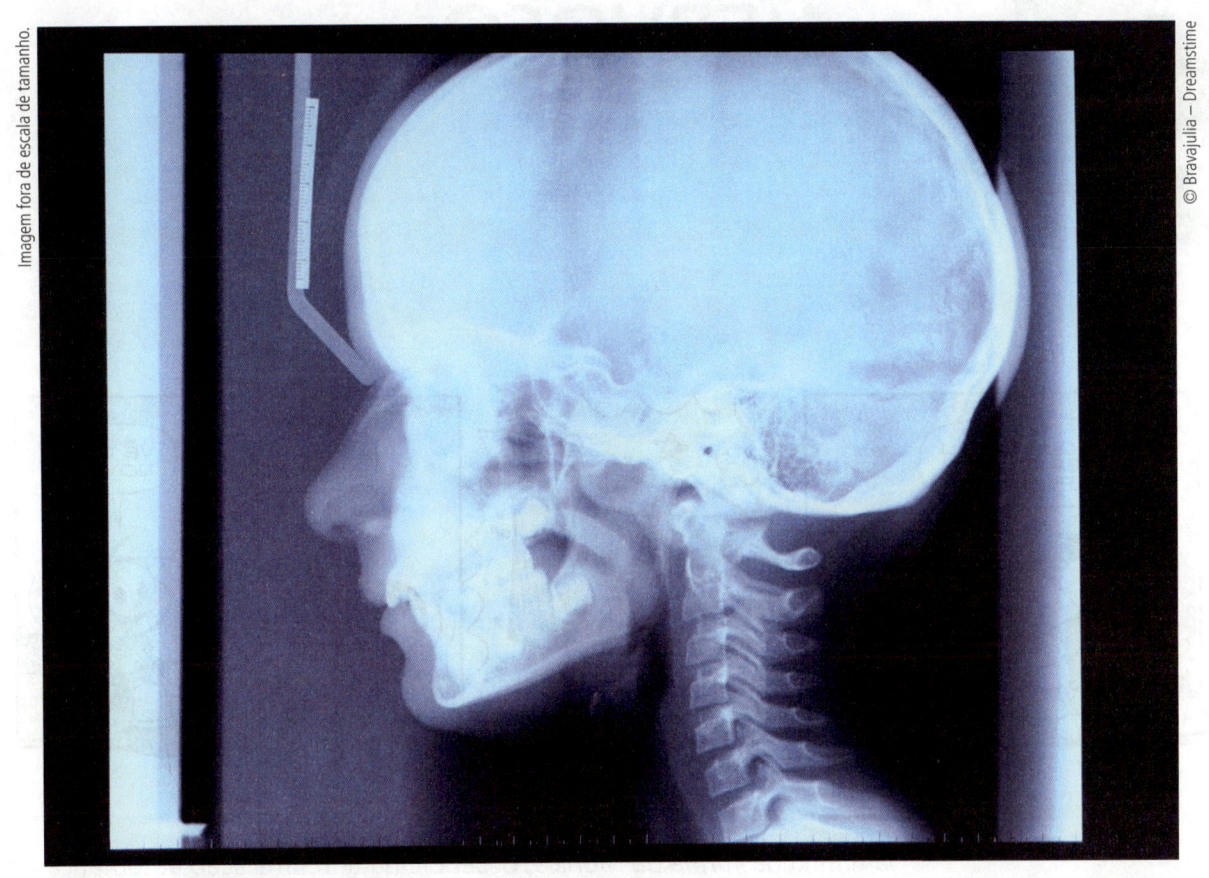

Radiografia do crânio.

Imagem fora de escala de tamanho. © Bravajulia – Dreamstime

a) O que esses ossos protegem?
_____

b) Quais ossos podemos identificar?
_____
_____
_____
_____

c) Cite outros ossos que possuem função semelhante aos da imagem.
_____
_____
_____
_____

137

Capítulo 13

SISTEMA NERVOSO

Na tirinha da *Turma da Mônica*, o Cebolinha tem uma ação automática ao levar uma martelada da Mônica no joelho. Essa reação é a mesma que temos quando encostamos a mão em um material quente ou muito gelado. Sem nem pensar, tiramos rapidamente a mão do que pode provocar uma ameaça à nossa integridade física. Essas reações automáticas são respostas do nosso sistema nervoso a estímulos do meio externo.

O sistema nervoso controla todas as funções do organismo, desde as batidas do coração até a ativação dos músculos para uma corrida inesperada.

Seu funcionamento ocorre por estímulos químicos, sensoriais ou físicos que são interpretados, armazenados e transformados em respostas transmitidas aos órgãos do corpo.

Nosso sistema nervoso está dividido em três partes:

- Sistema nervoso central
  - Encéfalo
  - Medula espinhal

- Sistema nervoso periférico
  - Nervos encefálicos
  - Nervos espinhais

- Sistema nervoso autônomo
  - Simpático
  - Parassimpático

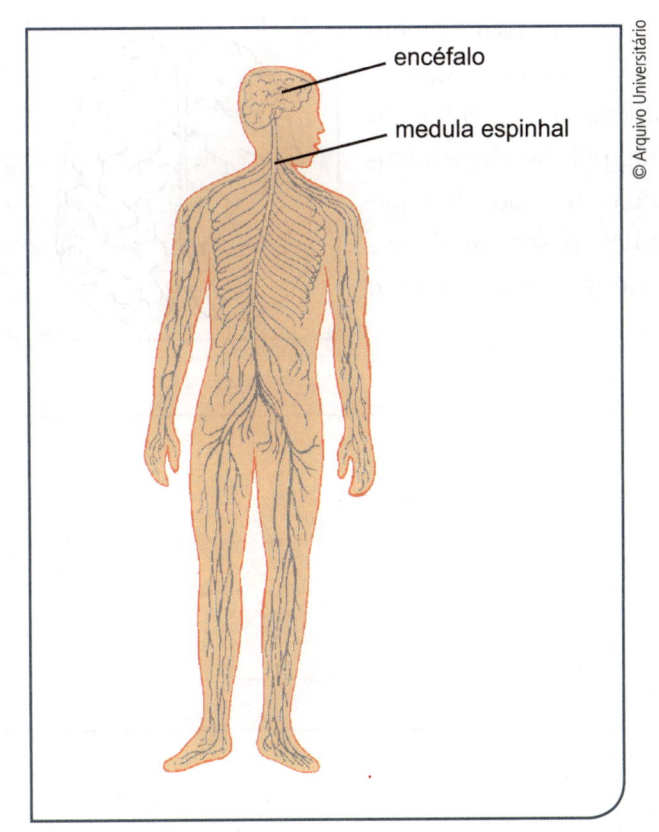

Esquema geral do sistema nervoso.

Encéfalo

É formado pelo cérebro, tálamo, hipotálamo, bulbo e cerebelo.

O córtex ou parte externa do **cérebro** dos mamíferos apresenta circunvoluções – dobras – e portanto não é liso como nos demais vertebrados. O cérebro é o centro dos atos conscientes, do conhecimento e da memória, e concentra funções ligadas ao raciocínio e à linguagem. As circunvoluções estão ligadas à inteligência e ao aprendizado.

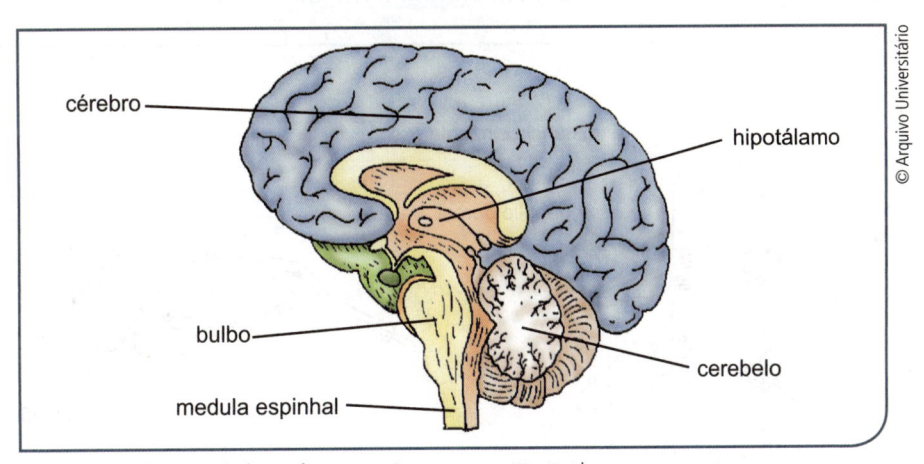

Encéfalo e medula espinhal, que formam o sistema nervoso central.

O **tálamo** transmite ao cérebro impulsos nervosos colhidos pelos órgãos dos sentidos.

O **hipotálamo** controla a pressão sanguínea, sudorese ou produção de suor, sede, fome, sono, vigília, raiva, prazer e até a temperatura corpórea nos endotérmicos, animais de sangue quente (aves e mamíferos) que mantêm constante a temperatura do corpo.

O **bulbo** controla a digestão, os movimentos respiratórios e os batimentos cardíacos.

O **cerebelo** coordena movimentos do corpo e tônus muscular, pois recebe estímulos nervosos dos músculos e órgãos do equilíbrio. É uma estrutura bem desenvolvida nos animais com habilidade para nadar, correr, saltar, voar etc.

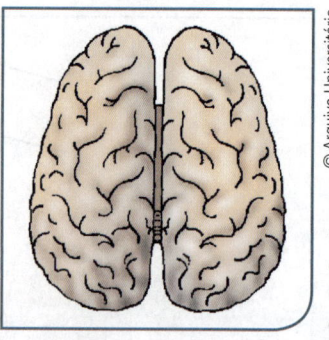

Os dois hemisférios cerebrais vistos de cima e as circunvoluções. O encéfalo é cinza por fora e esbranquiçado por dentro.

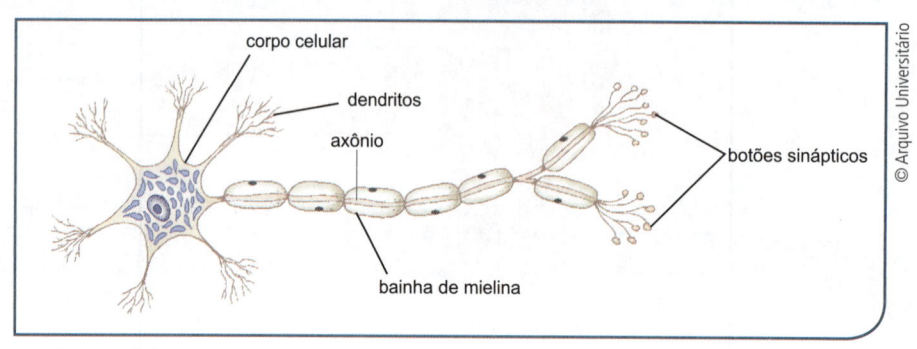

Neurônio, a célula nervosa.

Medula nervosa

Ao contrário do encéfalo, a medula possui a substância cinzenta interna e uma capa esbranquiçada formada pelos axônios das células nervosas que, aqui, ficam voltados para fora.

O cérebro é cinza por fora, pois nele os corpos celulares estão voltados para o lado externo.

Na região dorsal da substância branca, encontramos prolongamentos de **neurônios sensitivos** (**raiz dorsal** ou **posterior**) e, na parte ventral, prolongamentos de **neurônios motores** (**raiz ventral** ou **anterior**).

A medula é a sede dos **atos reflexos**, além de se constituir num caminho de mão dupla para impulsos nervosos que transitam entre o encéfalo e o meio externo.

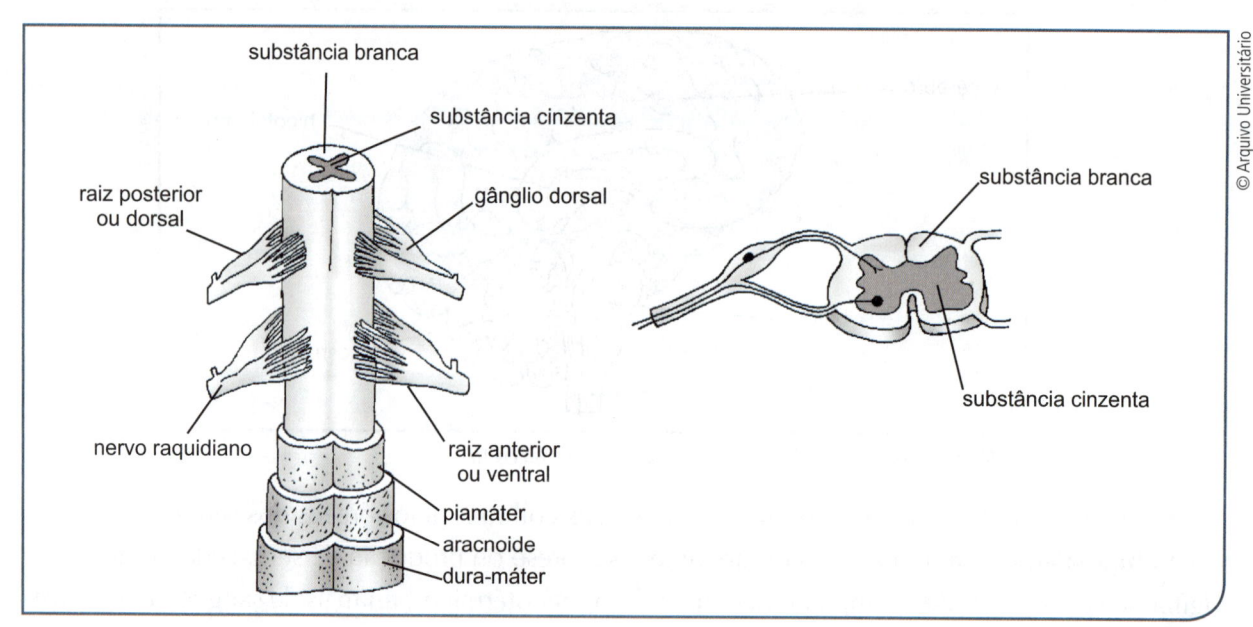

Esquema da medula mostrando dois pares de nervos raquidianos e suas raízes, além das três meninges que envolvem toda a medula e o encéfalo.

Meninges

Além da proteção óssea oferecida pela caixa craniana e pela coluna vertebral, encéfalo e medula são envoltos por membranas, as **meninges**.

A interna ou **piamáter**, a mediana ou **aracnoide** e a externa ou **dura-máter**.

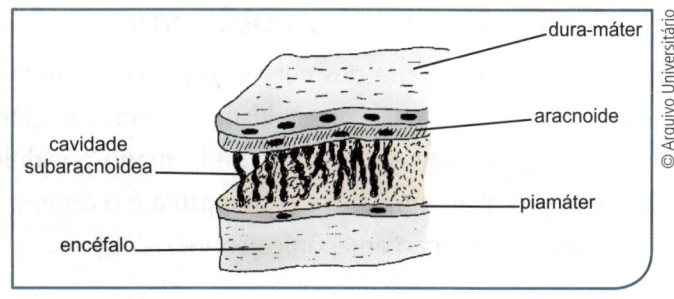

As três meninges.

Entre a piamáter e a aracnoide há o **líquor**, fluido transparente que age como amortecedor contra choques mecânicos.

Meningite é a inflamação das meninges devido ao desenvolvimento de microrganismos no líquor. Doença não letal quando tratada de imediato, mas pode deixar graves sequelas. Pode ser causada por meningococos, um tipo de bactéria, ou por vírus.

Nervos encefálicos e nervos raquidianos

O sistema nervoso periférico inerva os órgãos de relação, isto é, os órgãos dos sentidos e a musculatura esquelética ou voluntária.

São pares e cada par é formado por prolongamentos de neurônios (dendritos ou axônios), que originam **fibras nervosas**, as quais levam e trazem impulsos do encéfalo e da medula.

Os mamíferos possuem doze pares de **nervos encefálicos** ou **cranianos**. Por exemplo: o 1o par de nervos cranianos é o **olfativo**, que leva os impulsos da mucosa nasal até o cérebro; o 5o par é o **trigêmeo**, que inerva toda a face; o 8o par é o **auditivo** etc.

São 31 os pares de **nervos raquidianos** da espécie humana.

Você sabia?

No final do ano de 2008, pela primeira vez no Brasil, foi obtida a cura de um caso de raiva, doença causada por vírus e letal, adquirida por um garoto de quinze anos quando mordido por um morcego.

O Hospital Oswaldo Cruz de Recife anunciou o fato após os três exames necessários para diagnosticar a cura do mal.

O vírus aloja-se geralmente no sistema nervoso central causando agressividade, alucinações, dificuldade para deglutir, paralisia motora, coma.

Uma vez iniciados os sintomas neurológicos, o paciente quase sempre evolui para o óbito. Temos relato de pouquíssimos casos em que o paciente sobreviveu (um deles o brasileiro). A cura ocorreu em função de um pronto atendimento e de um novo tratamento, reunindo diferentes medicamentos (um antiviral, um anestésico e um ansiolítico). Porém, apesar da cura, as sequelas são grandes.

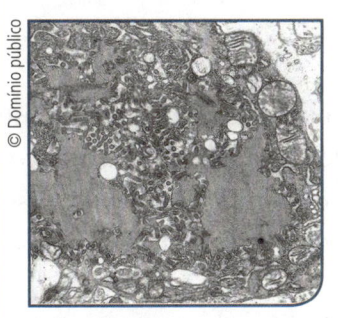

O vírus da raiva. Imagem ampliada em microscópio.

Variedade de morcego hematófago que, ao se alimentar do sangue humano ou de outro mamífero, pode transmitir-lhe a raiva ou hidrofobia pela saliva. Mordidas e o tipo de arranhaduras produzidas por cães e outros animais também podem transmitir doenças.

Sistema nervoso autônomo

Formado por parte dos nervos raquidianos, inerva órgãos com funções involuntárias, como os batimentos cardíacos, o peristaltismo, a secreção glandular etc.

O sistema nervoso autônomo é formado por dois conjuntos de fibras nervosas que partem da medula espinhal: um deles é o **simpático** e o outro é o **parassimpático**.

Ambos têm ação antagônica sobre os órgãos.

Órgão ou função	Simpático	Parassimpático
arteríolas	vasoconstrição	vasodilatação
frequência cardíaca	taquicardia	bradicardia
pressão sanguínea	aumento	redução
metabolismo	aumento	redução
brônquios	dilatação	constrição
pupila	dilatação	constrição
peristaltismo	retardamento	aceleração
bexiga urinária	relaxamento da musculatura e contração do esfíncter da uretra	contração da musculatura e relaxamento do esfíncter da uretra

Condução nervosa

A passagem dos elementos químicos **sódio** e **potássio**, através da membrana das células nervosas, entrando ou saindo dos neurônios, determina os impulsos nervosos.

O axônio da célula nervosa é envolto por várias camadas de **mielina**, a substância branca do encéfalo e da medula, que funciona como um isolante elétrico.

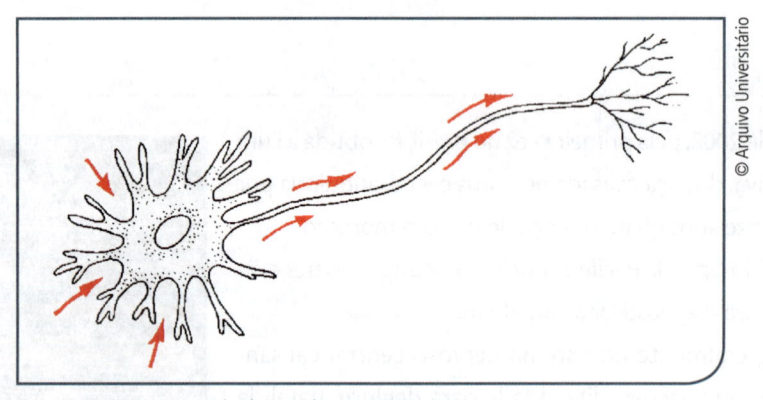

As setas indicam o sentido do impulso nervoso.

A sinapse nervosa

A região de proximidade entre neurônios ou entre neurônios e músculo é denominada **sinapse**. Não há contato físico entre as duas células, e a comunicação é feita por **mediadores químicos**, os **neurormônios**, que põem em contato os axônios de um neurônio e os dendritos de outro. Esses "mensageiros químicos" ou **neurotransmissores** são armazenados nas vesículas dos botões sinápticos das ramificações do axônio.

Quando o impulso nervoso alcança o final do axônio, estimula as vesículas a liberar os neurotransmissores, os quais "atravessam" o impulso nervoso de uma célula para outra em milésimos de segundos.

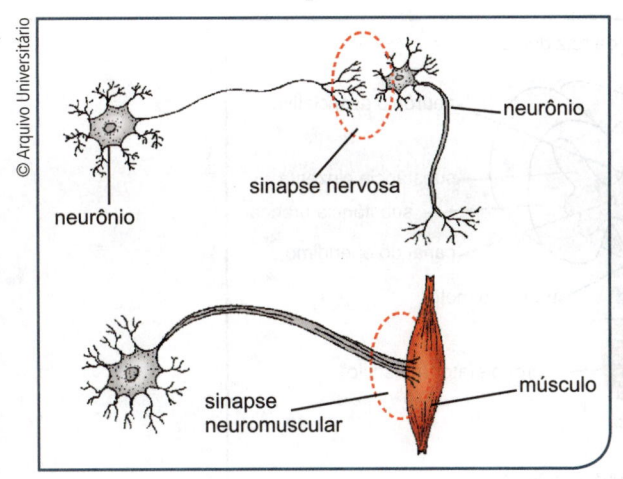

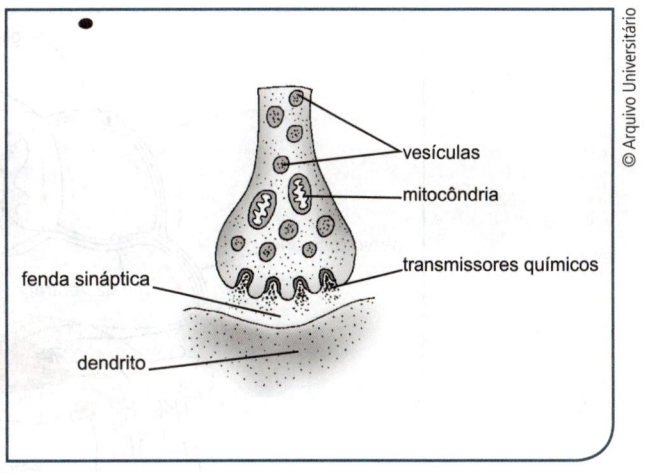

Dois tipos de sinapse.

Botão sináptico com vesículas de transmissores químicos.

Alguns neurotransmissores são: **adrenalina**, **acetilcolina**, **noradrenalina**, **dopamina** e **serotonina**.

Certas substâncias atuam na sinapse nervosa. Bloqueiam os neurotransmissores e por momentos impedem a condução dos impulsos nervosos de um neurônio para outro, ou atuam nas junções neuromusculares impedindo a estimulação de um músculo.

É o que acontece com **anestésicos** ou mesmo com o **curare**, substância obtida da raiz de uma planta de mesmo nome e usada pelos índios das Américas para besuntar a ponta de suas flechas quando caçam.

Você sabia?

O álcool é a droga preferida dos brasileiros, seguido pelo tabaco, maconha, cola de sapateiro, estimulantes, ansiolíticos, cocaína ou crack e xaropes, nesta ordem. No país, 90% das internações em hospitais psiquiátricos por dependência de drogas acontecem por causa do álcool.

O alcoolismo é a terceira doença que mais mata no mundo. Além disso, causa 350 doenças físicas ou psiquiátricas, e torna *dependentes da droga* um em cada dez usuários de álcool.

O álcool causa depressão e reduz a capacidade física e mental, diminuindo inclusive as habilidades das pessoas. Ele compromete partes do cérebro responsáveis pela memória, aprendizagem, motivação e autocontrole. É considerado uma droga depressora, ou seja, causa efeitos semelhantes aos da depressão como sonolência, tonturas, distúrbios no sono, náuseas, vômitos, fala incompreensível, reflexos comprometidos e ressaca.

Pela lei, o álcool ainda é considerado uma droga lícita, assim como o cigarro, mas quem é dependente tem muitas dificuldades psicológicas em deixar o vício e acaba tendo sa saúde comprometida.

O ato reflexo

Tirar rapidamente o braço ao encostá-lo na chama de uma vela ou em uma chapa quente é uma resposta espontânea ou automática denominada **ato reflexo**, isto é, não precisamos pensar para fazê-lo.

Outro exemplo simples é o **reflexo patelar**, aquele do chute que o Cebolinha deu na tirinha do início do capítulo, depois de levar uma batida no joelho (veja a figura a seguir).

As setas indicam o arco reflexo, o caminho do impulso nervoso.

O reflexo patelar envolve uma **estrutura receptora** (corpúsculo sensorial), uma **via sensitiva** (neurônio da raiz dorsal da medula), um **neurônio de associação** (situado na parte cinza da medula espinhal), uma **via motora** (neurônio da raiz ventral da medula) e uma **estrutura efetora** (o músculo que responde ao estímulo).

> O caminho do impulso nervoso no *ato reflexo* é chamado **arco reflexo**:
>
> estrutura sensorial → neurônio sensitivo → neurônio associativo → neurônio motor → músculo

Mais um exemplo de ato reflexo é a "água na boca" quando avistamos um alimento saboroso. O estímulo visual vai para o cérebro e de lá sai outro estímulo até as glândulas salivares. O fechamento da pupila ou "menina dos olhos" quando exposta à luz também é um ato reflexo, ou ainda o bocejo, uma inspiração prolongada que ativa a oxigenação sanguínea.

Atos reflexos que ocorrem sem controle são **involuntários**. Alguns não são aprendidos (**inatos**), como o reflexo patelar. Outros são adquiridos por treinamento, os **reflexos condicionados**.

ATIVIDADES

1 Observe a figura e responda:

a) Qual é o nome desse processo?

_____

b) Quem coordena esse reflexo?

_____

2 Como é formado o sistema nervoso central?

_____

_____

3 O que a raiva ou hidrofobia e a meningite têm em comum com o sistema nervoso?

_____

_____

4 Responda:

a) Qual é a função das meninges?

_____

_____

b) O que é meningite?

_____

c) Tal doença pode ser tratada com antibióticos?

_____

_____

5 Qual é o sistema que interage com o sistema nervoso nas funções de coordenação do nosso organismo?

_____

_____

6 Para cada um dos problemas a seguir, cite o órgão afetado.

a) Perda do equilíbrio no caminhar e redução do tônus muscular.

_____

b) Fortes alterações na temperatura do corpo e problemas no apetite, na sede e no sono.

_____

c) Perda de parte da memória e diminuição da capacidade de raciocínio.

_____

d) Incapacidade de controlar o movimento respiratório do diafragma e dos batimentos cardíacos.

_____

7 Como é constituído o sistema nervoso periférico?

8 Responda:

a) Quando nos assustamos, por que o nosso coração dispara?

b) Qual parte do sistema nervoso é responsável por isso?

c) Qual é o papel da adrenalina nesse caso?

9 Desenhe um neurônio apontando suas partes e, com algumas setas, indique o sentido do impulso nervoso.

10 a) Descreva ou esquematize um arco reflexo simples, como, por exemplo, encostar a mão numa brasa de cigarro e retirá-la rapidamente.

b) Por que não precisamos pensar para afastar a mão da brasa do cigarro?

_____
_____

11 Uma lesão em qualquer parte do nosso cérebro provoca sempre o mesmo resultado?

_____
_____

12 O fisiologista russo Ivan Pavlov (1849-1936) repetiu muitas e muitas vezes o seguinte experimento: acionava uma campainha imediatamente antes de alimentar o seu cão. Após algum tempo, o cão salivava apenas ao ouvir a campainha. Qual é esse tipo de reflexo?

_____

13 Explique por que uma pessoa alcoolizada não consegue andar em linha reta.

_____

14 Analise o trecho da letra da canção a seguir e responda:

O cérebro eletrônico faz tudo
Faz quase tudo
Faz quase tudo
Mas ele é mudo

O cérebro eletrônico comanda
Manda e desmanda
Ele é quem manda
Mas ele não anda...

Trecho de letra de Gilberto Gil, *Cérebro eletrônico*, GEGE Edições Musicais.

A canção faz uma comparação entre o cérebro eletrônico de um computador e o cérebro humano.

a) Faça uma comparação entre o cérebro humano e o cérebro eletrônico.

_____
_____

b) O cérebro é o único responsável pelas nossas emoções e pelo controle das funções do corpo?

_____
_____

Capítulo 14

SISTEMA SENSORIAL

Na tirinha Níquel Náusea fala de vários sentidos necessários para poder viver no seu, digamos, hábitat. Audição, gustação, olfato, visão e tato são os sentidos que temos para perceber o mundo ao nosso redor.

A percepção do que está em nossa volta é feita pelo sistema sensorial. É ele que aciona o processo pelo qual identificamos um cheiro ou sabor com algo agradável ou não; que e nos faz lembrar de uma música logo nos primeiros acordes. É ele também que nos dá avisos de supostos perigos à frente.

O sistema sensorial é formado pelos órgãos sensoriais ou órgãos dos sentidos, que colhem sinais vindos do ambiente e os envia para o cérebro onde ocorre a interpretação e tradução desses sinais em sensações boas ou ruins.

Audição

O sistema auditivo capta estímulos como os sons por meio de ondas transportadas pelo ar, as ondas sonoras.

O sistema auditivo é formado por orelha externa, orelha média e orelha interna.

Orelha externa

Compreende a orelha propriamente dita que, na espécie humana, não é tão móvel ou passível de movimento como em outros animais, porém recebe e direciona as ondas sonoras.

Após a orelha há um canal, o **meato acústico**, no qual desembocam glândulas de cerume, cujo produto retém impurezas.

O canal auditivo termina na **membrana timpânica**.

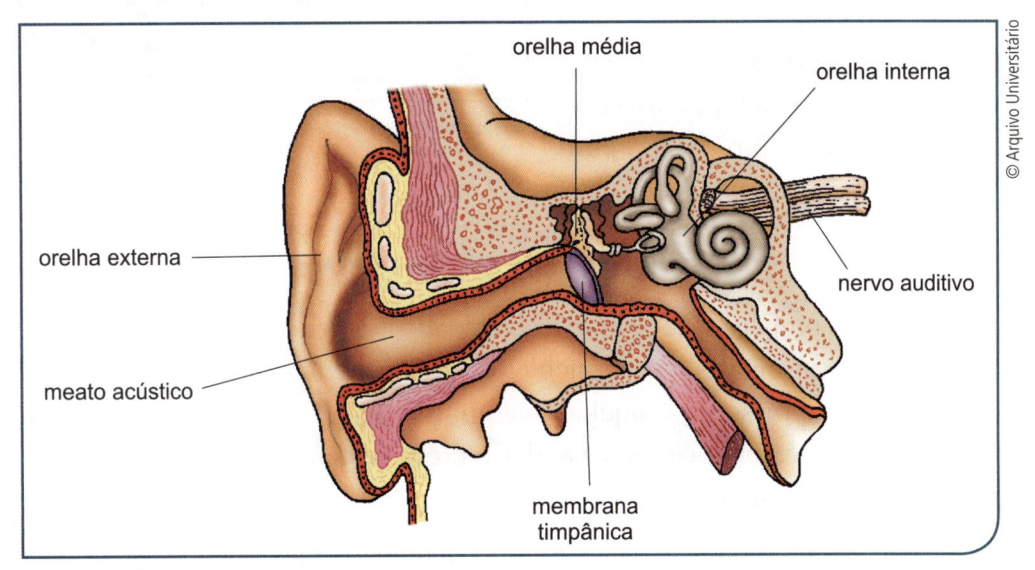

O sistema auditivo.

Orelha média

Pequeno recinto que conduz estímulos sonoros para a orelha interna.

Tem início na **membrana timpânica**, que permanece esticada como o couro de um tambor. Ligado à essa membrana, encontramos o primeiro dos três ossículos da audição ligados em cadeia e exclusivos de mamíferos: o **martelo**, a **bigorna** e o **estribo**, cujo apoio está unido à orelha interna por meio da janela oval.

Há uma comunicação da orelha média com a faringe e isso se faz pela **tuba auditiva**, que mantém a cavidade da orelha média cheia de ar.

Quando descemos a serra em direção ao litoral, a pressão atmosférica aumenta; portanto, torna-se maior a pressão sobre a membrana timpânica via canal da orelha externa, por isso a surdez temporária. Para que isso não aconteça basta descermos a serra conversando, pois abrindo a boca a pressão do ar que sobe pela tuba auditiva (seta) até a orelha média compensa a pressão externa do ambiente.

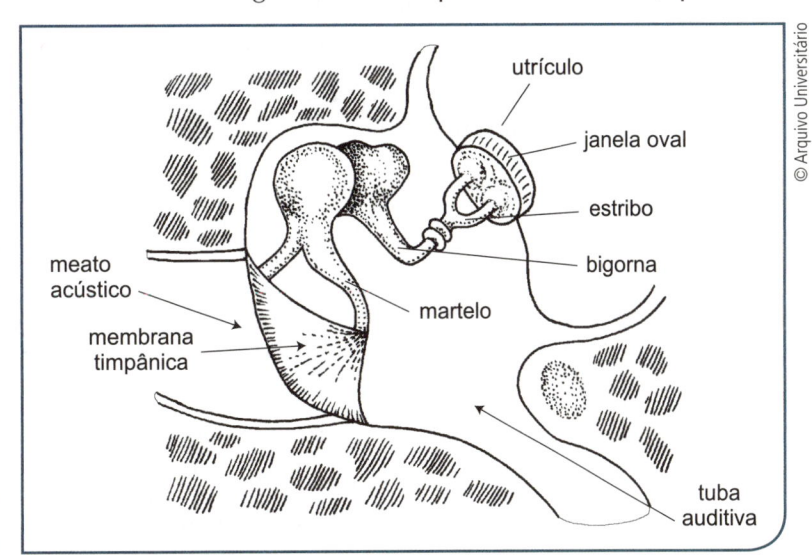

Orelha média. A entrada de ar do ambiente (seta à esquerda) é compensada pela entrada do ar pela tuba auditiva (seta à direita).

149

Orelha interna

Formada por um corpo rígido e oco, cheio de líquido, compreende os **dutos semicirculares**, o **utrículo** e a **cóclea** ou **caracol**, onde fica o órgão auditivo denominado órgão espiral, ligado ao **nervo auditivo**.

Os **canais semicirculares** da orelha interna relacionam-se ao equilíbrio. São preenchidos por um fluido que banha células especiais e que, desse modo, informam o cérebro sobre a posição e os movimentos da cabeça e do corpo.

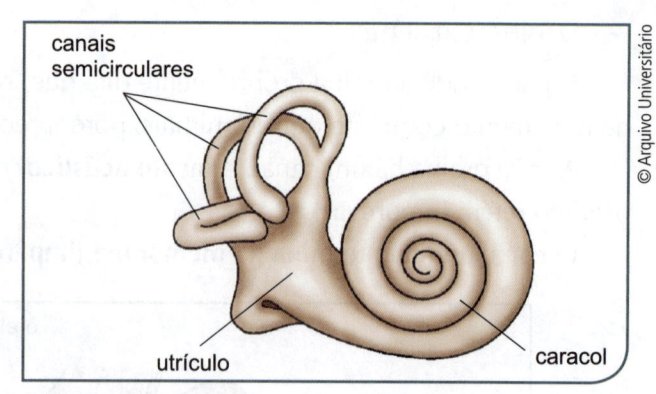

O labirinto da orelha interna.

A função auditiva

As vibrações sonoras propagam-se pelo ar e fazem vibrar a membrana timpânica.

Essas vibrações são transmitidas pelos ossículos da orelha média, que pressionam a janela oval do utrículo, aumentando a pressão do líquido interno. Isso se transforma em estímulos ao órgão espiral, que os conduz ao cérebro pelo nervo auditivo preso ao caracol.

Cuidados com a nossa audição

Sons que passam dos 80 ou 90 decibéis (*decibel* é a unidade que mede a intensidade dos ruídos) já constituem uma ameaça para a audição do ser humano.

O ruído de automóveis, aviões e de outras máquinas modernas é um risco permanente para nossa audição, além de provocar alterações no sistema nervoso, na pressão arterial e outros distúrbios.

Um conjunto de *rock*, por exemplo, pode alcançar 140 a 160 decibéis, intensidade de som muito agressiva para nós, principalmente se for constante e se utilizarmos fones de ouvido.

Outro cuidado é não introduzir nada no canal auditivo, como hastes flexíveis (cotonetes ou palinetes) para alguma limpeza. Além de empurrarmos o cerume para dentro, podem surgir infecções ou pode acontecer o rompimento da membrana timpânica. Para cuidar dos problemas relacionados à audição devemos procurar um médico especializado, o otorrinolaringologista.

Gustação e olfação

A **língua** é o órgão gustatório que recebe estímulos externos, como as substâncias que estimulam as **papilas gustativas** presentes na língua.

É importante lembrar que as substâncias são "percebidas" quando são dissolvidas para serem analisadas pelos receptores gustativos.

As **papilas gustativas** que percebem sabor doce localizam-se na região anterior da língua; as papilas que detectam sabor azedo ou ácido e sabor salgado são encontradas nas bordas laterais; e aquelas que percebem sabor amargo estão na base ou parte posterior da língua.

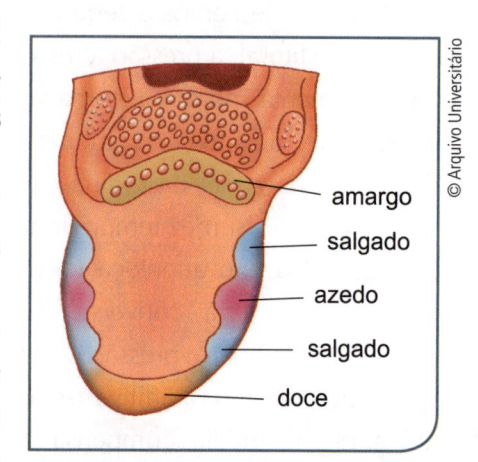

Regiões da língua onde estão as diferentes papilas gustativas.

150

Estímulos ou impressões gustativas chegam ao cérebro por meio de nervos transmissores e ali os sabores são interpretados.

Quando estamos gripados, nossa língua pode ficar coberta por um muco que impede a percepção dos sabores.

Partículas ou moléculas de um perfume penetram pelas narinas e são detectadas, na cavidade nasal, por uma **mucosa olfativa**, onde estão múltiplas ramificações do nervo olfativo que detectam as impressões olfativas de qualquer substância e as enviam ao centro do olfato no cérebro, local onde também são interpretadas.

Do mesmo modo que o paladar, um estado gripal prolongado faz com que a mucosa olfativa e as terminações nervosas fiquem recobertas por muco e, por isso, dificultem a percepção de qualquer odor.

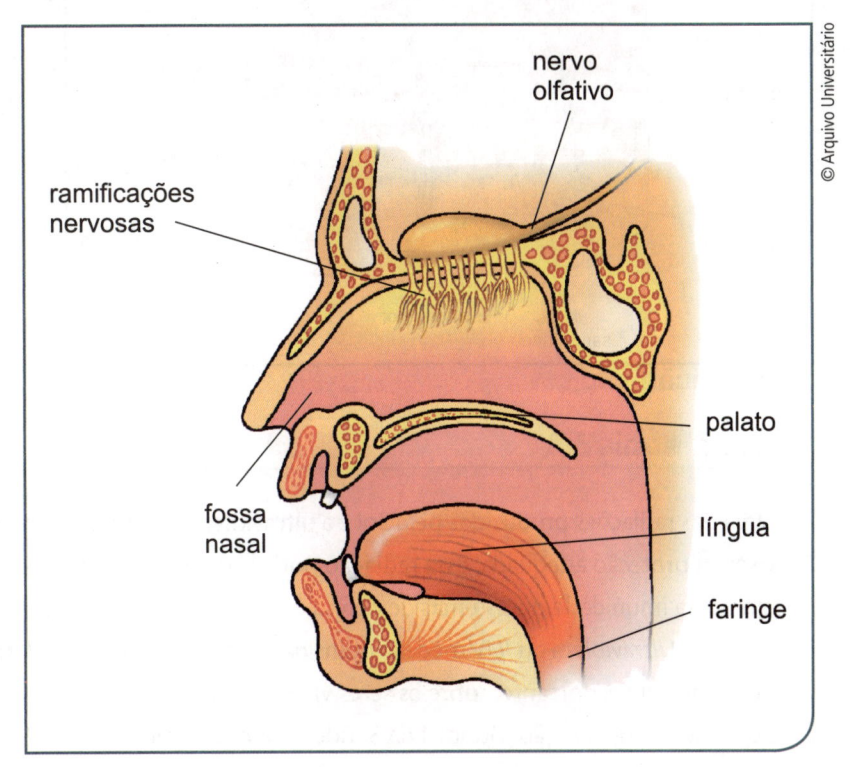

Corte em perfil da região nasal que mostra a mucosa olfativa.

Tato

Podemos dizer que o órgão sede responsável pelo tato é a pele.

Em toda a extensão de nosso corpo existem **receptores sensitivos**, pequenas estruturas responsáveis pela percepção de pressão, dor, calor e frio.

A nossa pele é formada por três camadas:

Epiderme

Externa e formada por várias camadas de células mortas, exceto a última, que é a geradora de novas células, pois as camadas mortas são periodicamente substituídas.

Áreas de maior atrito como palma das mãos, plantas dos pés, cotovelos e joelhos têm epiderme mais espessa, pois o atrito provoca a produção de **queratina**, uma proteína.

Derme

Ao contrário da epiderme, é vascularizada e aí existem glândulas sudoríparas, folículos pilosos, glândulas sebáceas e outras células.

Glândulas sudoríparas e sebáceas abrem-se na superfície da epiderme. Enquanto as primeiras liberam suor, que regula a temperatura do corpo, as glândulas sebáceas produzem uma substância oleaginosa que lubrifica a pele.

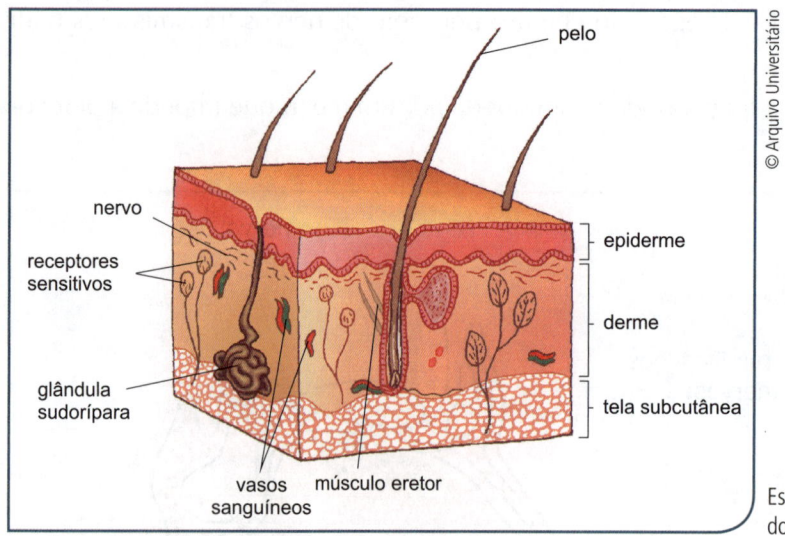

Estruturas responsáveis pela percepção de dor, frio, calor e pressão.

Você sabia?

Uma das radiações produzidas pelo Sol é a **ultravioleta**. Quando ficamos muito expostos aos raios solares e sem a proteção adequada, essa radiação pode provocar um perigoso tipo de câncer de pele, alterações em nossa imunidade ou sistemas de defesa e muitas outras graves complicações.

O *Índice Ultravioleta* ou *IUV* mede a intensidade da radiação ultravioleta que incide sobre a superfície do nosso planeta e, portanto, sobre os seres vivos em geral.

Segundo a Organização Mundial da Saúde, diferentes valores de IUV compõem medidas agrupadas em categorias (tabela ao lado).

Além de todos os cuidados conhecidos para evitarmos os efeitos nocivos do excesso de radiação ultravioleta (bonés, protetores solares adequados, banhos de sol fora do horário entre 10h e 16h no verão etc.), é recomendada a consulta do IUV do local frequentado, dados obtidos nos jornais ou na internet e fornecidos pelo Instituto Nacional de Pesquisas Espaciais (Inpe).

Grupo	Índice Ultravioleta
Extremo	> 11
Muito alto	8 a 10
Alto	6 a 7
Moderado	3 a 5
Baixo	< 2

Tela subcutânea

Oferece proteção mecânica, proteção térmica e reserva de alimento (energia), uma vez que é formada por tecido adiposo, que armazena gordura.

É bastante desenvolvida em pessoas acima do peso e animais que costumam resistir ou se submeter às baixas temperaturas do ambiente onde vivem como focas, elefantes-marinhos e muitos outros.

Visão

Sentido que nos permite perceber tudo que existe e nos rodeia, desde fenômenos oferecidos pela natureza a tudo que foi criado pelo homem.

Colocados frontalmente em cavidades do crânio, temos dois **olhos**.

Cada **bulbo do olho** está encaixado numa cavidade óssea chamada órbita e é revestido por três capas ou túnicas.

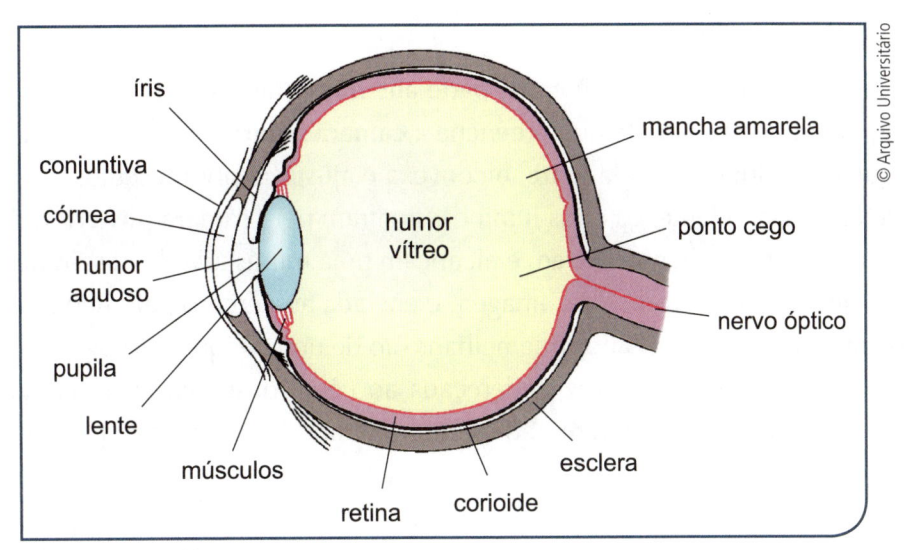

Esquema de corte do olho.

- A **esclera** é a mais externa e branca, tornando-se delgada na região anterior, recebendo o nome de **córnea**.
  Revestindo a córnea e a face interna das pálpebras há uma fina camada, a **conjuntiva**. Quando infectada por vírus ou por bactérias, adquirimos uma **conjuntivite**. Por isso, devemos evitar o contato dos olhos com as mãos sujas e periodicamente lubrificá-los com algum colírio prescrito por um **oftalmologista**.
- **Corioide** é a camada do meio e forma um disco colorido ou pigmentado na região anterior, a íris. Sabemos que a pigmentação da íris é determinada geneticamente. Na íris há um orifício regulável, por onde passam os raios luminosos para dentro do bulbo do olho: é a **pupila** ou "menina" dos olhos.
  A pupila é sempre escura, pois não há claridade dentro dos olhos.

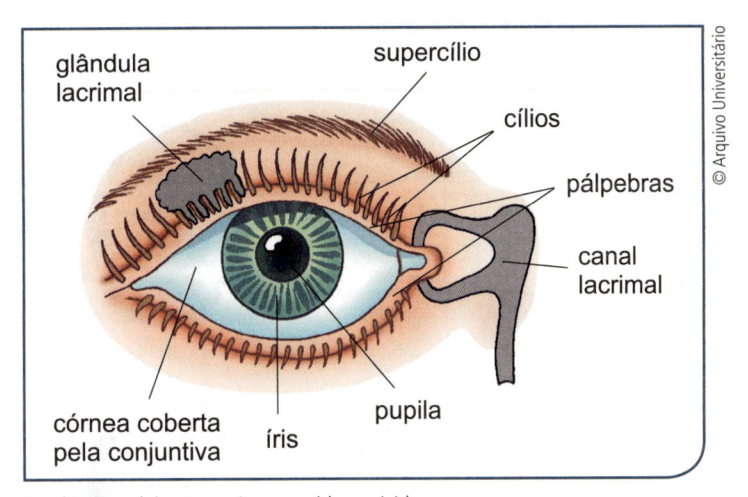

Nas lágrimas há uma enzima que é bactericida.

- A **retina** é a membrana interna, com irrigação sanguínea e sensibilidade aos estímulos de luz. Ali existem dois tipos especiais de células: **cones**, sensíveis ao brilho da luz e às cores, e **bastonetes**, que são sensíveis à luz fraca e não às cores, isto é, a claro e escuro e branco e cinza.
  O **ponto cego** na retina não capta nenhum estímulo luminoso, daí o seu nome.

153

Formação da imagem

Os raios luminosos atravessam a córnea, parte anterior e transparente da esclera, passam pelo **humor aquoso**, líquido transparente que preenche a **câmara anterior** entre a córnea e a íris, depois pela pupila, que é um orifício, e pela **lente**, biconvexa e ajustável por músculos.

Depois de atravessar a lente, os raios luminosos entram pela **câmara posterior**, preenchida por uma gelatina transparente, o **humor vítreo**, e alcançam uma minúscula depressão na retina, a **mancha amarela** ou **fóvea**, onde é formada a imagem e enviada ao cérebro pelo nervo óptico.

O funcionamento dos nossos olhos é semelhante ao de uma máquina fotográfica, pois na retina a imagem forma-se invertida. Uma vez endereçada ao cérebro, ela torna-se direita e aquilo que vemos é a interpretação do nosso cérebro ao estímulo luminoso ou imagem que chega até a retina.

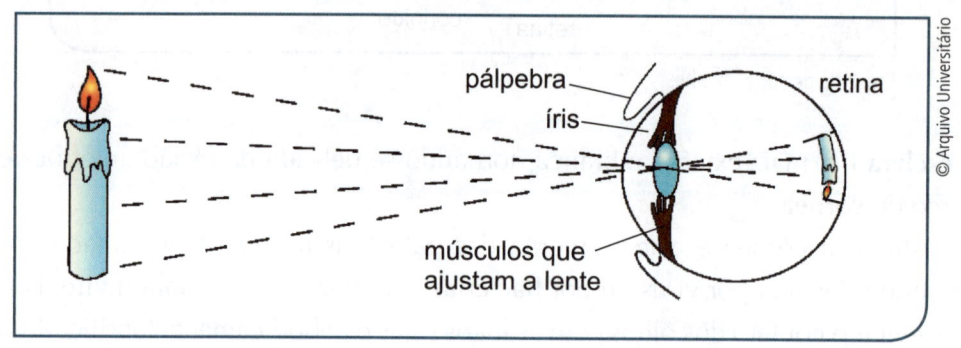

Formação invertida da imagem na retina.

Defeitos da visão

- **Astigmatismo**: é a curvatura irregular da retina ou da córnea. Provoca falta de nitidez na imagem.
- **Hipermetropia**: como o globo ocular é mais curto, a imagem se forma atrás da retina. Correção por lentes convexas ou convergentes.

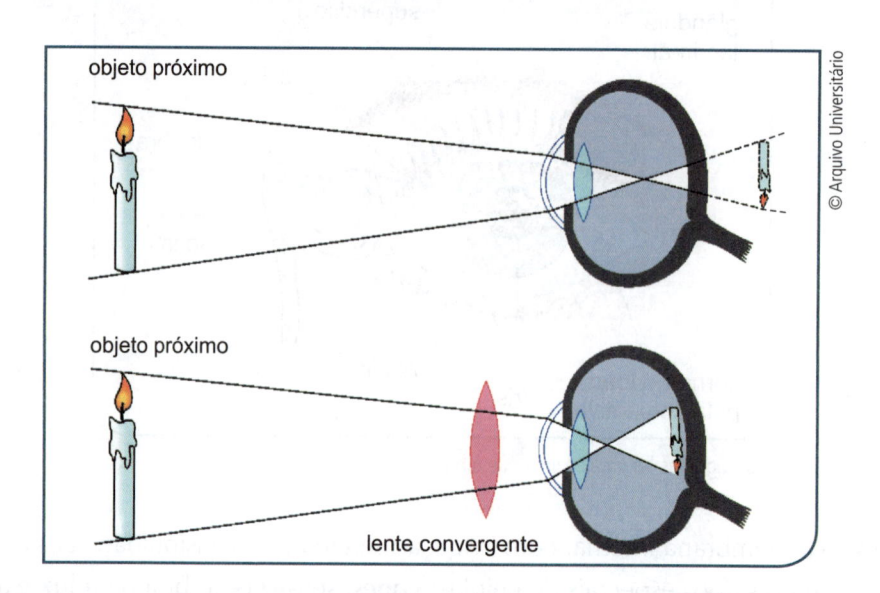

- **Miopia**: o globo ocular é mais longo e a imagem se forma à frente da retina. Correção por lentes côncavas ou divergentes.

Uma pessoa míope tem boa visão para objetos próximos e o hipermetrope tem boa visão para objetos distantes.

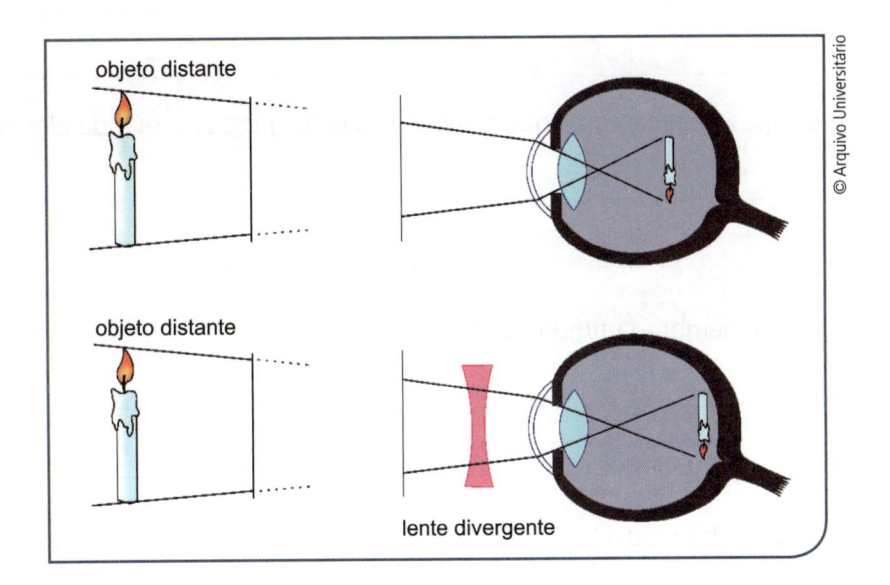

- **Presbiopia**: a lente perde a capacidade de ajuste e diminui a nitidez das imagens que observamos; é a "vista cansada", comum em pessoas mais idosas.

Outros problemas da visão

- **Catarata**: a lente torna-se opaca como resultado de vários fatores, inclusive diabetes e, em muitos casos, troca-se a lente por outra artificial.
- **Glaucoma**: o aumento da pressão no interior do bulbo do olho provoca problemas na retina e no nervo óptico.
- **Daltonismo**: determinado geneticamente, é o mesmo que cegueira para cores ou incapacidade de diferenciar o vermelho do verde. Mais frequente nos homens, que enxergam essas duas cores como cinza ou amarelo.

ATIVIDADES

1 Após a leitura do trecho da letra da canção responda:

O caroço da cabeça

P'rá ver
Os olhos vão de bicicleta até enxergar
P'rá ouvir
As orelhas dão os talheres de escutar
[...]

P'rá dizer
Os lábios são duas almofadas de falar
P'rá sentir
As narinas não viram chaminés sem respirar

Música: *O caroço da cabeça*. Os Paralamas do Sucesso.
Autores: Herbert Vianna/Nando Reis/Marcelo Fromer. Editora Edições Musicais Tapajós Ltda.

a) A que sensações a letra da música se refere?

b) Quais são os tipos de receptores que o nariz e os olhos possuem? Onde eles se localizam?

2 Qual é a função da membrana timpânica?

3 O que preenche a orelha média?

4 Quais são os dois órgãos que a tuba auditiva põe em comunicação?

5 Como a onda sonora é transmitida da membrana timpânica até a orelha interna?

6 Onde se localiza o órgão espiral?

7 Qual é a função dos canais semicirculares do ouvido?

8 Qual é a principal diferença, no ser humano, dos estímulos gustativos e olfativos?

9 Qual é a camada da pele que abriga os receptores sensitivos para pressão, dor, frio e calor?

10 Das camadas internas do bulbo do olho, qual é a sensível aos estímulos luminosos?

11 Em que ponto se forma a imagem?

12 Por que, depois de algum tempo no escuro, nossos olhos ardem ao acender a luz?

13 Qual é a vitamina importante para a integridade dos olhos? Onde é encontrada?

14 Dê o nome das estruturas apontadas com números na figura abaixo.

15 Qual é a diferença entre hipermetropia e miopia?

16 Qual é a sede do centro gustatório e olfatório?

17 Poluição visual é o excesso de elementos ligados à comunicação visual (como cartazes, anúncios, propagandas, banners, totens, placas, etc.) dispostos em ambientes urbanos, especialmente em centros comerciais e de serviços. Uma verdadeira desorganização ambiental. Sabemos que essa poluição causa alterações no nosso organismo. Além de desconforto, essa poluição também causa transtornos ao ambiente.
Enumere pelo menos três alterações que essa poluição causa na sua cidade.

Drogas – um barato bem caro

A guerra das drogas

Jornal do Brasil, 28/08/2012.
Por Mauro Santayana.

Em editorial de sua edição do dia 23 de agosto, *Le Monde* adverte contra a espiral da barbárie no México. Durante os últimos seis anos, sob a presidência de Felipe Calderón, calcula-se que 120 mil pessoas foram assassinadas no país, pelos bandos rivais de traficantes de drogas. A maioria absoluta dos mortos nada tinha a ver com o assunto. Os bandos executam em massa para "dar um recado" a seus adversários e intimidar os cidadãos. Em sua lógica pervertida, não estar do lado de uma gangue é estar do lado da outra – ou das poucas forças do governo que os combatem.

Como sempre, os jornalistas são as vítimas preferenciais – e, entre eles, os repórteres fotográficos. Dezenas de profissionais morreram, em atentados bem planejados, e sem qualquer chance de defesa. Ainda que a violência seja endêmica na América Latina – particularmente no México – a situação se agravou nos últimos seis anos, pela decisão do presidente Calderón de militarizar a repressão às drogas. O resultado efetivo foi a contaminação das Forças Armadas pelo poder do dinheiro do crime organizado e o fortalecimento de suas facções.

O tráfico de entorpecentes se tornou a questão mais grave de nosso tempo, e está associado à miséria e às desigualdades sociais. Segundo a Brookings Institution, de 40 a 50% da população mexicana vivem, direta ou indiretamente, do tráfico de drogas, que movimenta de 3 a 4% do PIB nacional.

A peste da violência se espalha pelo nosso continente. Domingo último, em Belo Horizonte, quatro jovens foram mortos e outros tantos feridos em chacina atribuída ao tráfico de drogas em um dos bairros da periferia. Os massacres se repetem em todas as grandes cidades brasileiras e começam a ocorrer nas cidades médias e menores do interior.

Disponível em: <http://www.jb.com.br/coisas-da-politica/noticias/2012/08/28/a-guerra-das-drogas/>. Acesso em: ago. 2012.

A notícia do *Jornal do Brasil* alerta para o tráfico e consumo de drogas que passaram a ser um dos principais problemas da sociedade na atualidade. Não apenas pelos prejuízos das drogas à saúde dos usuários, mas também pelo aumento de organizações criminosas que vivem do tráfico de drogas.

Drogas são substâncias naturais ou sintéticas que provocam fortes alterações no comportamento, além de graves e irreversíveis danos em órgãos vitais, como cérebro, coração e fígado.

Há **dependência física** quando o organismo, privado de uma droga, acusa problemas de coração, convulsões e alucinações, é a **síndrome da abstinência**. Ocorre **dependência psicológica** quando a vontade de consumir uma droga é incontrolável. De qualquer modo, o dependente consome a droga cada vez mais ou procura drogas mais fortes.

> Uma *morte anunciada*.
> O usuário hipoteca perigosamente sua vida e a felicidade de familiares e amigos.

Além do aspecto legal, sendo crime perante a justiça, o usuário não deixa de financiar o tráfico e a violência em todo o mundo. Dependentes extremos, quando não têm mais dinheiro para obter uma droga, vendem seus bens, depois os bens da família e chegam até a roubar para obter o que querem.

Quando a droga se acumula no organismo pode ocorrer **overdose**, a qual inclui parada cardíaca, parada respiratória, reações anormais do sistema nervoso e até óbito.

Como uma droga age na sinapse

Sentimos prazer quando a serotonina, um neurotransmissor, é liberada pelas vesículas dos botões sinápticos do axônio das células nervosas, que segue continuamente em direção aos dendritos da célula nervosa seguinte. Em instantes o prazer diminui e cessa, pois a serotonina e outros transmissores são reabsorvidos. A cocaína e outras drogas impedem que os neurotransmissores sejam reabsorvidos, prolongando um pouco a efêmera sensação de prazer.

Classificação das drogas

São três grupos: **estimulantes**, **depressoras** e **perturbadoras**.

Estimulantes

Aumentam a atividade do sistema nervoso central, estimulam os músculos, aceleram os batimentos cardíacos e aumentam a pressão sanguínea. Além de reduzirem sono e apetite, levam a uma confiança exagerada e conduzem também à confusão mental e à paranoia.

Exemplos:
- **Cocaína:** pó branco obtido das folhas da coca, arbusto encontrado nos Andes (Peru, Bolívia e Colômbia), e pode ser inalada ou injetada. O **crack**, fumado como pedrinhas em cachimbos caseiros, é um derivado "sujo" da pasta de cocaína. A **merla** é fumada na forma de pasta de cocaína e chega a destruir as células nervosas.
- **Anfetaminas e anorexígenos:** drogas sintéticas, vendidas sob prescrição médica, porém são usadas como estimulantes.

- **Nicotina:** presente na folha da planta do tabaco, é usada para a fabricação de cigarros e charutos. A nicotina, substância cancerígena, eleva a pressão arterial e aumenta a atividade motora. Além de afetar os pulmões com tumores, enfisemas e bronquites, o hábito de fumar também causa problemas cardíacos e vasculares.
- **Cafeína:** alcaloide encontrado em plantas como o café, muitos chás, chocolate e guaraná, além de fazer parte da composição de refrigerantes do tipo cola. Pode provocar insônia, nervosismo e gastrite.

Depressoras

Reduzem a atividade do sistema nervoso central, diminuem os batimentos cardíacos, a respiração e a coordenação motora. Além de atrapalharem os sentidos, podem causar impotência sexual.

Exemplos: opiáceos, inalantes, benzodiazepínicos e álcool.

- **Opiáceos:** o ópio é um pó obtido do látex dos frutos ainda verdes de várias espécies de papoula, planta muito comum em países do Oriente (Afeganistão e China). Inalado em cachimbos, o ópio provoca letargia e sonolência e pode levar a consequências graves, como edema pulmonar e óbito. Dele é extraída a **morfina**, que pode levar à parada respiratória e ao óbito, e dela é obtida a **heroína**, droga semissintética e uma das mais fortes.

Como todas as drogas injetáveis, há o risco de o usuário contrair aids por causa de sangue contaminado em seringas compartilhadas.

A flor e o fruto da papoula.

- **Inalantes (solventes):** deprimem o sistema nervoso central, provocando desmaios e enfarte, e podem levar a uma falsa euforia. É o caso da **cola de sapateiro**, cujo solvente, o tolueno, é a parte ativa. Ou o éter do **lança-perfume** de Carnaval, droga hoje proibida no Brasil.
- **Benzodiazepínicos:** são os calmantes ou ansiolíticos, medicamentos sintéticos prescritos pelos médicos para combater as tensões e a ansiedade. Essas substâncias deprimem o sistema nervoso, provocam torpor e podem reduzir muito a pressão sanguínea. O uso de bebidas alcoólicas pode potencializar o efeito nocivo do medicamento.

Um relatório da Organização das Nações Unidas divulgado em 2009 aponta o Brasil como um dos quatro países com maior número de usuários de drogas injetáveis. Como consequência, nosso país está entre os nove países com os mais altos índices de contaminação pelo vírus HIV, causador da síndrome da imunodeficiência adquirida, a aids ou sida.

Diário do Grande ABC

Brasil é um dos 4 países com maior número de usuários de drogas injetáveis

Do *Diário OnLine*
Com Agência Brasil
24 de junho de 2009

O Brasil figura entre os quatro países que têm maior número de usuários de drogas injetáveis, segundo o "Relatório Mundial sobre Drogas 2009", divulgado nesta quarta-feira pelo UNODC (Escritório das Nações Unidas sobre Drogas e Crime), ligado à ONU (Organização das Nações Unidas).

O estudo atrela o uso de drogas injetáveis ao aumento da contaminação do vírus HIV no mundo. No Brasil, 48% dos infectados pelo vírus causador da aids são usuários de drogas injetáveis.

O relatório revela ainda que em 2007 o Brasil teve o terceiro maior índice de uso de ATS (metanfetamina, anfetamina e outros inibidores de apetite). De 2001 a 2005, o uso de substâncias do grupo anfetamina nas áreas urbanas mais que dobrou no Brasil, passando de 1,5% para 3,2%.

O Brasil, segundo o documento, é o maior mercado de cocaína da América do Sul em números absolutos, estimado em aproximadamente 890 mil pessoas ou 0,7% da população entre 12 e 65 anos, um aumento de 0,4% em relação aos dados de 2001. A Argentina é o segundo, estimado em 660 mil pessoas.

O índice de usuários de maconha também cresceu no Brasil, conforme o levantamento. No período de 2001 a 2005, o indicador saltou de 1% para 2,6%.

Em relação ao *ecstasy*, o documento mostra o Brasil entre os 22 países do mundo com maiores apreensões de drogas do grupo. Em 2007, foram apreendidos mais de 210 mil comprimidos do entorpecente em terras brasileiras. O aumento se deve ao crescimento da produção doméstica do *ecstasy*, embora a maior parte da droga consumida do país seja de origem europeia.

No mundo – O relatório da ONU revela que a produção e o uso de drogas sintéticas cresceram nos últimos anos nos países em desenvolvimento, dentro de um processo em que a fabricação artesanal se transformou em negócio de grande amplitude.

A pesquisa aponta que o mercado global de cocaína, ópio, morfina, heroína e maconha está estável ou em declínio. A maconha segue como a droga mais cultivada e consumida em todo o mundo.

- **Álcool:** como o tabaco é uma droga lícita, mas não menos perigosa. Bebidas alcoólicas são o resultado da fermentação ou da destilação de vegetais: cana-de-açúcar (cachaça); uvas (vinho); cereais como cevada, trigo e aveia (gim); centeio e cevada (vodca); centeio, milho e cevada (uísque); arroz (saquê) etc., todas com diferentes graduações de álcool, o qual é absorvido principalmente no intestino e, pelo sangue, vai para o fígado, coração e cérebro, provocando cirrose hepática, problemas cardiovasculares, depressão respiratória e até a morte. Isso quando não causa demência e outros problemas neurológicos.

Perturbadoras

Alteram o funcionamento dos neurônios ou células nervosas, fazendo com que a pessoa não tenha uma noção real daquilo que está acontecendo à sua volta. Tais drogas, que agem no sistema nervoso central e causam alterações no comportamento, são denominadas psicotrópicas, sejam estimulantes, depressoras ou perturbadoras.

Como muitas dessas drogas causam alucinações, elas são conhecidas por **alucinógenos**.

Exemplos:
- **Maconha:** é obtida das folhas secas do cânhamo-da-índia, arbusto pequeno e delicado, com várias substâncias psicotrópicas. A mais importante é o **tetraidrocanabinol**, ou THC, que, em plantas geneticamente modificadas, apresenta-se 30% mais ativo, como é o caso do *skunk*.

Os efeitos da droga (ilícita) mais consumida no mundo, inclusive no Brasil, vão desde taquicardia e alterações da memória imediata até problemas de aprendizado e de coordenação motora, com delírios e alucinações que levam a atitudes e reações inesperadas. O haxixe, também é obtido do cânhamo a partir da resina de flores e folhas da parte superior da planta. Mais forte que a maconha, o haxixe também é fumado.

Folhas da *Cannabis sativa* ou cânhamo-indiano e um cigarro feito com suas folhas secas.

- **Ácido lisérgico (LSD):** droga sintetizada em laboratório, a partir de um alcaloide obtido do esporão-do-centeio, fungo que parasita cereais. Causa alucinações auditivas e visuais, que levam o usuário a um estado sem controle e muito perigoso, no qual ocorre perda da percepção da realidade e surtos de pânico e paranoia.

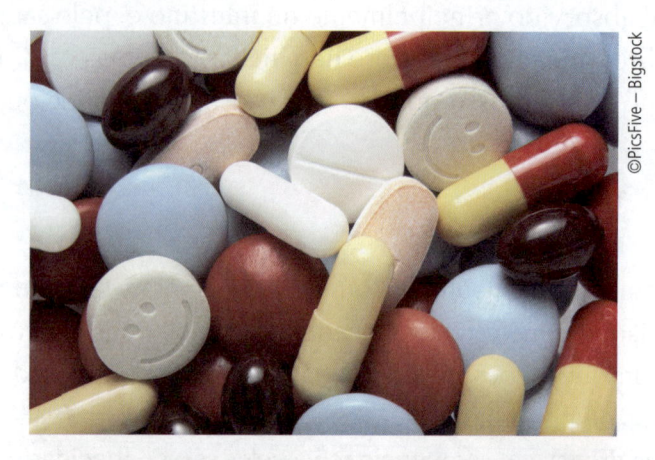

O LSD é encontrado na forma de pastilhas, comprimidos ou cápsulas, ou como adesivos para a pele, língua e conjuntiva do olho.

- **Cogumelos:** em todo o mundo encontramos cogumelos alucinógenos. Um é o **agário-das-moscas**, cujo "chapéu" ou "guarda-chuva" é vermelho com manchas brancas. Mascados ou ingeridos como chás, provocam euforia, alucinações, total desorientação e ataques de fúria. Outro é o **psilocibe-mexicano**, cujos efeitos assustadores são semelhantes aos do LSD, e seu princípio ativo é a **psilocibina**. Alguns fungos são difíceis de identificar e podem ser tóxicos ou venenosos e levar ao óbito.
- **Plantas alucinógenas:** índios mexicanos e norte-americanos usam, nos rituais de suas tribos, o cacto **peiote**, cujo princípio ativo é a **mescalina**.

O cacto peiote, de onde se extrai a mescalina.

Algumas seitas da Amazônia (Santo Daime) utilizam o chá de **ayahuasca**, preparado com o cipó da planta mariri com as folhas do arbusto chacrona, que apresentam o alcaloide DMT, perigosíssimo para a saúde.

O cipó mariri e o arbusto chacrona.

- *Ecstasy*: droga sintética, ao mesmo tempo perturbadora e estimulante, age no sistema nervoso central, com os mesmos riscos que a cocaína, inclusive destruição de células nervosas. Ingerido como comprimidos leva à desidratação e elevação da temperatura do corpo. Outra droga do grupo é o *ice*, com aparência de pequenos cristais. Em geral é fumado e produz efeitos similares aos da cocaína.

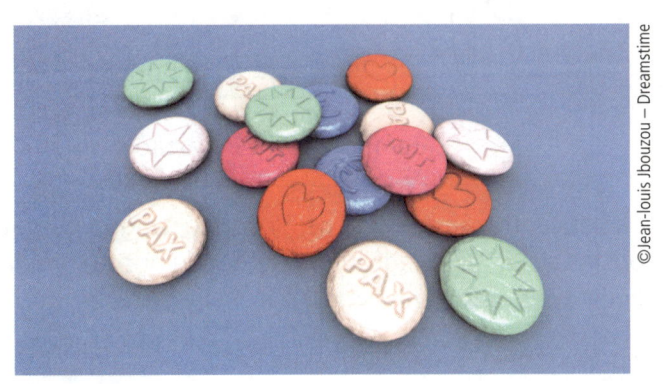

Comprimidos de *ecstasy*.

- **Anticolinérgicos**: alguns medicamentos sintéticos contra epilepsia ou mal de Parkinson são usados não como remédios. Outros são naturais e ingeridos como chás feitos de plantas: trombeta, lírio, datura e outras. Provocam alterações psíquicas, elevação da temperatura do corpo, aumento exagerado dos batimentos cardíacos e convulsões.

ATIVIDADES

1 Em relação às drogas, leia atentamente cada uma das afirmações a seguir e assinale somente a(s) correta(s).

a) ( ) Fumadas, inaladas, ingeridas, injetadas ou absorvidas pela pele, as drogas caem na corrente circulatória.

b) ( ) Pelo sangue as drogas podem alcançar o sistema nervoso central.

c) ( ) Quando as drogas alcançam o sistema nervoso passam a provocar atitudes descontroladas e irresponsáveis por parte dos usuários.

d) ( ) Uma vez dependente de uma droga a pessoa torna-se presa fácil e refém do traficante, o qual, covardemente, vai destruindo a vida do usuário e de seus familiares.

2 (Enem) Após a ingestão de bebidas alcoólicas, o metabolismo do álcool e sua presença no sangue dependem de fatores como peso corporal, condições e tempo após a ingestão.
O gráfico mostra a variação da concentração de álcool no sangue de indivíduos de mesmo peso que beberam três latas de cerveja cada um, em diferentes condições: em jejum e após o jantar.

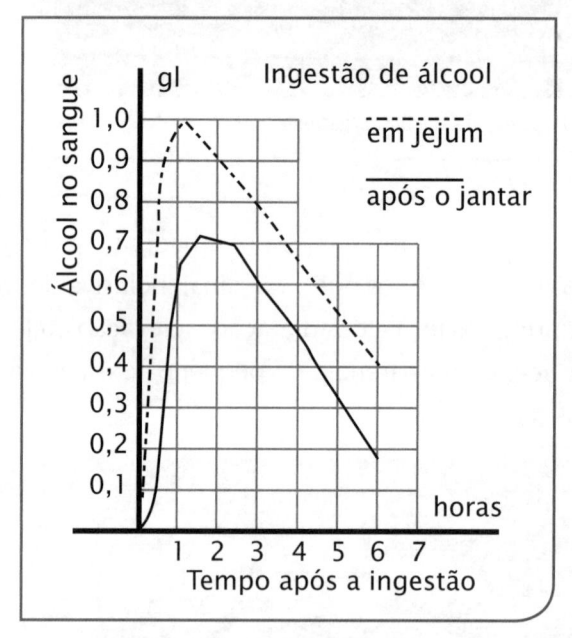

Tendo em vista que a concentração máxima de álcool no sangue permitida pela legislação brasileira para motoristas é 0,6 g/l, o indivíduo que bebeu após o jantar e o que bebeu em jejum só poderão dirigir após, aproximadamente,

a) uma hora e uma hora e meia, respectivamente.

b) três horas e meia hora, respectivamente.

c) três horas e quatro horas e meia, respectivamente.

d) seis horas e três horas, respectivamente.

e) seis horas, igualmente.

3 Explique por que a cafeína e a nicotina são consideradas estimulantes do sistema nervoso central.

_____
_____
_____
_____
_____
_____
_____

4 Leia os versos seguintes:

> *Uns tomam éter, outros cocaína*
> *Eu tomo alegria!*

Éter e cocaína são drogas que agem, respectivamente, como depressora e estimulante do sistema nervoso central (SNC). Depressão e estimulação do SNC também podem ser efeitos do uso, respectivamente, de:

a) nicotina e maconha

b) ácido lisérgico (LSD) e álcool

c) *crack* e *ecstasy*

d) álcool e *crack*

e) maconha e LSD

5 De onde são obtidas as seguintes drogas:

a) cocaína

_____
_____

b) morfina e heroína

_____
_____

c) maconha e haxixe

_____
_____

6 Por que as drogas injetáveis oferecem um enorme risco de aumentar o número de casos de soro-positivo para o HIV, o vírus da aids?

_____
_____
_____
_____
_____
_____
_____

7 Sabemos que os governos combatem constantemente o uso e o tráfico de drogas. Em sua opinião, as campanhas contra drogas realizadas pelas organizações não governamentais e por entidades governamentais têm sido eficientes? Quais argumentos você usaria para reforçar sua opinião?

_____
_____
_____
_____
_____
_____
_____
_____
_____
_____
_____
_____
_____

Capítulo 5
SISTEMA ENDÓCRINO

Até o começo do século XX acreditava-se que o responsável por todos os estímulos para o funcionamento do corpo era o sistema nervoso. Entretanto, pesquisas realizadas por dois médicos ingleses, Ernest Henry Starling e William Maddock Bayliss, revelaram a existência no organismo de mensageiros químicos capazes de ativar produção de substâncias e o funcionamento de vários órgãos.

Starling e Bayliss descobriram o que chamaram de secretina, denominada posteriormente de hormônio. Até o momento conhecemos mais de cem hormônios responsáveis por funções como liberar as enzimas para a digestão, estimular o crescimento e as funções reprodutivas, entre outros.

A ingestão de alimento libera vários hormônios que atuam na digestão, como a gastrina, que estimula as células do estômago a produzirem o suco gástrico.

Os hormônios são produzidos por glândulas e integram o chamado **sistema endócrino** que, junto com o sistema nervoso, coordena o funcionamento do nosso organismo para que sejam exercidas todas as funções e exista total interação entre os órgãos.

Os hormônios são substâncias de natureza proteica e agem como se fossem enzimas.

Sistema integrado

As **glândulas** endócrinas lançam os hormônios que produzem diretamente na corrente circulatória.

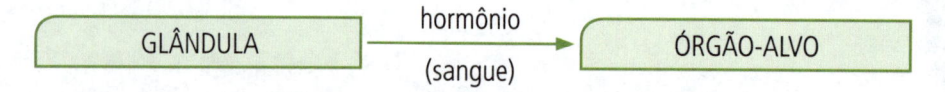

```
GLÂNDULA  --hormônio (sangue)-->  ÓRGÃO-ALVO
```

Desse modo, um estímulo externo ou recebido do sistema nervoso ativa a produção do hormônio que cai na corrente sanguínea e vai agir no órgão no qual atua.

Entretanto há outras glândulas que produzem substâncias que não caem na corrente sanguínea, como é o caso das glândulas salivares, digestivas, sudoríparas, lacrimais e mamárias. Suas secreções são externas, isto é, uma vez produzidas são lançadas na cavidade de um órgão ou para fora do corpo, por isso são chamadas de **glândulas exócrinas**.

Somente o pâncreas e as gônadas – ovários e testículos – são **glândulas mistas**, ou seja, produzem secreções interna e externa.

As glândulas

A **hipófise**, na base do encéfalo, é a glândula que produz maior variedade de hormônios, os quais controlam o crescimento, a excreção, o estímulo do movimento do útero na hora do parto, a produção de leite e o funcionamento de outras glândulas.

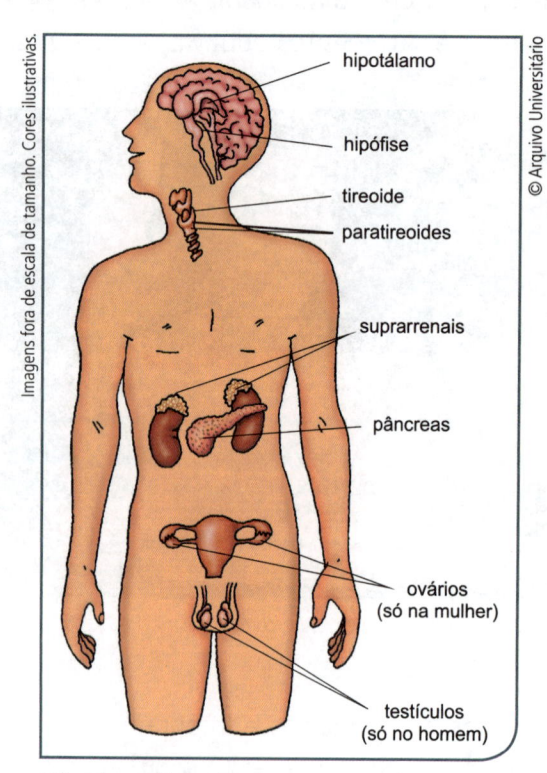

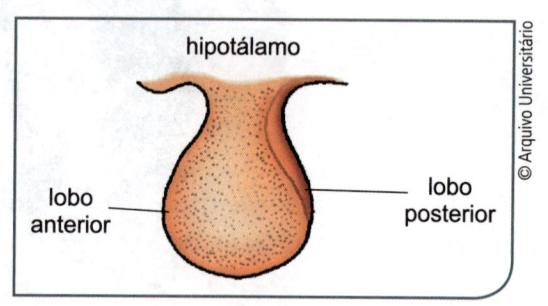

Glândulas endócrinas.

Presa ao hipotálamo, a hipófise tem o tamanho de uma ervilha.

A **tireoide** atua no nosso metabolismo geral, assim como no crescimento e desenvolvimento.

As quatro **paratireoides**, na parte posterior da tireoide, cuidam do controle de dois sais minerais, o fósforo e o cálcio, que participam de inúmeras funções fisiológicas e fazem parte da composição estrutural do nosso organismo.

Vista anterior da tireoide.

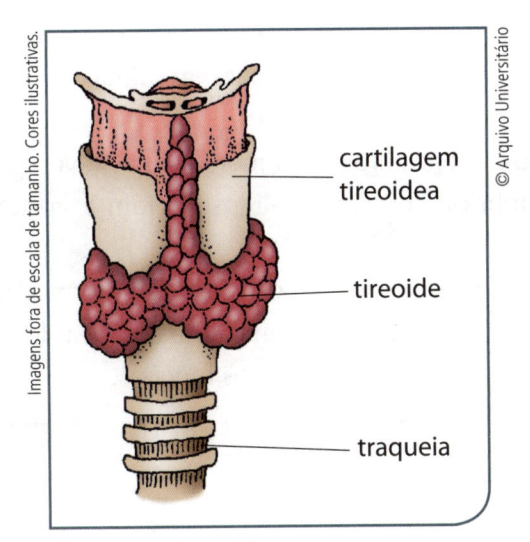

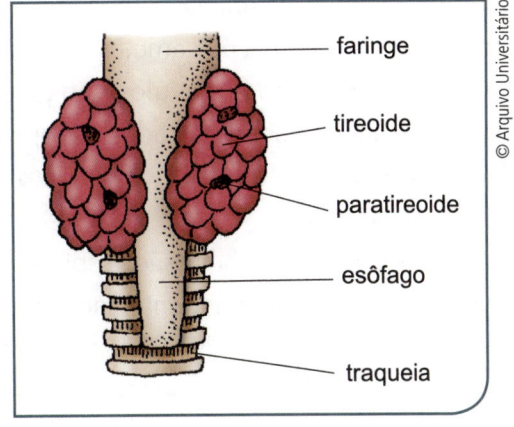

Tireoide vista por trás com as quatro paratireoides.

As **suprarrenais** ou adrenais ficam sobre os rins. Possuem dois centros de produção hormonal, o córtex, ou camada externa, e a medula, ou camada interna.

O cortisol, hormônio do córtex da suprarrenal, influi no metabolismo das proteínas e das gorduras, além de aumentar a excitabilidade nervosa.

A adrenalina, hormônio produzido na medula das suprarrenais, acelera os batimentos cardíacos, obriga a transformação de glicogênio (um polissacarídeo, açúcar complexo armazenado no fígado) em glicose (monossacarídeo, açúcar simples). Esse hormônio prepara o organismo para uma situação de estresse: elevação da pressão arterial devido à aceleração dos batimentos cardíacos; dilatação dos vasos que levam sangue com oxigênio para os músculos; relaxamento dos músculos lisos e hiperglicemia; transformação do glicogênio do fígado em glicose, a qual é liberada no sangue para a produção de mais energia.

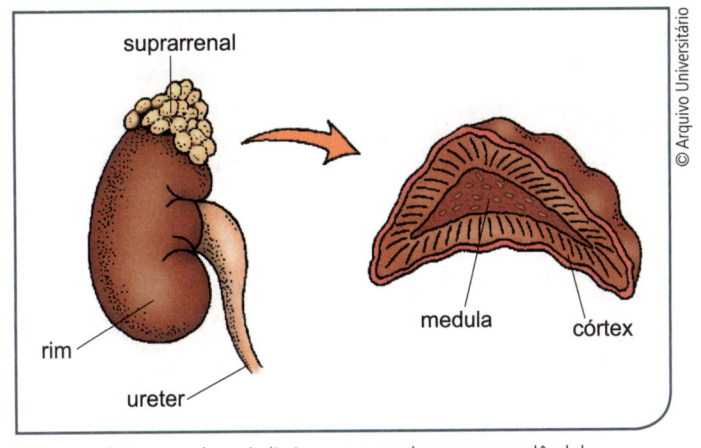

Suprarrenal, à esquerda, e, à direita, um corte dessa mesma glândula.

Nossas glândulas mistas

O **pâncreas** produz o suco pancreático na sua parte exócrina, o qual possui enzimas que atuam no sistema digestório. A parte endócrina produz os hormônios insulina e glucagon.

O primeiro controla o nível de glicose no sangue. O aumento desse açúcar promove liberação de insulina, tornando as membranas celulares mais permeáveis à glicose que, uma vez absorvida, mantém normal sua quantidade no sangue.

O glucagon, ao contrário da insulina, obriga a transformação do glicogênio do fígado em glicose para ser liberada no sangue, pois sua concentração no plasma deve estar muito baixa.

O hipoinsulinismo nas células acarreta a **diabetes melito**, com hiperglicemia e excesso de açúcar na urina, que retira muita água do organismo (a pessoa urina bastante), acarretando, portanto, muita sede.

As **glândulas sexuais** ou **gônadas** também são mistas como o pâncreas. Os ovários, gônadas femininas, produzem os ovócitos ou gametas femininos; os **testículos**, gônadas masculinas, produzem os espermatozoides que, como os óvulos, são produtos da parte exócrina.

A parte endócrina dos ovários produz estrógeno e progesterona, hormônios ligados à reprodução (produção de óvulos) e ao desenvolvimento embrionário. Os testículos liberam testosterona, hormônio sexual masculino.

Os hormônios sexuais também são responsáveis pelas características sexuais externas ou secundárias, aquelas que permitem identificar o homem e a mulher ou o macho e a fêmea de outras espécies. Veja um resumo da produção de hormônios pelas glândulas e suas funções.

Glândula			Hormônio	Função
Hipófise	Anterior		Somatotrófico	Regula o crescimento.
			Tireotrófico	Estimula a tireoide.
			Adrenocorticotrófico	Estimula o córtex da adrenal.
			Folículo estimulante	Estimula o folículo ovárico[1] e a espermatogênese[2].
			Luteinizante	Incentiva a ovulação[3] e a produção de testosterona.
			Prolactina	Mantém o corpo lúteo e estimula a produção de leite.
	Posterior[4]		Antidiurético ou vasopressina	Reduz a perda de água na urina e controla a pressão arterial.
			Ocitocina	Ajuda a contração do útero no parto e a saída do leite nas mamas.
Tireoide			Tiroxina Triodotironina	Estimulam e regulam o metabolismo e o desenvolvimento.
			Calcitonina	Controla a remoção de cálcio nos ossos.
Paratireoides			Paratormônio	Regula a concentração de cálcio e fósforo no sangue.
Suprarrenais	Córtex		Aldosterona	Aumenta a reabsorção de sódio no túbulo renal.
			Cortisol	Regula o metabolismo da glicose e atua contra inflamações.
			Hormônios corticossexuais	Desenvolvem as características sexuais secundárias.
	Medula		Adrenalina Noradrenalina	Preparam o organismo para uma situação de estresse ou de perigo.
Pâncreas (ilhotas de Langerhans)			Insulina	Reduz a concentração de glicose no sangue.
			Glucagon	Aumenta a concentração de glicose no sangue.
Testículos			Testosterona	Produção e maturação dos espermatozoides, desenvolvimento dos órgãos sexuais e das características sexuais secundárias (pelos, timbre de voz etc.).
Ovários	Folículos ovarianos		Estrógeno	Prepara o útero para a gravidez.
	Corpo lúteo		Progesterona	Mantém a gravidez.

(1) Os óvulos são formados de ovogônias, as células precursoras que permanecem no interior dos **folículos ováricos vesiculosos**, os quais produzem o hormônio **estrógeno**.
Cada folículo, após liberar a célula feminina, transforma-se em **corpo lúteo**, o qual produz a **progesterona**.
(2) Formação dos espermatozoides.
(3) Eliminação das células gaméticas femininas pelo ovário.

> **Você sabia?**
>
> Anabolizantes como, por exemplo, certos esteroides, são hormônios sintéticos que estimulam o desenvolvimento de vários tecidos do corpo por meio do crescimento das células e de sua posterior divisão. Apesar de serem empregados no tratamento de algumas doenças, os anabolizantes são utilizados em grande quantidade por pessoas que desejam aumentar o volume dos músculos e a força física.
>
> De forma perigosa e exagerada, algumas pessoas utilizam os anabolizantes em grande quantidade e ainda em associação com outros hormônios para obter o resultado desejado mais rápido, o que pode provocar inúmeros efeitos colaterais indesejados. Dentre eles podemos citar: acne, impotência sexual, calvície, hipertensão arterial, esterilidade, insônia, dor de cabeça, aumento do colesterol maléfico à saúde, problemas cardíacos, crescimento de pelos, engrossamento da voz, distúrbios testiculares e menstruais, entre outros.

Hipofunção e hiperfunção

É o desequilíbrio no funcionamento de uma glândula que, por algum motivo, sofre uma disfunção, secretando hormônio a mais ou a menos.

Há uma hipofunção quando a glândula é retirada ou produz uma quantidade de hormônio abaixo do normal. Há uma hiperfunção quando a glândula produz hormônio em quantidade acima do normal.

A **somatotrofina** ou **hormônio somatotrófico** da hipófise é aquela que promove nosso crescimento. Uma quantidade muito baixa na infância deixará a criança anã e uma quantidade exagerada levará a um crescimento excessivo e a pessoa será um gigante. A hipofunção levará ao nanismo e a hiperfunção promoverá o gigantismo.

A **tiroxina** é um dos hormônios produzidos pela tireoide e requer iodo para ser sintetizada pela glândula. O iodo é adquirido por meio dos alimentos que ingerimos. Nas regiões pobres em iodo, a tireoide é forçada a trabalhar mais para compensar a carência; esse trabalho a mais é denominado **hiperfunção**.

Regulação hormonal

A liberação de um hormônio na corrente sanguínea pode liberar ou inibir a atividade de uma glândula, o que chamamos regulação hormonal.

A baixa concentração de um hormônio no sangue, por exemplo, ativa a sua produção. Assim que o nível desse mesmo hormônio no sangue atinge a concentração ideal, ocorre o estímulo para que cesse a sua produção, havendo a autorregulação do sistema hormonal, conforme o esquema ao lado.

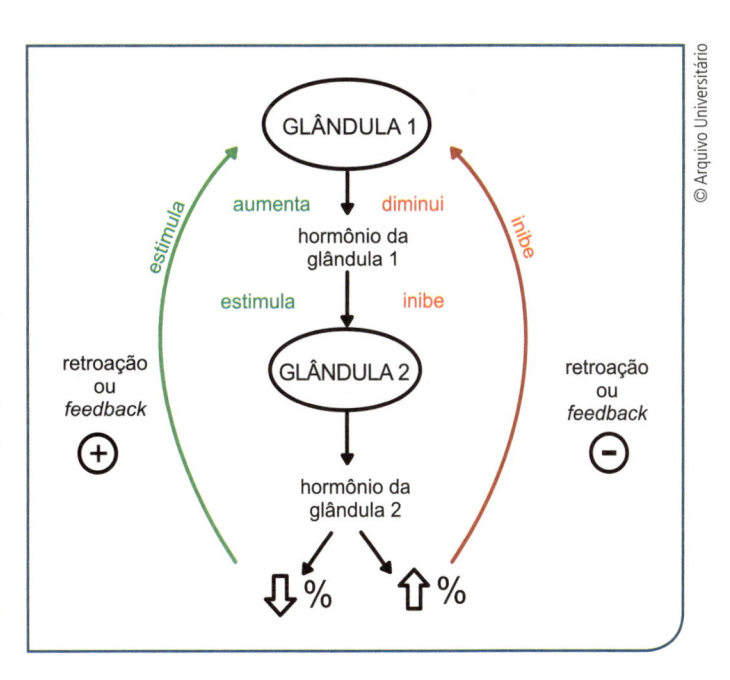

O controle da produção de hormônios pela tireoide é um bom exemplo para a compreensão desse processo. Taxas abaixo do normal da tiroxina, hormônio produzido pela tireoide, levarão à fabricação, pela hipófise, do hormônio tireotrófico que, por sua vez, estimulará a tireoide a produzir o hormônio em falta, no caso a tiroxina. Quando a tiroxina atinge sua taxa normal no sangue, a produção do hormônio tireotrófico pela hipófise é inibida.

ATIVIDADES

1. Por que, ao estudarmos glândulas endócrinas, chamamos uma estrutura de órgão-alvo?

2. Como os produtos das glândulas endócrinas são distribuídos por todo o organismo?

3. Qual é a natureza química das moléculas dos hormônios?

4. Associe corretamente as duas colunas:

   A – Pâncreas   I – Glândula-mãe, é aquela que mais produz hormônio entre todas as glândulas.
   B – Gônadas   II – Precisa de iodo para a síntese de seus hormônios.
   C – Hipófise   III – É uma glândula mista: exócrina e endócrina.
   D – Paratireoides   IV – São em número de quatro no organismo.
   E – Tireoide   V – Glândulas ligadas à reprodução.

5. Os médicos da Antiguidade conseguiam reconhecer a diabetes observando que a urina de certos pacientes atrai moscas. Como você explica essa prática?

6. O que é autorregulação do sistema endócrino?

7 Qual é a ligação entre o hipotálamo e a hipófise?

_____
_____
_____
_____

8 Por que acontece o bócio?

_____
_____
_____
_____

9 (Enem) O metabolismo dos carboidratos é fundamental para o ser humano, pois a partir desses compostos orgânicos obtém-se grande parte da energia para as funções vitais. Por outro lado, desequilíbrios nesse processo podem provocar hiperglicemia ou diabetes.
O caminho do açúcar no organismo inicia-se com a ingestão de carboidratos que, chegando ao intestino, sofrem a ação de enzimas, "quebrando-se" em moléculas menores (glicose, por exemplo) que serão absorvidas.
A insulina, hormônio produzido no pâncreas, é responsável por facilitar a entrada da glicose nas células. Se uma pessoa produz pouca insulina, ou se sua ação está diminuída, dificilmente a glicose pode entrar na célula e ser consumida.
Com base nessas informações, pode-se concluir que:

a) o papel realizado pelas enzimas pode ser diretamente substituído pelo hormônio insulina.

b) a insulina produzida pelo pâncreas tem um papel enzimático sobre as moléculas de açúcar.

c) o acúmulo de glicose no sangue é provocado pelo aumento da ação da insulina, levando o indivíduo a um quadro clínico de hiperglicemia.

d) a diminuição da insulina circulante provoca um acúmulo de glicose no sangue.

e) o principal papel da insulina é manter o nível de glicose suficientemente alto, evitando, assim, um quadro clínico de diabetes.

10 Imagine que você estava andando na praia e deparou-se com um cachorro latindo em sua direção. Em alguns minutos os seus movimentos respiratórios e os batimentos cardíacos aumentam.

a) Qual é o hormônio que participa dessa reação?

_____

b) Quais são as glândulas que produzem o hormônio dessa reação?

_____

c) Por que nessa situação o corpo reage aumentando os batimentos cardíacos e os movimentos respiratórios?

11 Que hormônio prepara a mulher para a gestação?

12 Qual é o hormônio responsável pelo desenvolvimento dos caracteres sexuais secundários no homem?

13 Associe *corretamente* os itens a seguir com os números da figura abaixo.

A – Diabetes melito.
B – Gigantismo e nanismo.
C – Controle do metabolismo e do desenvolvimento.
D – Produção e maturação de espermatozoides.
E – Adaptação a situações de perigo.

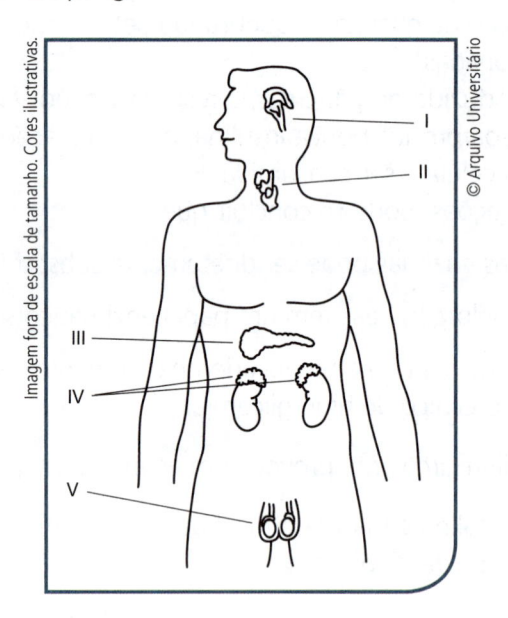

14 "A coordenação endócrina geralmente difere da coordenação nervosa por provocar respostas mais rápidas." Escreva se a frase está correta e justifique.

Capítulo 6
REPRODUÇÃO HUMANA

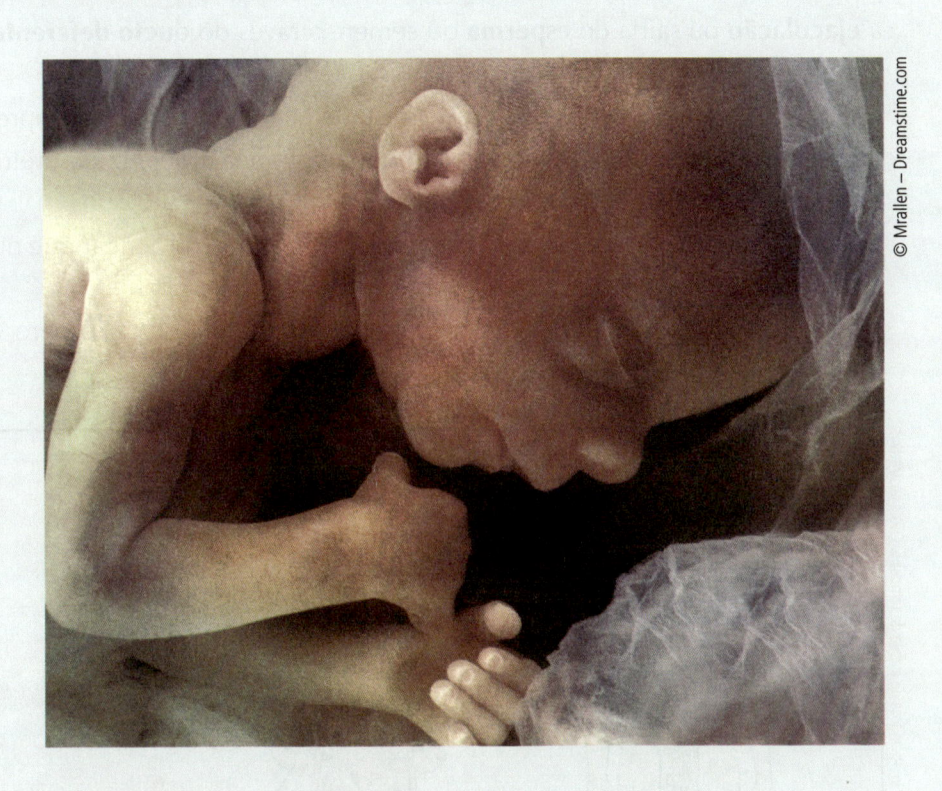

A reprodução de qualquer espécie garante sua continuidade, desde que ela se adapte às sucessivas mudanças do ambiente, o qual é extremamente dinâmico.

Na espécie humana, há um acentuado dimorfismo sexual, isto é, além das diferenças primárias, que são as **gônadas** (testículos, no homem; e ovários, na mulher), existem **características sexuais secundárias**, isto é, que podem ser percebidas externamente.

Tais características começam a ser notadas mais ou menos aos dez anos, na **puberdade**, fase que ocorre entre a infância e a adolescência.

Nas garotas, as mamas começam a ficar salientes e o corpo, mais cheio de curvas (quadris mais arredondados), enquanto nos garotos a musculatura torna-se mais definida e a voz fica menos aguda. Nelas e neles surgem pelos em várias partes do corpo, além de os interesses pessoais sofrerem profundas mudanças.

Sistema reprodutor masculino

As gônadas (órgãos reprodutores) masculinas são os dois **testículos**, localizados no **escroto** ou saco escrotal, portanto, fora do corpo. Se os testículos fossem internos, a temperatura do corpo poderia atrapalhar a formação dos gametas masculinos.

No interior de cada testículo, encontramos estruturas em forma de pequenos novelos, os **túbulos seminíferos**, nos quais é fabricada a **testosterona**, hormônio sexual responsável pelo aparecimento das características sexuais secundárias (timbre de voz, pelos etc.) e pela **espermatogênese**, que é a produção e maturação dos gametas (células reprodutoras) masculinos, os **espermatozoides**.

Depois de produzidas, as células reprodutoras masculinas passam para o epidídimo, um conjunto de túbulos sobre o testículo, onde completam sua formação e permanecem armazenadas até a **ejaculação** ou saída do **esperma** ou sêmen, através do **ducto deferente**, que se abre na **uretra** do **pênis**, o órgão copulador.

Existem algumas glândulas acessórias que auxiliam o processo reprodutivo:

- **Próstata**: produz uma secreção que neutraliza a acidez da uretra e também do canal vaginal, onde é depositado o esperma.
- **Glândulas seminais**: fabricam um líquido à base de açúcar que nutre as células reprodutoras masculinas.
- **Glândulas bulbouretrais**: lançam um líquido cuja função parece ser de limpeza da uretra para a passagem do sêmen.

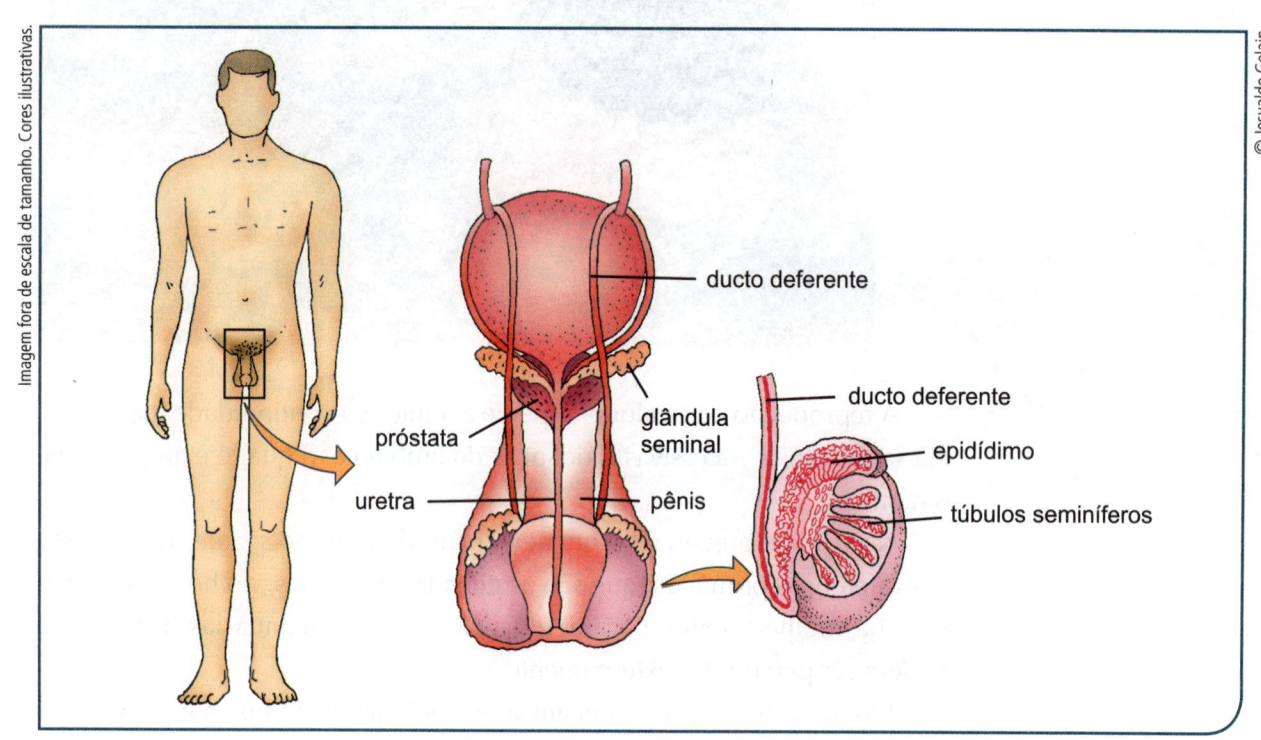

Sistema genital masculino.

Como ocorre a ereção do pênis e a ejaculação

No homem, o estímulo sexual promove involuntariamente o bombeamento de sangue no tecido erétil do pênis, que aumenta de tamanho, eleva-se e torna-se rijo. Esse processo constitui o que chamamos ereção.

Durante o ato sexual, os movimentos do pênis na vagina massageiam a glande do pênis, provocando aumento do estímulo sexual que culmina com a ejaculação – contrações rítmicas dos testículos, das vesículas seminais e da próstata, que eliminam seu conteúdo e, assim, lançam pela uretra o líquido seminal ou sêmen.

O líquido seminal liberado em uma relação sexual contém cerca de 300 milhões de espermatozoides.

Se a mulher estiver no período fértil, um deles poderá fecundar o ovócito e, consequentemente, ocorrer gravidez.

Sistema reprodutor feminino

As gônadas são os dois ovários, um de cada lado do baixo-ventre. São ovalados, têm 3 centímetros e produzem os gametas femininos, os **ovócitos**, numa camada mais externa.

A produção dos ovócitos ocorre antes do nascimento: é a **ovogênese** ou ovulogênese.

Cada ovário é acompanhado de um conduto, chamado **tuba uterina**, e ambos desembocam no útero, órgão musculoso, de 7 centímetros, com a forma de uma pera invertida.

É no útero que ocorre o desenvolvimento embrionário, caso ocorra fecundação e as demais condições permitam.

O colo uterino, parte inferior e mais estreita do útero, comunica-se com a vagina, um canal que se abre para fora do corpo. Formando a parte externa da vagina (vulva), temos os pequenos e grandes lábios e o **clitóris**, uma estrutura erétil e de grande sensibilidade.

Acima do canal vaginal está a abertura da uretra, que é o final do canal excretor.

Na entrada do canal vaginal, há uma fina membrana, de função não definida, fechando parcialmente a abertura: é o **hímen**.

No canal vaginal, algumas glândulas produzem um líquido lubrificante.

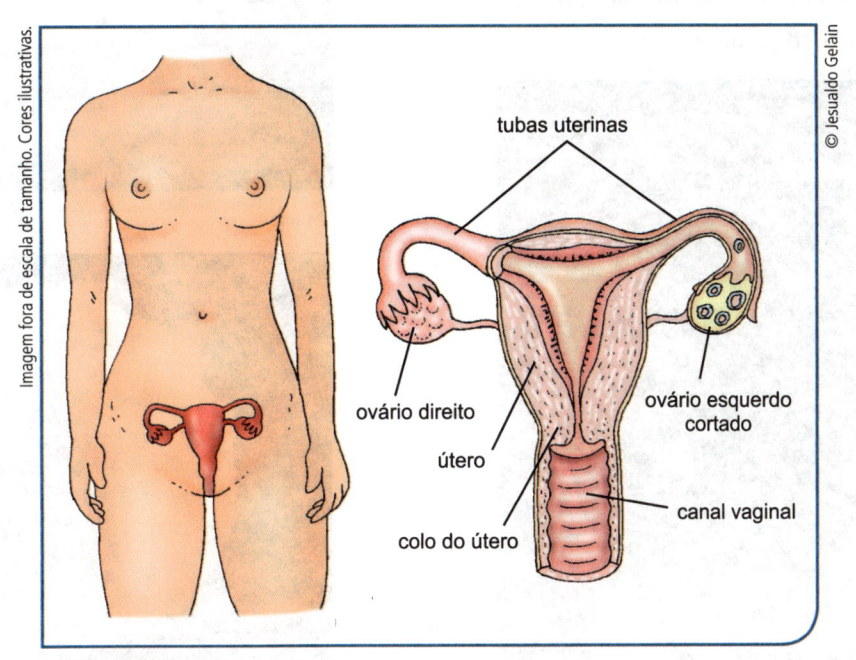

Sistema genital feminino.

Os ovários

Desde o terceiro mês de seu desenvolvimento, o embrião feminino apresenta quatrocentas mil células que podem se transformar em células gaméticas femininas.

O amadurecimento sexual começa na puberdade (±12 anos) e, daí, até a **menopausa** (±50 anos), que é a interrupção dos ciclos mensais (ou menstruais) femininos, a cada 28 dias a mulher apresenta fenômenos que terminam pela descamação do útero, a chamada **menstruação**.

O ciclo sexual

Apesar de possuir milhares de células nos ovários, durante sua vida sexual, a mulher libera apenas de 300 a 400 células gaméticas, que podem ou não ser fecundadas pelos espermatozoides.

O **hormônio foliculoestimulante** (FSH), produzido pela hipófise, leva ao amadurecimento do **folículo ovárico vesiculoso**, pequena câmara onde está a célula gamética feminina, que produz o hormônio **estrogênio**, o qual, por sua vez, leva ao espessamento da mucosa do útero.

O aumento do estrogênio provoca a redução do hormônio foliculoestimulante, fazendo regredir o folículo ovárico e, em seguida, há redução do estrogênio.

A hipófise libera o **hormônio luteinizante** (LH), que provoca a **ovulação**, ou seja, a expulsão do ovócito pelo folículo ovárico. Isso ocorre por volta do **14º dia do ciclo**, período de maior fertilidade da mulher.

O folículo ovárico passa a se chamar corpo lúteo ou amarelo, que agora secreta **progesterona**, a qual provoca maior espessamento ainda dos vasos sanguíneos da mucosa do útero.

Tal aumento da progesterona leva a uma redução do hormônio luteinizante, fazendo regredir o corpo lúteo e cair o nível de progesterona. O resultado da redução da progesterona é a descamação uterina ou sangramento, chamado **menstruação**, que ocorre, teoricamente, no 28º dia.

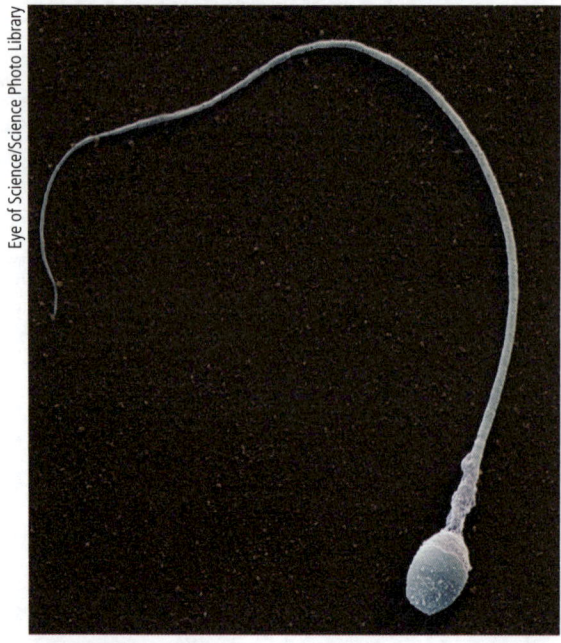

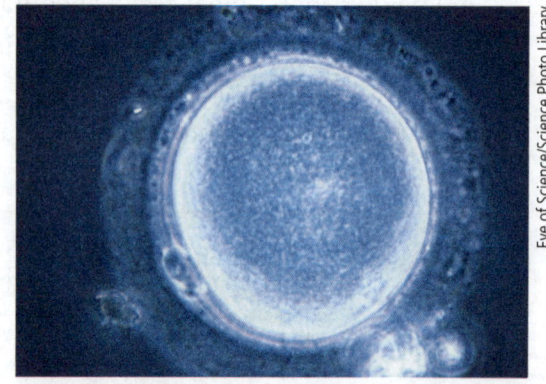

Óvulo.

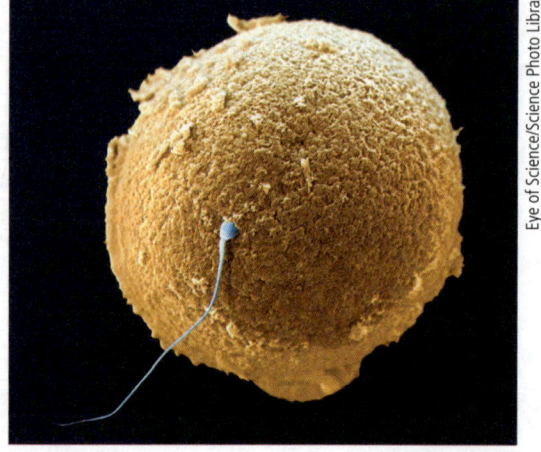

Espermatozoide.

Fecundação.

Resumo esquemático do ciclo sexual feminino

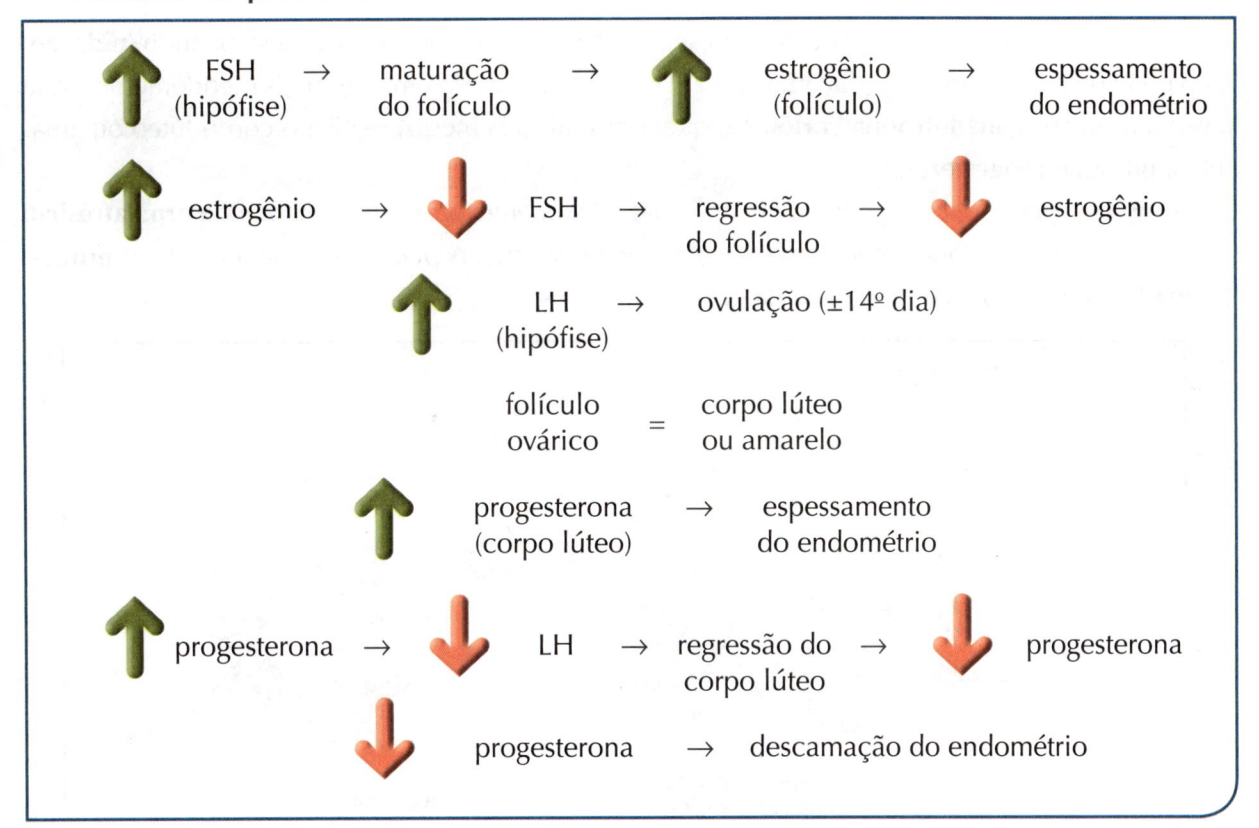

⬆ FSH (hipófise) → maturação do folículo → ⬆ estrogênio (folículo) → espessamento do endométrio

⬆ estrogênio → ⬇ FSH → regressão do folículo → ⬇ estrogênio

⬆ LH (hipófise) → ovulação (±14º dia)

folículo ovárico = corpo lúteo ou amarelo

⬆ progesterona (corpo lúteo) → espessamento do endométrio

⬆ progesterona → ⬇ LH → regressão do corpo lúteo → ⬇ progesterona

⬇ progesterona → descamação do endométrio

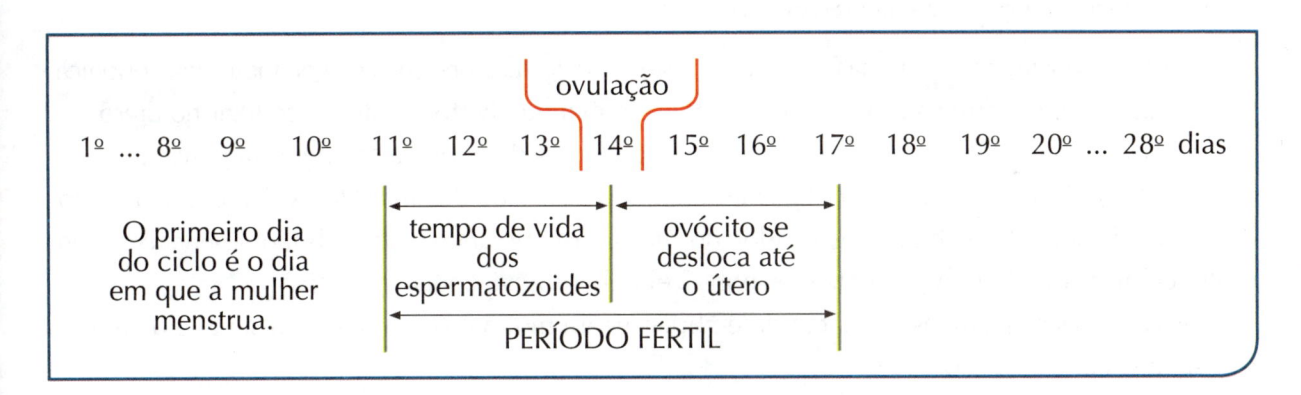

---

ovulação

1º ... 8º 9º 10º 11º 12º 13º 14º 15º 16º 17º 18º 19º 20º ... 28º dias

O primeiro dia do ciclo é o dia em que a mulher menstrua.

tempo de vida dos espermatozoides | ovócito se desloca até o útero

PERÍODO FÉRTIL

Teoricamente, não havendo relações sexuais durante o período fértil do ciclo, não ocorre fecundação.

O que ocorre com a mulher durante a relação sexual

Ao receber estímulos sexuais, ocorre uma maior irrigação da vulva e do clitóris, que ficam inchados. Ao mesmo tempo, duas glândulas no interior da vagina começam a liberar muco para lubrificar o canal vaginal e facilitar a penetração do pênis. Os movimentos do pênis durante a relação sexual acabam por estimular o clitóris aumentando a excitação que culmina com o orgasmo da mulher. Do mesmo modo que no homem, o orgasmo é caracterizado por um conjunto de contrações musculares rítmicas nos órgãos sexuais. As contrações musculares têm a função de facilitar a penetração do sêmen no corpo da mulher.

Gravidez

Se houver fecundação, o zigoto sofrerá segmentação e o embrião acabará se fixando (**nidação**) na parede uterina. Formada a **placenta** (vilosidades coriônicas do embrião mais o endométrio), esta passa a produzir **gonadotrofina coriônica**, que, por mais três meses, reativa o corpo lúteo ou amarelo a produzir **progesterona**.

Após esse período, o corpo lúteo cicatriza definitivamente (passa a ser chamado **corpo atrésico**) e a gravidez torna-se independente da progesterona ovariana. A placenta passa a produzir **progesterona II**, garantindo a continuidade da gestação.

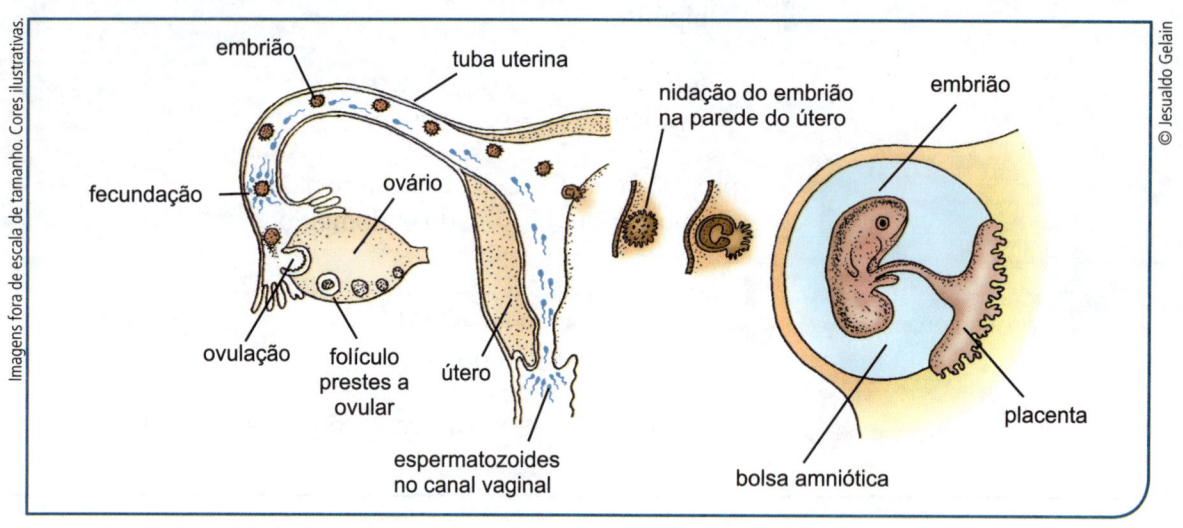

Fecundação, nidação e início do desenvolvimento embrionário.

O teste de gravidez com a urina feminina consiste em detectar a presença de gonadotrofina coriônica. A fecundação ocorre na tuba uterina, forma-se o **ovo** ou **zigoto**, e este vai se fixar no útero.

A partir do momento em que se forma o ovo, podemos dizer que a mulher está grávida.

A nidação leva à formação da placenta, uma exclusividade dos mamíferos. Ela é uma acomodação dos tecidos do embrião nos tecidos do útero. Protuberâncias do embrião se encaixam em protuberâncias do útero. A placenta é responsável pela sobrevivência do embrião.

Os capilares sanguíneos da mãe e do embrião ficam muito próximos, mas o sangue de ambos não se mistura.

Da mãe para o feto passam nutrientes, água, oxigênio, hormônios e anticorpos. No sentido contrário, do feto para a mãe, transitam dióxido de carbono e excretas (urina).

Essas trocas são feitas pelo **cordão umbilical**: duas artérias com sangue venoso que partem do embrião e chegam à placenta (mãe) e uma veia com sangue arterial que parte da mãe e alcança o embrião. Nosso umbigo é o lugar pelo qual o cordão umbilical esteve ligado à placenta.

Nem todos os anticorpos passam da mãe para o feto através da placenta; portanto, a imunidade passiva conferida é limitada. A placenta não impede a passagem de medicamentos ingeridos pela mãe, de drogas ou de outras substâncias tóxicas.

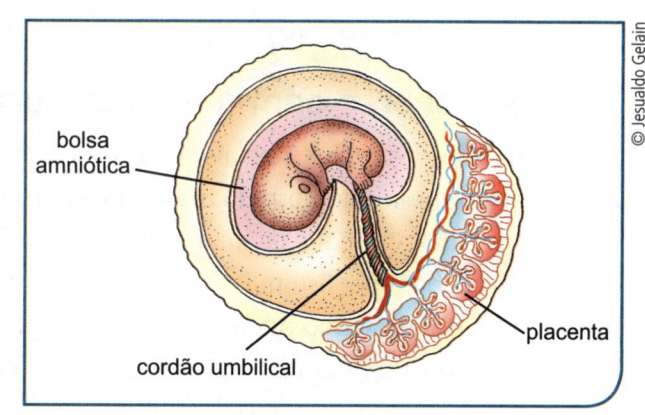

Embrião humano com 7 semanas.

Certas doenças, o feto adquire da mãe, uma vez que seus agentes etiológicos atravessam a placenta. É o caso de viroses, como rubéola e aids; bacterioses, como sífilis e escarlatina; e protozooses, como malária e doença de Chagas.

A gestação

O crescimento e o desenvolvimento do embrião duram quarenta semanas, ou 9 meses completos, e terminam com o nascimento. Nesse período, ocorrem alterações que levam ao crescimento e ao aparecimento dos tecidos, órgãos e sistemas.

O **período embrionário** compreende os dois primeiros meses de gestação, quando o coração do embrião já começa a funcionar e o sistema nervoso e a forma humana ganham definição. Nesse estágio o novo organismo pode chegar a 3 centímetros.

No **período fetal**, o embrião, com os órgãos formados, passa a se chamar **feto**, e começará a crescer, assim como o útero e a barriga da mulher.

- 3º mês: definição dos órgãos sexuais (10 cm).
- 4º mês: as pálpebras, com cílios, fazem movimentos (18 cm).
- 5º mês: calcificação dos ossos (30 cm).
- 6º mês: pelos finos no corpo de quase 800 g (35 cm).
- 7º mês: os pulmões terminam de se formar (40 cm), tanto que os prematuros nascidos nesse momento da gestação conseguem sobreviver.
- 8º mês: o bebê apenas ganha massa (40 a 45 cm).
- 9º mês: a musculatura do útero começa a "empurrar" o bebê para fora (45 a 50 cm).

O parto

É o nascimento ou expulsão do bebê pela musculatura uterina. Ocorre de 38 a 40 semanas depois da fecundação, durante o 9º mês de gestação.

O bebê já está com 40 a 50 centímetros e com 2,5 a 3,5 quilogramas.

Antes de o bebê nascer, rompe-se a **bolsa-d'água** ou **amniótica**, onde a criança esteve mergulhada e protegida contra choques mecânicos, e o líquido sai pela vagina.

O colo do útero e as paredes da vagina sofrem uma grande dilatação para deixar passar o bebê.

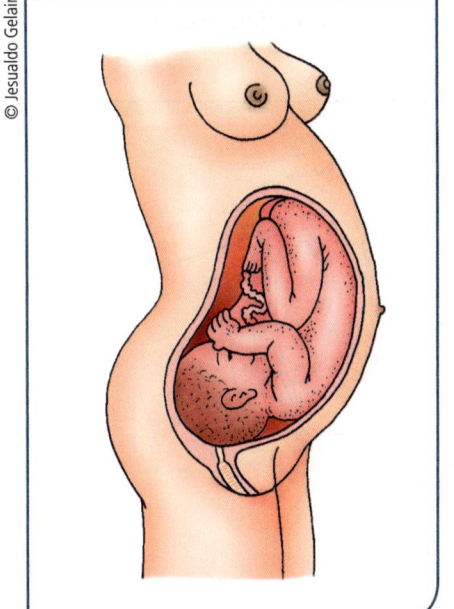

Bebê em posição própria para nascer.

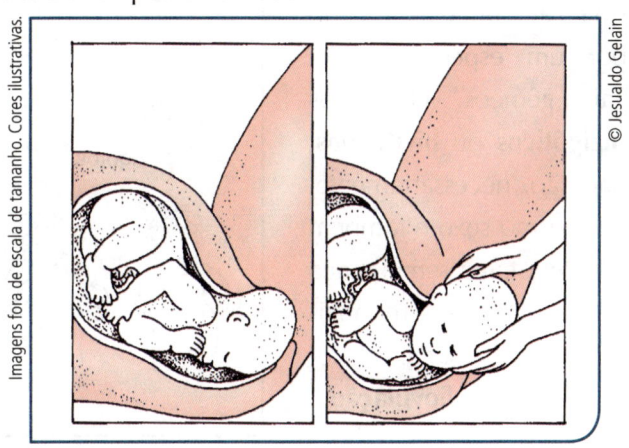

O nascimento.

Gêmeos

A gravidez gemelar por **poliembrionia** é a formação de dois ou mais embriões de um único zigoto. Um ovócito é fecundado por um único espermatozoide e, na primeira divisão do zigoto, as células sofrem uma separação, evoluindo independentemente.

Como tais irmãos são provenientes do mesmo ovo, eles apresentam o mesmo patrimônio hereditário e são chamados **gêmeos monozigóticos** ou **univitelinos**.

Geralmente são muito parecidos e, obrigatoriamente, do mesmo sexo, já que vieram do mesmo zigoto.

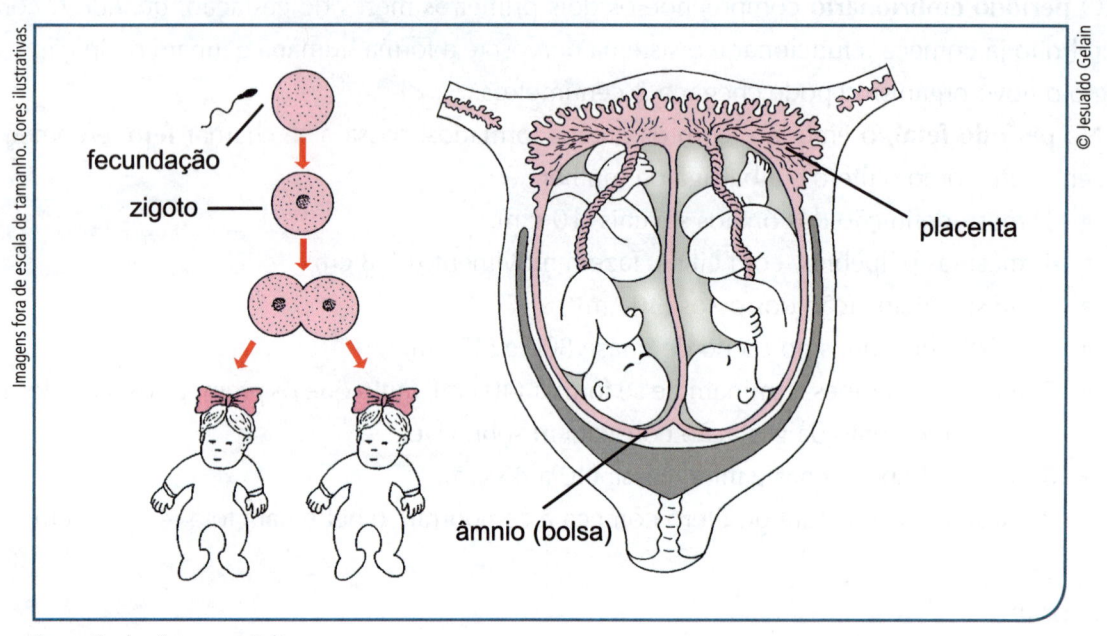

Formação de gêmeos univitelinos.

Gêmeos **xifópagos** ou **siameses** são monozigóticos e resultam da separação incompleta das duas primeiras células. Por isso, os irmãos siameses são sempre do mesmo sexo. A frequência é de um caso para duzentos mil partos e, para cada três casos com meninas, ocorre, geralmente, um caso com meninos.

Às vezes, mais de um ovócito é expulso do ovário e cada um é fecundado por um espermatozoide. Tais gêmeos, chamados **dizigóticos** ou **bivitelinos**, não são, necessariamente, do mesmo sexo e também não têm tanta semelhança como os gêmeos monozigóticos. Chamamos o fenômeno de **poliovulação**.

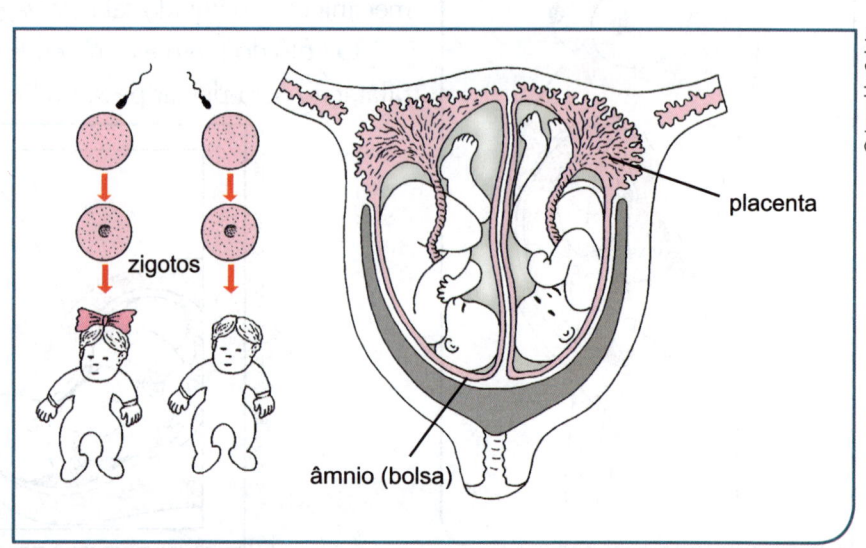

Formação de gêmeos bivitelinos.

> **Você sabia?**
>
> ### Como funciona a fertilização *in vitro*
>
> Os ovários são estimulados por meio de hormônios e, por isso, produzem mais ovócitos.
>
> Eles são retirados dos ovários e, num meio de cultura, fecundados por espermatozoides, originando vários zigotos que começam a se dividir, formando embriões.
>
> Um dos embriões, ainda com poucas células, é implantado pelo canal vaginal na mucosa uterina da mulher que quer engravidar.
>
> Os embriões que não foram utilizados são congelados e, depois, mantidos em nitrogênio líquido a quase duas centenas de graus negativos, onde poderão ficar durante muitos anos.

Métodos contraceptivos

Contracepção é a prevenção da gravidez.

Denomina-se **concepção** a fertilização ou fecundação, que resulta na formação do zigoto e do embrião e sua fixação na parede uterina, a nidação.

São vários os métodos contraceptivos ou anticoncepcionais:

Coito interrompido

Consiste na retirada do pênis da vagina antes da ejaculação ou eliminação do sêmen ou esperma, onde estão milhões de espermatozoides.

Não é um método tão eficiente, pois as secreções que antecedem a ejaculação podem conter alguma quantidade de espermatozoides.

Tabela

Muitas mulheres não mantêm relações sexuais no chamado período fértil, isto é, nos três dias antes e nos três dias depois da ovulação.

Num ciclo regular de 28 dias, admitindo-se que a ovulação ocorra no 14o dia, evitar relações sexuais três dias antes e três dias após a ovulação diminui muito (até 90%) a chance de gravidez, porque o óvulo não sobrevive mais do que 48 horas e os espermatozoides morrem depois de 72 horas no corpo da mulher.

A restrição está, exatamente, em saber, com certeza, o dia da ovulação.

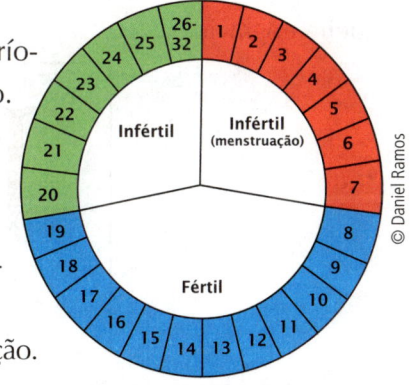

Preservativo ou camisinha

Capuz de látex que deve envolver o pênis ereto e servir como uma barreira mecânica para o esperma não alcançar o útero e a tuba uterina.

O usuário deve observar o tamanho correto, para que ela não se rompa ou escape do pênis e, depois de usada uma única vez, deve ser retirada e jogada fora.

Camisinha masculina.

A camisinha feminina, feita de material semelhante, também funciona como uma barreira para impedir que os espermatozoides encontrem os gametas femininos.

O preservativo ou camisinha também impede o contágio de doenças sexualmente transmissíveis.

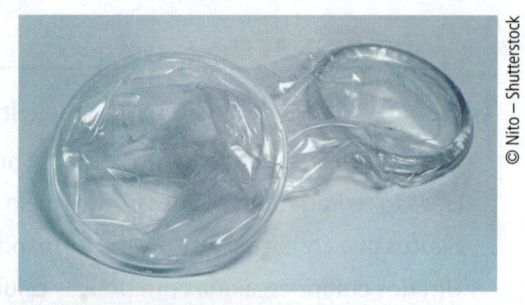

Camisinha feminina.

Diafragma

Pequena peça de borracha, com forma de abóbada, que, uma vez posicionada no colo do útero, evita que o esperma penetre no órgão e alcance a tuba uterina, onde, por ventura, possa encontrar algum ovócito recém-expulso pelo ovário.

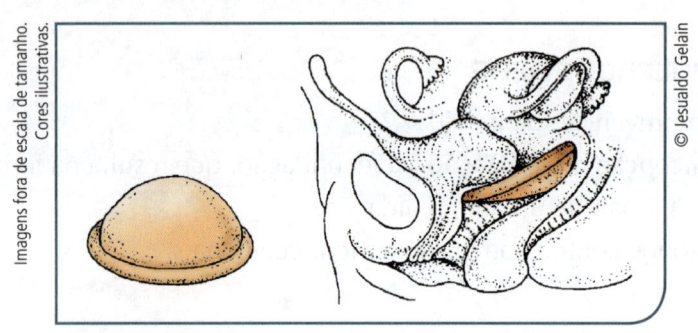

Diafragma colocado no colo do útero.

Dispositivo intrauterino (DIU)

Artefato de plástico ou metal, que deve ser aplicado apenas pelo médico. Introduzido no útero, ele provoca a produção de células de defesa pelo organismo da mulher, as quais impedem a fixação do embrião.

Como seu uso é mais prolongado, o DIU deve ser retirado pelo especialista, caso a mulher queira engravidar.

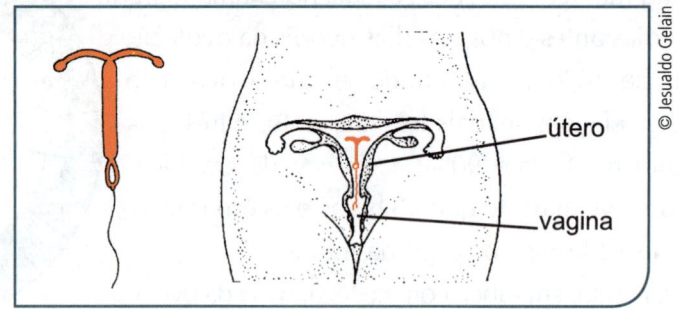

DIU colocado no útero.

Espermicida

Creme ou gel (geleia) de uso tópico (que se aplica no local), com a função de, no interior do canal vaginal, destruir os espermatozoides.

Esterilização

Processos invasivos e cirúrgicos, que podem ser usados no homem e na mulher, assim como em outros animais.

Espermicida.

A **vasectomia** admite seccionar os ductos deferentes, que levam os espermatozoides dos testículos à uretra.

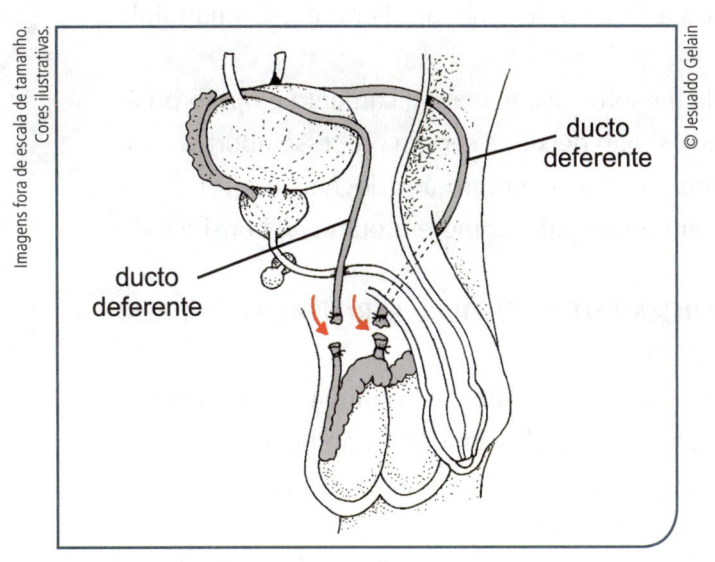

Vasectomia.

A **laqueadura** é o corte feito nas tubas uterinas, impedindo que os ovócitos alcancem o restante das tubas e o útero.

Em ambos os casos, fica impedido o encontro dos gametas masculino e feminino; porém, são processos de reversibilidade incerta.

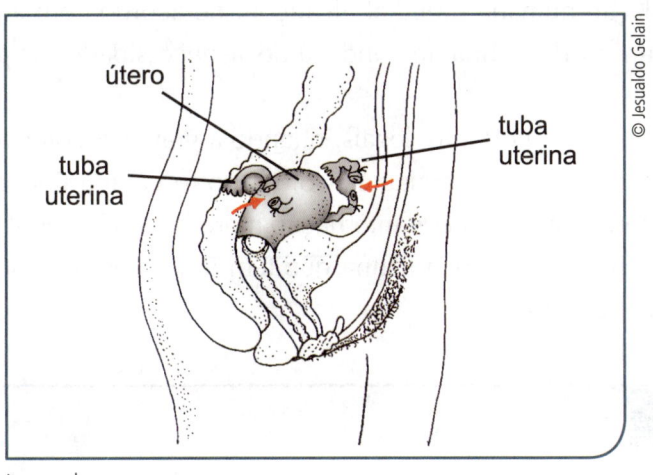

Laqueadura.

Pílula anticoncepcional

É uma dose diária de estrógeno e progesterona, cujas quantidades altas no sangue impedem a produção de hormônio foliculoestimulante pela hipófise; sem esse hormônio, não ocorre maturação de folículos ováricos, nem ovulação.

A pílula anticoncepcional só deve ser utilizada quando prescrita por médico especialista.

Existe um medicamento, também prescrito por médicos, denominado **pílula do dia seguinte**. Ela é utilizada para evitar a gravidez indesejada porque, se tomada até 72 horas após o ato sexual, causa uma forte descamação da parede interna do útero, o endométrio, impedindo a fixação do embrião. Portanto, é uma pílula abortiva.

Além do perigo de hemorragias, esse medicamento é muito polêmico porque, para muitos, não deixa de ser um processo abortivo, e o **aborto** provocado, além de ir de encontro aos dogmas ou princípios de algumas religiões, em nosso país, como em outros, é considerado crime.

QUALQUER MEDICAMENTO SÓ DEVE SER USADO SE PRESCRITO POR UM MÉDICO.

A prática do aborto, apesar de proibida, continua ocorrendo, em locais de péssima assepsia, onde é altíssima a probabilidade de contágio e o desenvolvimento de infecções, principalmente quando os abortos são feitos por pessoas sem a mínima instrução na área de saúde.

Mais fácil que o aborto, para evitar a gravidez indesejada, é o uso de algum método anticoncepcional, principalmente o uso de camisinha, que evita, inclusive, doenças sexualmente transmissíveis, algumas delas gravíssimas, como a síndrome da imunodeficiência adquirida, a aids ou sida.

Métodos contraceptivos seriam necessários para o controle da natalidade em países onde a população sofre um crescimento explosivo, e, ainda por cima, cujos territórios e economias não oferecem sustento para milhões de pessoas; por isso, muitas delas permanecem na pobreza e na miséria.

Em 2011, a população humana mundial alcançou, de acordo com a ONU (Organização das Nações Unidas), 7 bilhões de habitantes, indicando a necessidade de **planejamento familiar** e orientação.

Abortos são autorizados e, portanto, legais, quando a gravidez coloca em risco a vida da mulher, ou ainda em caso de estupro. Enquanto isso, o aborto clandestino continua como uma das principais causas de morte materna ou de internação na rede pública de saúde em nosso país.

O Brasil é o único país da América Latina que tem um programa continuado de distribuição gratuita da pílula do dia seguinte.

ATIVIDADES

1 A reprodução humana é sexuada. Qual a vantagem da reprodução sexuada sobre a reprodução assexuada?

_____

_____

2 Por que afirmamos que a mulher, como a maioria dos mamíferos, é vivípara?

_____

_____

3 Qual o significado de dimorfismo sexual?

_____

_____

_____

4 Sabendo que uma mulher tem ciclo menstrual regular de 28 dias e que sua última menstruação teve início em 6 de abril, responda:

a) Em que dia iniciará a próxima menstruação?

_____

_____

b) Qual será o período fértil dessa mulher?

_____

c) Sabendo que o ciclo dessa mulher é de 28 dias, podemos ter certeza de qual será o período fértil dela? Justifique.

_____

_____

5 Responda:

a) Numa relação sexual completa, entre duas pessoas de sexos diferentes, onde os espermatozoides são depositados?

_____

_____

b) Normalmente, onde ovócito e espermatozoide se encontram, permitindo a fecundação?

_____

_____

c) Cite duas consequências da reprodução.

_____

_____

d) Onde são produzidos ovócitos e espermatozoides?

_____

_____

6 Em novembro de 1997 nasceram nos Estados Unidos, nove semanas antes da data prevista, os sétuplos McCughey. Apesar de a imprensa mundial noticiar o fenômeno como um milagre, um precisou de cirurgia para poder andar e dois dos sétuplos têm paralisia infantil. Os sétuplos McCughey são três meninas e quatro meninos e a gestação múltipla foi consequência do uso de medicamentos para estimular a ovulação. Eles são gêmeos idênticos? Justifique.

_____
_____
_____
_____
_____

7 O primeiro sinal de gravidez é o atraso da menstruação. Mas isso não é suficiente, pois o atraso pode ter outros motivos. Quando há suspeita de gravidez, aconselha-se fazer um exame de laboratório para a confirmação. O que deve ser detectado na urina da mulher, que garante o diagnóstico da gravidez?

_____
_____

8 Se não há gravidez, como os ovócitos saem do corpo da mulher mensalmente?

_____
_____

9 Pesquise a diferença entre parto normal e cesariana.

_____
_____
_____

10 Responda:

a) Durante a vida intrauterina, o que desempenha as funções de nutrição, respiração e excreção?

_____
_____

b) O que acontece com a placenta após o parto?

_____
_____

c) Como é constituído o cordão umbilical?

_____

_____

d) Defina nidação.

_____

_____

e) Como podemos definir fecundação?

_____

_____

11 Eduarda está na 20ª semana de gestação e foi realizar um exame de ultrassonografia. A imagem do exame é de um feto ou de um embrião? Justifique.

_____

_____

_____

12 Identifique os métodos contraceptivos presentes nas figuras.

a)   b)   c)

_____   _____   _____

_____   _____   _____

13 Procure saber por que os testículos ficam fora do corpo, numa bolsa escrotal.

_____

_____

_____

_____

14 Como podemos definir a menstruação?

_____
_____
_____

15 Assinale (**C**) para as frases corretas e (**E**) para as frases erradas.

a) ( ) No ciclo menstrual de uma mulher, se não ocorrer fecundação, o óvulo degenera e morre logo que termina o período fértil.

b) ( ) A ovulação da mulher normalmente ocorre no início do ciclo menstrual.

c) ( ) A progesterona usada nas pílulas anticoncepcionais é responsável pela suspensão da ovulação.

d) ( ) Ovulação é a eliminação do ovócito num ciclo de 28 dias.

16 A eficiência dos métodos anticoncepcionais mais utilizados pode ser verificada observando-se o quadro a seguir.

Método	% de casos em que ocorreu gravidez
1. Tabela	20
2. Interrupção do coito antes da ejaculação	16
3. Camisinha	2
4. Diafragma com espermicida	2
5. Ligação das tubas uterinas	0,4
6. Pílula anticoncepcional	0,5
7. Vasectomia	0,4

a) Qual o método menos seguro? Justifique.

_____
_____
_____
_____

b) O método da pílula anticoncepcional diferencia-se dos demais em relação à forma pela qual se evita a gravidez. Explique a afirmação.

_____
_____
_____
_____

17 (Fuvest/SP) Durante o desenvolvimento embrionário das aves, o embrião é nutrido graças à grande quantidade de vitelo presente no ovo. Já nos mamíferos, o ovo é pobre em vitelo. Como a grande maioria dos embriões de mamíferos consegue obter os nutrientes necessários para o seu desenvolvimento?

_____

_____

18 Responda:

a) Cite duas formas ou dois métodos de evitarmos a concepção.

_____

b) Defina vasectomia e laqueadura.

_____

_____

_____

c) Como funcionam as pílulas anticoncepcionais?

_____

19 Escreva o nome das estruturas.

a) _____   h) _____
b) _____   i) _____
c) _____   j) _____
d) _____   k) _____
e) _____   l) _____
f) _____   m) _____
g) _____   n) _____

Doenças Sexualmente Transmissíveis

Algumas doenças são transmitidas sexualmente, ou seja, por meio do contato sexual. Elas são provocadas por bactérias, vírus, protozoários ou fungos, que passam de uma pessoa contaminada para outra.

Segundo dados de 2010 da Organização Mundial de Saúde (OMS) as doenças sexualmente transmissíveis (DST) de maior ocorrência no Brasil são:

Doença	Casos registrados no Brasil	Agente causador	Sintomas nos homens	Sintomas nas mulheres	Sequelas
Sífilis	937.000	Bactéria (*Treponema pallidum*)	O primeiro sintoma é uma pequena ferida nos órgãos sexuais, com caroços (ínguas) na virilha que surgem de 15 a 21 dias após a relação sexual com a pessoa infectada.	O primeiro sintoma é uma pequena ferida nos órgãos sexuais, com caroços (ínguas) na virilha que surgem de 15 a 21 dias após a relação sexual com a pessoa infectada.	A ferida desaparece mesmo sem tratamento, mas a doença continua, pois a bactéria continua existindo no sangue e, se não for tratada, pode trazer complicações para o sistema nervoso, ossos, coração, olhos e pode até matar.
Gonorreia	1.541.800	Bactéria (*Neisseria gonorrhoeae*)	Ardência na hora de urinar e corrimento amarelo e purulento no pênis.	Não apresentam sintomas no início da doença, só depois de um tempo sentem dores ao urinar, corrimentos e dor na barriga.	Se não tratada poderá atacar o coração e os ossos e pode impossibilitar a mulher de ter filhos, pois atinge o colo do útero. Pode provocar aborto ou adiantar a hora do parto. O bebê pode nascer com problemas.
Clamídia	1.967.200	Bactéria (*Chlamydia trachomatis*)	Ardência e secreção clara saindo do pênis antes de urinar.	Às vezes, os sintomas nem aparecem.	A mulher pode ficar estéril ou, no caso de uma gravidez, o bebê poderá nascer com infecções.
Herpes genital	640.900	Vírus (*Herpes simplex* II – HS-II)	Apresenta bolhas ou feridas doloridas nos órgãos genitais ou no ânus. Aparece de tempos em tempos.	Apresenta bolhas ou feridas doloridas nos órgãos genitais ou no ânus. Aparece de tempos em tempos.	Essas feridas desaparecem sozinhas, mas, passado algum tempo, reaparecem nos mesmos lugares. Nos períodos de feridas, a pessoa está transmitindo a doença. A transmissão da doença ocorre também pelo contato com roupas íntimas e toalhas de banho contaminadas.
Condiloma acuminado "Crista de galo"	685.400	Vírus HPV (papilomavírus)	Aparecem verrugas em volta dos órgãos genitais ou do ânus. O aspecto dessas verrugas lembra a crista de um galo ou nenhum sintoma.	Aparecem verrugas semelhantes à couve-flor na vulva e há uma camada grossa que lembra verrugas comuns.	Esse vírus está relacionado com o surgimento de um tipo de câncer de colo do útero. É importante ir ao médico ao primeiro sinal, senão, as verrugas crescem, se multiplicam e o tratamento fica bastante doloroso.
Aids	592.914 (de 1980 a 2010)	Vírus HIV	Idênticos em homens e mulheres – na fase primária ocorrem sintomas como de uma gripe ou virose (febre, indisposição geral, diarreia etc.). Na fase dois, a doença é assintomática, mas a carga viral no organismo pode aumentar. Na fase seguinte o doente fica exposto a infecções oportunistas como tuberculose, toxoplasmose, pneumonia bacteriana, sarcoma de Kaposi etc.		A doença, quando desenvolvida, ataca o sistema imunológico, comprometendo seu funcionamento e deixando-o vulnerável a outros males.

A Organização Mundial de Saúde alerta que os números de portadores das DSTs são dos casos registrados. Sabe-se que por desconhecimento ou receio de se expor, muitos pacientes deixam de procurar as autoridades médicas quando manifestam alguns dos sintomas das DSTs.

Há ainda outras doenças provocadas por fungos e protozoários:

Doenças causadas por fungos

Candidíase ou moniliase

Provocada por um fungo, a *Candida albicans*, que causa uma infecção genital muito frequente, principalmente a candidíase vaginal.

Ocorre inchaço vaginal, vermelhidão, pequenas lesões e um corrimento esbranquiçado, coceira e dor, principalmente no ato sexual. No pênis, são observados sintomas similares.

Adquire-se pelo contato sexual, daí a recomendação do uso da camisinha, mas não apenas desse modo. São fatores que predispõem à candidíase: diabete melitus, obesidade, redução das defesas imunológicas por uso de antibióticos, uso de roupas justas etc.

Profilaxia: camisinha e higiene.

Doenças causadas por protozoários

Tricomoníase

Infecção com desconforto, causada pelo *Trichomonas vaginalis*, unicelular parasita que se adquire em relações sexuais, banheiros públicos e roupas comuns.

O tricômonas se instala no colo do útero, na vagina e na uretra. Há um corrimento amarelo-esverdeado com mau cheiro, coceira na região genital e ardência ao urinar.

Homens e mulheres, quando assintomáticos, podem transmitir o parasita para os parceiros sexuais.

Outras doenças

Algumas doenças podem ser adquiridas por meio de relações sexuais, como a **hepatite C**, causada pelo **vírus HCV**, descoberto recentemente (1989).

Doença gravíssima, que vai destruindo, aos poucos e silenciosamente, as células do fígado, já que não existem sintomas e a incubação (da infecção pelo vírus ao início da manifestação do mal) demora, em média, 20 anos.

Supõe-se que existam de 4 a 8 milhões de brasileiros contaminados e 170 milhões de pessoas no mundo. Por isso, há a necessidade de fazer o teste de detecção (anti-HCV) o quanto antes.

Todos devemos usar preservativos e devem fazer o teste os seguintes indivíduos:

- pessoas que receberam transplantes, inclusive de pele, ou que fizeram transfusões sanguíneas antes de 1992;
- usuários de drogas injetáveis;
- doentes renais ou que fazem hemodiálise (filtração extracorpórea do sangue);
- profissionais da área de saúde que tiveram contato com sangue de pessoas contaminadas;
- filhos de mães com hepatite C;
- portadores do **vírus HIV** (causador da aids).

Existe risco para

- Usuários de drogas injetáveis.
- Pessoas que fazem acupuntura, tatuagem e aplicaram *piercing* com instrumentos não esterilizados (10% dos infectados têm tatuagem). Existe o relato de pessoas que adquiriram o HCV com instrumentos não esterilizados adequadamente por manicures.
- Homens e mulheres com múltiplos parceiros sexuais.

A letalidade da hepatite C é relativamente alta, por volta de 10 a 20% dos infectados. Levando-se em conta que um grande número de pacientes contaminados não manifesta a doença, essa percentagem pode aumentar, daí a necessidade de detectar cedo a doença.

De acordo com a Organização Mundial de Saúde (OMS) das Nações Unidas (ONU), ocorrem 12 milhões de casos de doenças sexualmente transmissíveis (DSTs) por ano no Brasil, incluindo a aids. Todavia, devemos levar em conta que muitos casos não são notificados ou comunicados aos órgãos oficiais de saúde e aproximadamente 70% das pessoas costumam se automedicar.

Profilaxia e tratamento das DSTs

O sexo seguro é a melhor forma de se evitar as DSTs. Sexo seguro é sexo com o uso de preservativo, tanto para o homem como para a mulher, embora este ainda seja pouco difundido. O preservativo evita que os fluídos corpóreos de um parceiro entrem em contato com os do outro, sendo, portanto, seguro para ambos. Entretanto há risco de o preservativo furar e poder ocorrer contaminação.

O uso de seringas compartilhadas, como ocorre no caso dos usuários de drogas, transfusões com sangue contaminado e até mesmo alicates de cutículas não esterilizados trazem sérios riscos de contaminação dessas e outras doenças.

No caso das doenças causadas por bactérias, o tratamento é feito com antibióticos específicos. Doenças provocadas por vírus os antibióticos não tem efeito sobre a doença. Os sintomas podem desaparecer por um tempo, ressurgindo depois.

Algumas DSTs podem passar da mãe para o feto, como é o caso da sífilis e da aids. No caso da sífilis, quando a mulher grávida não recebe tratamento, geralmente transmite a sífilis para o feto. Uma parte das crianças morre e é abortada; daquelas que nascem, 40 a 70% desenvolvem a sífilis herdada da mãe e algumas podem ter sérias lesões no coração, nos olhos e no cérebro. No caso da aids, a transmissão também pode ocorrer para o feto, durante a gestão, na hora do parto ou no aleitamento.

Por isso, ao perceber sintomas de qualquer uma das doenças, o médico deve ser consultado para que se obtenha o tratamento adequado e as orientações de como proceder para não contaminar outras pessoas.

ATIVIDADES

1) Quais são as formas de aquisição das doenças sexualmente transmissíveis?

2) Podemos afirmar que todos os métodos anticoncepcionais protegem contra gravidez e doenças sexualmente transmissíveis? Justifique.

3 Assinale (**B**) para as doenças causadas por bactérias e (**V**) para as doenças causadas por vírus.

a) ( ) herpes   c) ( ) verrugas genitais   e) ( ) gonorreia   g) ( ) cancro mole

b) ( ) linfogranuloma   d) ( ) sífilis   f) ( ) aids

4 Quando ocorre o desaparecimento dos sintomas de uma DST podemos afirmar que a pessoa está curada? Justifique.

_____

_____

5 Como se adquire o HPV?

_____

_____

6 Dê o agente etiológico da:

a) candidíase ou moniliase

_____

b) tricomoníase

_____

c) hepatite

_____

7 Leia e responda:
Ao longo da história humana, uma das principais doenças sexualmente transmissíveis (DST) tem sido a sífilis. Atualmente, milhares de novos casos/ano são registrados em muitos países. Sobre as DSTs, foram apresentadas as afirmações seguintes:

I – A sífilis é uma doença causada por uma bactéria.
II – Uma mãe portadora de sífilis pode transmitir a doença ao feto durante a gravidez.
III – Além da sífilis e da aids, gonorreia e úlcera de Bauru (ou leishmaniose) são DSTs que também ocorrem no Brasil.
IV – A sífilis é uma doença que pode ser prevenida com vacina.

a) Quais afirmativas estão corretas? Justifique.

_____

_____

_____

_____

b) Quais alternativas estão erradas? Justifique.

_____

_____

_____

8 Qual a relação entre a hepatite C e as DSTs?

_____

_____

9 Um casal que namora há bastante tempo, que mantém relações sexuais e que garante ser fiel não precisa utilizar camisinha? Explique.

_____

10 Por que é difícil fazer um levantamento do número real de pessoas portadoras de alguma DST?

_____

_____

Você sabia?

Os números de uma pandemia

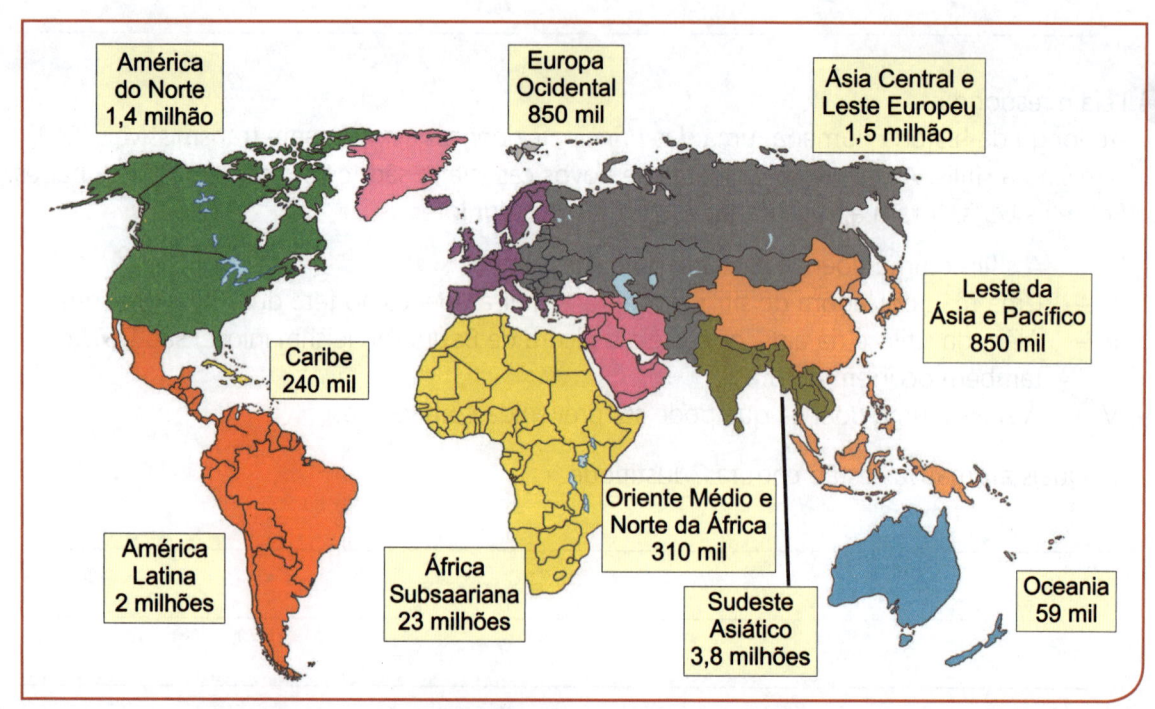

- América do Norte: 1,4 milhão
- Europa Ocidental: 850 mil
- Ásia Central e Leste Europeu: 1,5 milhão
- Leste da Ásia e Pacífico: 850 mil
- Caribe: 240 mil
- América Latina: 2 milhões
- África Subsaariana: 23 milhões
- Oriente Médio e Norte da África: 310 mil
- Sudeste Asiático: 3,8 milhões
- Oceania: 59 mil

Os números da aids em todo o mundo, segundo a Unaids (ONU), em abril de 2010.

A doença já atingiu o *status* de pandemia, isto é, uma epidemia que ataca um grande país, um continente ou o mundo todo.

No início da década de 1980, eram 40 homens infectados para cada mulher; em 2002, o rateio já era de um para um nos países mais carentes.

A aids é uma questão global. Os especialistas acreditam que, diariamente, 14 mil pessoas são contaminadas pelo HIV, das quais 95% estão nos países em desenvolvimento e duas mil são jovens com menos de 15 anos de idade.

Por isso, as medidas devem ser mais enérgicas e constantes, não paliativas, e sim preventivas, informando e esclarecendo, principalmente, os jovens e as mulheres de países carentes. Segundo a ONU, o HIV infecta um jovem a cada 14 segundos. Só na África Subsaariana encontramos quase 70% dos casos de aids em todo o mundo.

11 Assinale as formas pelas quais pode haver transmissão do vírus HIV.

a) Beijo, aperto de mão e abraço.

b) Esperma e secreção vaginal.

c) Copos, talheres e roupas comuns.

d) Tatuagem, aparelhos de barba e escova de dentes.

e) Ar atmosférico e poluição.

f) Relação gestante-feto e aleitamento materno.

g) Agulhas não descartáveis, acupuntura e alicate de unhas.

h) Uso de piscinas, banheiros e transportes coletivos.

i) Instrumentos cirúrgicos e *piercing*.

j) Transfusões de sangue.

12 Em uma maternidade, uma mulher que tem o HIV deu à luz uma criança também portadora do vírus. Como você explica o fato?

13 A aids é uma patologia que vem se disseminando tanto nacional como mundialmente, atingindo, segundo alguns, o nível de epidemia.
Pode-se afirmar, porém, que não há risco de transmissão do vírus da aids:

a) com o uso de drogas injetáveis.

b) na transfusão sanguínea.

c) nas relações sexuais homossexuais e heterossexuais.

d) durante a gravidez ou no momento do parto.

e) em apertos de mão, abraços e espirros.

14 Um aluno do 9º ano disse para os colegas que não irá mais frequentar o curso de inglês porque soube que um dos meninos da sua sala é HIV-positivo. A decisão do aluno é correta? Justifique.

_____
_____
_____
_____
_____

15 Por que não adianta o uso de antibióticos para combater o vírus da aids?

_____
_____
_____
_____

16 Como você explicaria a seguinte frase: "Aids a gente pega de quem a gente confia"?

_____
_____
_____
_____
_____

Coleção Eu gosto m@is

A Coleção **Eu Gosto M@is**, do 6º ao 9º ano, foi desenvolvida para atender uma necessidade de professores e alunos desse segmento de ensino. Nela está presente o rigor conceitual na sistematização dos conteúdos e na metodologia das atividades propostas, característica da marca *Eu Gosto*.

Seu visual moderno e atraente foi idealizado para tornar o estudo mais agradável, facilitando, desse modo, sua aplicação em sala de aula e o processo de aprendizagem.

Os textos e atividades respeitam as especificidades das diferentes disciplinas, e favorecem o desenvolvimento das habilidades necessárias para a construção do conhecimento.

Eu Gosto M@is, do 6º ao 9º ano, contempla as seguintes disciplinas: Língua Portuguesa, Matemática, Ciências, História, Geografia e Inglês.

IBEP

www.colecaoeugosto.com.br

ISBN 978-85-342-3422-1

9430103000080